Louise Millar

Louise Millar a grandi en Écosse, où elle a travaillé en tant que directrice éditoriale pour différents journaux et magazines tels que *Marie Claire*. Depuis 2006, elle se consacre à l'écriture de biographies et d'articles publiés dans *Psychologies*, le *Guardian* ou encore *Stylist*. *Petits goûters entre amies* (Presses de la Cité, 2013) est son premier roman publié en France.
Louise Millar vit à Londres avec son mari et ses deux filles.

PETITS GOÛTERS
ENTRE AMIES

LOUISE MILLAR

PETITS GOÛTERS ENTRE AMIES

Traduit de l'anglais
par Aurore Guitry

PRESSES DE LA CITÉ

Titre original :
THE PLAYDATE

MIXTE
Papier issu de sources responsables
FSC® C003309
FSC
www.fsc.org

Pocket, une marque d'Univers Poche, est un éditeur qui s'engage pour la préservation de son environnement et qui utilise du papier fabriqué à partir de bois provenant de forêts gérées de manière responsable.

ISBN 978-2-266-24349-0

A mes parents

VENDREDI

1

Callie

L'eau est froide. Je m'y attendais, même si en ce début d'été le soleil, telle une boule à facettes, projette ses rayons sur l'étang à travers les feuilles des saules pleureurs. Je sors vite mon pied trempé pour en frotter les extrémités sensibles et glacées. Une petite feuille jaune est collée à ma cheville. Je ne suis pas certaine de pouvoir me jeter à l'eau ce coup-ci.

— Il y a un truc gluant là-dessous, dis-je.

Suzy fait une grimace, celle qui d'habitude persuade Henry de manger ses brocolis.

— Allez, elle est miam-miam !

Nous éclatons de rire.

Suzy se lève, me dominant de son mètre soixante-dix. D'un mouvement vif, elle ôte sa robe d'éponge grise, puis ses tongs, et s'approche du bord de l'eau en bikini noir. Une dame âgée nage dans sa direction, d'une brasse efficace et sûre, un bonnet de bain bleu sur ses bouclettes comparables à de la laine d'acier. Suzy sourit en attendant patiemment que la baigneuse s'éloigne.

Allongée, je me redresse sur les coudes. Il y a une vingtaine de femmes sur la pelouse, seules ou en groupes. Certaines lisent, d'autres bavardent. Deux d'entre elles, côte à côte, rient, leurs jambes entremêlées. Suzy attend toujours que la vieille dame s'écarte doucement de son chemin. Il me faut une seconde pour me rendre compte que je dévore du regard le corps de ma copine, un corps que j'ai pourtant vu cent fois nu courir après ses enfants dans les vestiaires de la piscine ou topless dans la cuisine lorsqu'elle retire son haut taché de sauce. Mais d'habitude, il est toujours entravé par un enfant. Ça fait bientôt deux ans et demi maintenant que Suzy et moi nous connaissons. Et elle a toujours un enfant accroché quelque part : à son sein nourricier, juché sur sa hanche ou se tortillant sous son bras.

Je m'aperçois combien Suzy fait jeune, à peine marquée par ses trois grossesses. Elle a une taille large, le ventre plat, dépourvu des quelques bourrelets que Rae a laissés sur le mien. Sa poitrine généreuse tient toute seule, acceptant le soutien de son bikini sans pour autant en avoir besoin. Sa peau est lisse et laiteuse, sa silhouette svelte et athlétique. Après avoir pris une profonde inspiration, elle tend les bras avec l'assurance de la fille qui s'est baignée toute son enfance dans les lacs du Colorado et plonge dans l'étang de Hampstead Ladies, chassant un canard étonné.

Je m'allonge à nouveau en essayant de me concentrer sur l'endroit où nous sommes. Une mouche bourdonne sous mon nez. Un certain calme règne autour du plan d'eau. Ce petit monde est caché derrière les arbres de Hampstead Heath, où les femmes nagent, s'étirent et sourient, loin des hommes. Peut-être cette ambiance ressemble-t-elle à celle d'un harem.

Oui, me dis-je. Que rêver de mieux que d'être assise sous un soleil estival, un vendredi après-midi, sans enfant à surveiller ni travail à effectuer ?

Et pourtant, je n'en tire aucun plaisir.

Le soleil chaud me picote le visage, ce qui m'est légèrement désagréable. Je tâche de me détendre en me focalisant sur les sons qui m'entourent. J'ai pris l'habitude de relever les bruits intéressants et de les garder pour plus tard, en cas de nécessité. Ils sont tous répertoriés dans ma tête, du plus faible fredonnement au plus charmant murmure du vent. Aujourd'hui, j'enregistre le chant d'un pinson, le bruissement des brasses de Suzy dans l'eau, le craquement d'une branche sous un écureuil.

Rien à faire. J'ai beau étirer mes jambes le plus possible, la tension qui noue mes fesses et mes hanches ne se relâche pas. Mon esprit mouline à toute vitesse. Il faut que j'en parle à Suzy. Je ne peux pas garder le silence plus longtemps ; je lui cache déjà suffisamment de choses. Je me redresse une nouvelle fois et la cherche du regard. Elle a traversé l'étang et revient vers la rive.

Oh, et merde ! Maintenant que je suis là… Je me lève et me dirige vers les marches, puis descends avec précaution dans les eaux sombres. Un panneau indique qu'il y a des tortues d'eau douce et des écrevisses là-dessous.

— Bravo, c'est bien ! lance Suzy en applaudissant pour m'encourager.

Je manifeste mon scepticisme en roulant des yeux. L'eau est froide et boueuse. Je frissonne, sentant le froid m'encercler au fur et à mesure que mon corps s'immerge.

— Arrête d'hésiter et nage ! hurle mon amie.

Son fort accent américain ricoche sur l'eau, si bien que la femme maître-nageur se tourne de son côté.

Je m'élance loin du bord. La natation n'a jamais été mon fort. Suzy se rapproche de moi en dos crawlé, les yeux braqués vers le ciel et la cime des arbres.

— C'est tellement agréable ! La semaine prochaine, je nous réserve une journée au spa dont tu m'as parlé à Covent Garden.

Mes jambes sont attirées par le fond, je bois la tasse et tousse en me débattant. Je n'ai pas pied.

— Hé, ça va ? me demande-t-elle en me tenant par le bras. On va jusqu'au milieu de l'étang et on revient.

Avant de la suivre, je me mouche et reprends mon souffle.

— Suze, je ne peux pas gaspiller d'argent pour ce genre de truc en ce moment.

— Ne sois pas ridicule, ma belle. C'est moi qui t'invite.

Et elle tiendra parole, je le sais. Les Howard n'ont jamais de problèmes financiers. Les affaires de Jez sont florissantes, même en ces temps incertains. Et l'argent n'a pas la même valeur affective pour Suzy que pour moi. Il ne pèse pas sur son foyer comme une mère critique et intrusive qui interviendrait dans la moindre décision, broyant ses rêves en disant : « L'année prochaine, peut-être. »

Constatant que je me débrouille bien toute seule, Suzy m'abandonne. Je me demande quelle direction prendre. Etrange sensation que celle de nager dans un bassin naturel, sans autre rebord à atteindre que des rives en pente criblées de racines. Les distances ne sont pas marquées par des plots. Suzy n'a pas tort, en fin de compte : c'est agréable. Sauf que mon esprit souffre de l'absence de cadre, de début et de fin.

Derrière moi, un bruit d'éclaboussures attire mon attention. La vieille dame sort de l'eau en montant les marches. Je suis surprise de constater qu'elle doit avoir dans les quatre-vingt-dix ans. Sa peau bronzée forme sur son corps comme un vieux drapé à mille plis. Je me souviens de ma grand-mère qui, après la mort de son mari, est restée assise devant la télé pendant vingt ans à attendre son tour. Une vieille dame se plante devant la télévision, une autre va se baigner dans un étang, un jour d'été, au milieu des martins-pêcheurs et des nénuphars. A quoi tient cette différence d'attitude ?

Cette femme se déplace sans se préoccuper de son aspect physique. Cela lui donne un air confiant lorsqu'elle croise deux jeunes femmes en train de discuter avec animation, les yeux dissimulés derrière d'énormes lunettes de soleil de marque, leurs membres délicats ambrés d'autobronzant. Elles ont probablement épousé des hommes d'affaires de Hampstead. J'imagine que la vieille dame, elle, est une ancienne suffragette ou une célèbre botaniste qui toute sa jeunesse a parcouru l'Amérique du Sud à dos d'âne en quête de nouvelles plantes. Peu importe. Je sens qu'elle n'a pas de temps à perdre avec des petites jeunes comme ces deux-là. Ou comme moi. Elle a sans doute mérité le droit de passer ses journées à se divertir. Alors que nous, c'est un autre qui paie pour nous offrir ce plaisir, et cette femme le sait pertinemment.

C'est mal. Il faut que ça cesse.

Après avoir pris une profonde inspiration, je nage à toute vitesse vers les marches. Mes mains mouillées s'agrippent à la rampe. En m'extirpant de l'eau, j'ai l'étrange impression que mon corps s'est alourdi. Sous le poids de la culpabilité, sans doute.

Je dois trouver les mots pour le dire à Suzy. Jouer cette comédie m'est devenu insupportable.

A Pâques, Suzy semblait avoir conçu de nombreux projets pour nous deux. Depuis son arrivée à Londres, elle se plaignait de n'avoir encore jamais eu une seule journée libre sans ses enfants ; même quand Jez était à la maison, il prétendait ne pas pouvoir s'occuper des trois petits à la fois. Du coup, elle en gardait toujours un avec elle, quoi qu'elle fît.

Cependant, Peter et Otto étant entrés dans une crèche privée en mai, et Henry et Rae terminant leur année de cours préparatoire, Suzy tient enfin l'occasion de mettre en pratique la liste d'activités qu'elle a préparée en se basant sur le magazine *Time Out* et son guide de Londres. Depuis que nous sommes en juin, nous avons passé quasiment toutes nos journées dehors. Suzy sait que je suis fauchée, alors on s'est contentées des loisirs gratuits. On a fait du roller à Regent's Park, ignorant le panneau d'interdiction.

« Encore faudrait-il qu'ils nous attrapent ! » avait lancé Suzy avec emportement.

Elle attendait depuis si longtemps de pouvoir foncer à travers les allées du parc sans être ralentie par une poussette ou une trottinette… De mon côté, même si je n'aime pas enfreindre les règles, je la suivais.

Un autre jour, on a pris un sandwich à Trafalgar Square après avoir admiré des Botticelli et des Rembrandt à la National Gallery. On a jeté un coup d'œil au 10, Downing Street à travers les barrières et vu Big Ben de près. Suzy m'a même traînée à la Tour de Londres, où elle a insisté pour payer l'entrée. En faisant la queue derrière des touristes allemands pour contempler les joyaux de la Couronne, je n'ai pu réprimer un sourire. Avant la naissance de Rae, je ne faisais jamais ce genre de choses. Puis je me suis rappelé que Suzy venait d'Amérique et non du Lincolnshire, comme moi. Pas étonnant qu'elle veuille suivre le parcours touristique. Quand Tom et moi avions passé un week-end à New York, j'avais insisté, moi, pour monter en haut de l'Empire State Building.

Et aujourd'hui, c'était la balade à l'étang de Hampstead Ladies !

— On devrait venir ici tous les jours, déclare Suzy alors que nous nous rhabillons. Comme tout le monde.

Les remarques de ce type déclenchent chez moi la même réaction que l'étang. Elles me donnent envie de me débattre, de chercher une base solide et familière à laquelle m'accrocher. En vain.

Il est 15 h 25. Suzy a appuyé sur le champignon et mis seize minutes pour traverser le nord de Londres et rejoindre Alexandra Park dans sa décapotable jaune. Elle effectue un dérapage contrôlé et pile devant l'école, sans se préoccuper du panneau « Stationnement interdit ».

— Va les récupérer, ma cocotte ! hurle-t-elle à mon intention afin de couvrir l'horrible rock américain qu'elle met toujours à fond en voiture, pas le moins du monde perturbée par les regards réprobateurs des mères qui franchissent les grilles de l'école.

Malgré mon embarras, j'éclate de rire et saute sur le trottoir. Nous savons toutes les deux ce que nous avons à faire. Je vais chercher Rae et Henry ; Suzy s'occupe de récupérer Peter et Otto à la garderie. Pas besoin d'échanger le moindre mot. Notre routine est bien huilée : comme pour des chevaux dans un manège, il suffit d'un geste de la tête ou du pied vers l'école, l'aire de jeux ou la piscine.

— Je les emmène au parc, lui dis-je en claquant la portière.

— Cool, baby !

Sur ce cri joyeux, Suzy démarre en agitant la main au-dessus de sa tête.

Dès que je me retourne, mon regard tombe sur le porche de l'entrée et son inscription en brique qui date du siècle dernier : ÉCOLE DE FILLES. Mes épaules s'affaissent instantanément. Le mur imposant de l'Alexandra Palace s'élève à l'arrière de l'établissement, menaçant. On dirait qu'il va engloutir le petit bâtiment victorien tel un raz-de-marée. Je passe les grilles en courant, prends à droite vers la section des tout-petits et décoche un de mes demi-sourires aux autres mamans. Il paraît qu'à Londres avoir des enfants vous permet de faire connaissance avec vos voisins. Eh bien, les miens, de voisins, doivent sortir de l'ordinaire, alors. Quelques mères m'adressent un signe de tête puis se replongent dans leur agenda. Elles prennent date pour inviter les amis de leurs rejetons. J'ai plusieurs fois essayé de comprendre ce qui clochait chez moi, et voici l'explication la plus plausible : « Callie » et « Tom » habitent à deux adresses différentes sur la liste de contacts de Rae. Contrairement à Felicity et Jonathan, à Parminder et David ou à Suzy et Jez. Si les mamans refusent de se lier d'amitié avec moi sous prétexte que je suis divorcée, au chômage et mère célibataire, Suzy jure qu'elle déclinera leur invitation à boire un verre dans une de ces maisons de style Edouard VII du Driveway, la seule rue en dehors de la nôtre qui garantisse l'inscription dans cette petite école. Selon Suzy, il s'agit là du prix à payer pour « mettre nos gamins dans une école chic et prisée ». Et puis, « tu vaux bien mieux que ce troupeau de vaches chiantes et coincées qui osent te battre froid ». Je voudrais bien la croire, mais ce n'est pas évident. Ça me plairait d'appartenir à leur groupe. Si une de ces mères invitait Rae à jouer chez elle, je crois que je tomberais à genoux et lui baiserais les pieds.

Les portes de la classe s'ouvrent sur Henry et Rae, crasseux et agités.

— Tu nous as apporté le goûter ? murmure ma fille.

Je leur donne à chacun des galettes de riz que j'ai toujours dans mon sac. Rae a de la peinture rouge dans les cheveux et ses mains sont d'une saleté repoussante, comme si elle ne les avait pas lavées une seule fois de la journée. Je sonde son regard. Est-elle exténuée ? Trop pâle ? Je la hisse dans mes bras et la serre contre moi, très fort, jusqu'à ce qu'elle se tortille en riant.

— Ça va, Henry ?

Il paraît hébété, énervé, et cherche Suzy du regard. S'il l'avait trouvée, il serait déjà en train de pleurnicher pour lui reprocher cet abandon flagrant. Je l'enlace après avoir reposé Rae par terre, pour lui montrer que je compatis. Il s'appuie légèrement contre moi puis soupire. Enfin mes deux écoliers se ruent vers la sortie en grignotant leur goûter, tels des chiots. Devant la grille de l'établissement, comme d'habitude, Henry se met à courir. Mais je suis tellement occupée à ranger leurs dessins dans mon sac qu'il me prend tout de même au dépourvu. Je crie son nom en le pourchassant le long du trottoir.

— Henry !

J'attrape Rae au passage, qui le suit aveuglément, esquivant un homme, une femme et deux fillettes. Le type se retourne. C'est Matt, un papa divorcé d'une autre classe, que Suzy a surnommé « le beau mec que

Callie doit se faire ». Eh bien, je viens tout juste de lui hurler dans l'oreille.

— Désolée.

Je lève la main pour me faire pardonner, signe auquel il répond par un sourire froid en se passant la main dans sa nouvelle coupe en brosse.

Embarrassée, je rougis et marmonne, comme si ça pouvait effacer mon impair :

— Imbécile, imbécile, imbécile.

Je finis par rattraper Henry à l'aire de jeux située derrière l'école.

— Henry, tu ne dois pas courir comme ça. N'oublie pas que Rae te suit. Imagine qu'elle tombe. C'est dangereux pour elle.

Il hausse les épaules en guise d'excuse et se jette sur une balançoire, s'élançant dans les airs avec violence. On dirait qu'il essaie d'expulser un trop-plein d'énergie. Rae s'est installée sur la balançoire d'à côté et joue avec la petite poupée qu'elle se débrouille toujours pour cacher sur elle. Je n'arrive jamais à mettre la main dessus avant le départ pour l'école. Lundi prochain, je fouillerai sa manche. Henry et Rae ne se parlent pas beaucoup. Néanmoins, ils semblent tous les deux reliés par un câble invisible, c'est du moins ce que dit leur maîtresse. L'un n'est jamais très loin de l'autre – un peu comme Suzy et moi, finalement.

Il m'arrive de me demander ce que Rae en pense. Ressent-elle la même chose que moi ?

En regardant ma fille, je songe à Suzy et n'ose même pas imaginer comment ces deux-là vivront mon absence.

2

Suzy

Apparemment, il était rentré.

Le rendez-vous avec Don Merry avait dû se terminer plus tôt que prévu. Suzy le sut à 15 h 45, dès qu'elle ouvrit la porte de sa maison du 13, Churchill Road. Les chaussures de Jez traînaient au beau milieu de l'entrée.

— Très bien, les petits couineurs, dit-elle à Peter et à Otto en les reposant par terre.

Avec un large sourire, celui qui dissuadait les jumeaux de faire un caprice afin d'être dorlotés plus longtemps, elle rangea les mocassins de son mari sur le rayonnage qui accueillait sa collection de sandales vernies – on aurait dit un étalage de confiserie.

Elle récupéra ensuite la veste de Jez posée sur la rampe de l'escalier pour la mettre sur un cintre.

— Qui a soif ? demanda-t-elle.

Les garçons opinèrent, l'air hébétés.

— Et qui veut un biscuit confectionné par maman ?

Hochements de tête plus enthousiastes.

— Génial ! lança Suzy.

Elle les rattrapa pour les chatouiller.

Peter éclata de rire mais Otto hurla, lui frappant la main, ses yeux marron chargés de menace.

Aujourd'hui, ce petit semblait avoir plus besoin d'aide que d'habitude.

— Hé, mon bonhomme ! dit-elle en le reprenant dans ses bras.

L'enfant résista, se débattit avec rage et lui tira les cheveux.

— Non, lui murmura-t-elle en resserrant son étreinte.

Le petit corps d'Otto, lourd et potelé, commença à se détendre. Il lâcha prise. Suzy lui embrassa doucement les doigts à l'odeur salée-sucrée, sueur et haricots à la sauce tomate mélangés.

— Mon beau petit garçon.

Son contact réveillait en elle son désir d'un autre enfant. Une fille, cette fois-ci, qu'elle baptiserait Nora ; une fille qui aurait les taches de rousseur et les cheveux blond vénitien de sa mère, et non les cheveux noirs de Jez, son côté britannique distingué et dominateur. Otto frotta son nez sur sa robe, y laissa une trace de morve et soupira.

— Ce n'est pas grave, chéri, le rassura-t-elle en collant sa joue contre la sienne, rebondie et trempée de larmes. Tu es fatigué.

— Hmm.

Une fois qu'elle l'eut reposé par terre, Suzy poussa un soupir de satisfaction avec le sentiment d'avoir bien agi et regarda Otto trottiner derrière Peter, ses boucles noir corbeau dansant sur ses épaules.

Le soleil de l'après-midi baignait la cuisine d'une lumière scintillante. Les garçons grimpèrent sur le gigantesque canapé. Suzy adorait cet endroit, méconnaissable depuis qu'ils avaient réuni plusieurs petites pièces en une seule. Elle avait d'abord cru à une plaisanterie quand Jez lui avait annoncé le prix de cette maison de style victorien. Avec ce budget, ils auraient pu s'offrir un ranch au Colorado. Mais l'ancien propriétaire avait reçu le permis d'abattre les cloisons et d'agrandir l'arrière au moment où lui et sa petite amie avaient décidé de rompre. Suzy avait très vite imaginé une grande pièce familiale pleine de jouets et de nouveaux amis londoniens. Elle aux fourneaux, servant des assiettes de pâtes fumantes ; des enfants qui couraient ; Jez et elle débouchant une bouteille de vin. Son mari avait eu raison. La pièce à vivre était une réussite ; mais il n'en avait pas beaucoup profité ces derniers temps.

Suzy sortit du papier et des feutres d'un tiroir de la cuisine, puis posa une boisson et un biscuit sur chaque feuille. Ensuite, elle embrassa ses fils et les hissa sur leurs chaises. Enfin, elle alluma le four, retira du réfrigérateur un plat de boulettes de viande qu'elle avait préparé plus tôt et alla se laver les mains.

C'est à ce moment-là qu'elle s'en fit la remarque : c'était encore et toujours pareil.

Un journal était déplié sur le plan de travail en quartz, à côté d'un mug blanc. Du marc de café tachait le fond de la tasse et des miettes de pain étaient parsemées tout autour : les restes d'un sandwich avalé sur le pouce, sans le moindre scrupule pour celle qui nettoierait derrière.

Chaussures, vestes, tasses, miettes, abandonnées au hasard. Mousse à raser dans le lavabo, baignoire non vidée. Bouteille d'huile sans bouchon. Une multitude de signaux que Jez envoyait pour lui faire comprendre ce qu'il se refusait à lui dire.

Serrant les dents, Suzy replia le journal et le balança dans la corbeille à papier. Des pas lourds descendaient du premier étage. Comme elle, les enfants levèrent la tête. Jez apparut sur le seuil, un nuage noir avant la pluie.

— Salut, les garçons. La journée a été bonne ? marmonna-t-il sur un ton bourru.

Peter esquissa un sourire timide et Otto recommença à pleurnicher. Jez adressa un bref coup d'œil à sa femme et balaya la cuisine du regard.

— Je ne trouve pas le chargeur du téléphone.

— Je l'ai remis sur ton bureau, répondit-elle, imperturbable, en prenant Otto dans les bras pour un nouveau câlin. J'avais besoin de la prise pour la bouilloire.

Il arqua les sourcils et tourna les talons. Elle n'y tint plus :

— Veux-tu aussi que je lave ta tasse ?

Il marqua un temps puis haussa les épaules et rétorqua :

— Tu peux la laisser là, sinon.

Suzy serra Otto plus fort, comme un bouclier.

— Ça va, bonhomme ? lança Jez en ébouriffant les cheveux de son fils avant de sortir.

Suzy reposa Otto et se mit à découper un concombre bio, se concentrant sur sa forme irrégulière pour réprimer son envie de suivre son époux. Quand elle s'aperçut que Peter la dévisageait en silence, d'un air désapprobateur, elle sursauta. De ses trois enfants, c'était lui le plus sensible. Il savait se mettre en retrait et laisser Otto et Henry choisir en premier les jouets ; si ses frères se battaient ou se mordaient, Peter avertissait discrètement sa mère en lui caressant le bras. Pour le rassurer, Suzy lui envoya un baiser et dressa le couvert.

Trois assiettes en mélanine à pois bleus pour ses garçons, plus une pour Rae, au cas où… Au fait, la petite aimait-elle les boulettes de viande ? Oui. C'était les saucisses qu'elle détestait.

Comment Jez avait-il osé lui dire un truc pareil ?

Suzy posa la carafe et pointa la télécommande vers l'écran plat fixé au mur. Elle enfreignait ainsi sa propre règle qui interdisait aux enfants de regarder la télé pendant la semaine et se le reprocha. Cela ne l'empêcha pas de continuer à zapper jusqu'à tomber sur un épisode de *Pierre le facteur*. Les enfants, abasourdis, se tournèrent vers le téléviseur.

— Maman va faire pipi, annonça-t-elle avec un sourire. Je reviens dans une minute.

Après s'être assurée que les garçons ne la suivaient pas, elle monta les deux étages sur la pointe des pieds jusqu'au bureau que Jez s'était aménagé au grenier. La porte était bien fermée. Un petit coup de coude suffit à y remédier.

Le battant s'ouvrit sur son mari, assis devant son ordinateur, face à un mur recouvert de tableaux prévisionnels et de graphiques qui ne signifiaient rien pour elle, si ce n'est que l'argent tombait régulièrement sur son compte en banque. Suzy avait pourtant essayé de comprendre la nature de son travail, en vain.

« J'aimerais juste saisir l'essentiel, chéri, de façon à pouvoir t'aider si nécessaire.

— Inutile de prendre cette peine », lui avait-il répondu, ajoutant qu'il l'avertirait en cas de problème.

Jez portait toujours le pantalon de costume gris Paul Smith et la chemise anthracite qu'il avait mis pour aller à son rendez-vous en ville, un peu plus tôt. Il veillait scrupuleusement à ce que sa tenue soit impeccable, même les jours où il n'avait aucun client à voir. Lorsqu'il pivota, sa chaise en cuir grinça sous son mètre quatre-vingt-douze et ses quatre-vingt-dix kilos. Quel que soit le cadre dans lequel il se trouvait, il en imposait. Il savait se défendre en toutes circonstances, même face aux gars du Midwest, les compatriotes de

Suzy. Avec leurs mains calleuses de cow-boys, ils passaient la semaine au boulot et le week-end à chasser dans les montagnes. Jez leur avait tenu tête au bar du coin : il avait accueilli leurs sarcasmes sur son accent anglais avec un humour pince-sans-rire qui lui avait très vite valu une tape sur l'épaule et un verre de bourbon. A l'époque, Suzy s'était sentie en sécurité à son bras. Elle n'avait pas imaginé une seconde l'effet que cela lui ferait d'être son adversaire.

— Quoi ? demanda-t-il.

Son regard impassible rencontra le sien.

Elle brûlait d'envie de lui rétorquer : « A ton avis ? » Mais l'occasion était passée.

Alors, sur un coup de tête, elle opta pour une autre réaction.

Elle glissa la main sous sa robe et défit l'agrafe du haut de son bikini. Jez l'observa une minute sans comprendre.

— Oh… non, lâcha-t-il avec fermeté en secouant la tête.

Et il retourna à son écran d'ordinateur. A en juger par son sourire, il trouvait cette idée totalement saugrenue.

Blessée, mais étant allée trop loin pour reculer, Suzy s'approcha de lui et, posant sa main sur son épaule, le fit pivoter sur sa chaise.

— Non. Fiche-moi la paix, je te dis.

Il ne plaisantait plus, si elle en croyait son intonation. D'un simple mouvement de son épaule musclée, il se dégagea.

Mais, avant qu'il ait pu l'en empêcher, elle s'assit à califourchon sur ses genoux et colla ses seins contre son visage pour qu'il cesse de la repousser.

— Suzy ! Pour la dernière fois : arrête. Je n'ai pas envie. Lâche-moi.

Arrêter ? Comment ? Ignorant l'humiliation, elle attrapa la main de Jez et essaya de la glisser sous sa robe. Il lui fallait rétablir le contact avec son mari, quitte à ce qu'il se moque de son obstination. Histoire de retrouver leur complicité. Ensuite ils s'enlaceraient en plaisantant sur son désir d'un nouvel enfant. Tout sauf ce silence.

Jez lui saisit les poignets.

— Oh, mais tu vas arrêter, bon sang ! s'écria-t-il soudain. Tu n'écoutes pas ou quoi ? Je n'ai pas envie.

Leurs regards se croisèrent à quelques centimètres de distance. Suzy remarqua la noirceur de celui de son mari.

Elle baissa les yeux sur ses jambes nues qui dégageaient une vague odeur, celle de l'eau de l'étang, et sentit sous sa robe les bretelles tombantes de son maillot de bain. La honte la submergea, le sang afflua à ses joues.

— D'accord. Alors lâche-moi, maintenant, murmura-t-elle.

Le carillon de la sonnette retentit au rez-de-chaussée. C'était Callie et les petits. Jez marqua un temps avant de relâcher son étreinte.

— D'accord, répéta-t-il, à voix basse.

L'espace d'une seconde, son expression s'adoucit.

Mon Dieu, cela sautait aux yeux de Suzy à présent : il avait pitié d'elle.

On frappa à la porte d'entrée.

Baissant la tête, Suzy chuchota, si bas que Jez ne l'entendit peut-être pas :

— Je suis ta femme.

Et elle quitta la pièce.

3

Callie

Le temps de traverser le parc pour déboucher sur Churchill Road, Rae et Henry se tiennent par la main. Nous remontons notre rue tranquille, bordée d'une rangée de maisons victoriennes, en regardant les jardinières de nos voisins. Enfin, le mot « voisins » est peut-être un peu exagéré : les habitants de cette rue, à part Suzy, bien sûr, ne partagent avec moi qu'un code postal. A mon arrivée ici, il y avait une gentille femme de mon âge au 25. Une fois, je lui avais demandé où elle avait dégotté ses jardinières en fer forgé. Elle s'était montrée amicale, si bien que j'avais prévu de l'inviter à prendre le thé. Mais deux jours plus tard, un camion de déménagement s'était garé devant sa maison, et elle était partie sans que j'aie eu le temps de connaître son prénom.

Nous franchissons les grilles du n° 13, la maison de Suzy. Les jardinières du 15 sont vides. Une lueur d'espoir m'anime brusquement : les nouveaux seront peut-être sympas.

Je sonne à la porte et patiente. Pas de réponse.

Je frappe.

Rien.

Bizarre. En poussant le clapet de la boîte aux lettres, j'entends le murmure de la télé. Ils doivent être dans le jardin. Je fouille mon sac à la recherche du double des clés que Suzy et moi avions échangé il y a longtemps. En l'introduisant dans la serrure, je prie pour ne pas tomber sur Jez, nu et déphasé par le décalage horaire, comme la dernière fois. Après cet incident, il m'avait fallu un bon mois pour le regarder dans les yeux.

Des bruits de pas résonnent dans l'escalier au moment où j'ouvre la porte.

— Désolée, j'étais au petit coin. Coucou, mon chéri ! s'écrie-t-elle en prenant Henry dans ses bras pour le couvrir de baisers. Comment s'est passée ta journée ? Tu m'as manqué.

Son fils se débat en tentant de réprimer son sourire.

— Tu restes dîner ? Boulettes de viande au menu.

— Tu es sûre ?

— Absolument.

Impossible de décliner une invitation de Suzy. Je devrais pourtant essayer, parfois, mais je ne le fais pas. Voilà le choix auquel elle me confronte : sa maison ou le claquement de ma porte d'entrée, semblable à celui d'une grille de prison, qui me condamne à ne pas voir d'adultes jusqu'au lendemain.

Suzy décolle Rae du sol pour l'embrasser à son tour.

— Tu es ravissante, aujourd'hui, mon cœur.

— Merci, tante Suzy.

— Tu es une gentille petite fille, dit mon amie avant de reposer Rae par terre.

Ma fille semble tellement en sécurité dans les bras de Suzy. Cette constatation m'emplit toujours de reconnaissance.

Une fois dans la cuisine, je range les feutres et les feuilles de papier dans le tiroir et donne un coup de main pour préparer le repas des enfants. Je découpe un poivron.

— Jez est là ?

— Hum, hum, me répond Suzy en esquissant un geste vers l'escalier. On l'a chargé de rédiger un argumentaire de vente pour un gros contrat canadien qui sera signé le mois prochain. Mais dès qu'il aura terminé, il a prévu de nous emmener dans un hôtel du Devon, avec nounous et mini-club. Ça nous permettra de passer un peu de temps en tête à tête. Tu connais cet endroit ?

— Euh… non, admets-je avec un soupir.

Mon expression ne lui échappe pas.

— Oh, désolée, ma belle.

— Ça va. Tom ne va pas tarder à rentrer. A ce moment-là, je prendrai un peu de temps pour moi.

— Un peu de temps pour toi ? répète-t-elle, sarcastique, en faisant la moue.

Je hausse les épaules.

— Cal, il faut qu'il arrête de t'appeler toutes les dix minutes, ajoute Suzy un ton en dessous en voyant Rae regarder de notre côté.

— Je sais. Il ne la voit pas beaucoup. C'est pour ça qu'il s'inquiète au moindre petit rhume. Pire que moi…

Suzy passe un bras autour de mes épaules.

— Eh bien, il va falloir qu'il apprenne à faire avec… Tu es épuisée. Et d'ailleurs, tu sais que tu peux toujours me la laisser ici si tu as envie de changer un peu d'air.

Changer d'air ? Cette remarque est à deux doigts de m'arracher un grognement. Et pour aller où ? Avec quel argent ? Je me retiens, parce que Suzy ne pensait pas à mal, et opte plutôt pour un sourire.

— Tu as déjà bien assez de boulot. Merci quand même de l'avoir proposé.

Suzy m'embrasse sur la joue et débarrasse les assiettes des enfants.

— Devine avec qui j'ai parlé aujourd'hui ? lui dis-je tandis qu'elle s'active.

— Non ? Espèce de sagouine !

Elle me fait rire quand elle emploie des jurons de cette sorte. Ils perdent de leur pouvoir pour en devenir drôles, un peu comme si la reine traitait quelqu'un d'enculé.

— Je l'ai bousculé alors qu'il parlait avec Maddy, qui a un enfant dans notre classe.

— Noooon ! proteste Suzy en faisant des yeux de merlan frit. Mais oui, bien sûr : il faut que Henry et Rae invitent sa fille, je ne sais plus son nom, à venir pour le goûter.

— Les enfants ne la connaissent même pas !

Un craquement dans l'escalier met immédiatement un terme à notre conversation. Jez fait son entrée.

— Salut, comment ça va ? lance-t-il en m'embrassant sur la joue pour la forme.

— Bien, merci. Et Vancouver, c'était comment ?

— Froid.

Jez sort une bière du frigo, pique un peu de fromage que sa femme vient de râper et se le fourre dans la bouche. Suzy lui décoche un sourire en lui administrant une petite tape dans le dos.

— Tu veux que je te prépare à dîner, chéri ? lui demande-t-elle tandis qu'il décapsule sa bouteille.

— Non. Je te rappelle que je sors, ce soir. Don arrive des Etats-Unis.

— Ah… oui.

— Bon. Je file sous la douche. Comment était la baignade ? me demande-t-il.

— Sympa, merci. Froide.

Jez esquisse un demi-sourire puis repasse la porte. Il a fait son devoir. Nos relations sont bien définies. Je suis l'amie de Suzy.

Cette dernière ne se plaint jamais et me raconte toujours toutes les petites attentions de son mari. Pourtant, combien de fois l'ai-je vu passer un coup de fil important pile au moment de changer une couche ou de donner un bain aux jumeaux ? Alors aujourd'hui, après le repas, dès que Suzy nous a servi deux verres de vin, je m'occupe de changer Otto. Pendant ce temps, Rae l'amuse avec des grimaces et Suzy encourage son Peter réticent à se servir du pot. Ensuite, elle va faire couler le bain des petits pendant que je range la vaisselle dans la machine avant de la faire tourner.

— Bien, on y va, dis-je en rassemblant les affaires de Rae et en entraînant ma fille vers la porte. Merci pour le dîner.

— Tout le plaisir a été pour nous. Et passe ce week-end. On n'a rien de prévu.

Une fois dehors, les pots de fleurs vides me rappellent l'arrivée des nouveaux voisins. Tout en montrant le n° 15 d'un signe de tête, je m'enquiers :

— Tu les as rencontrés ?

— Ils ont l'air bien. Ah, au fait, laisse-moi nous réserver une journée au spa la semaine prochaine, lance Suzy en attrapant ses jumeaux. Considère ça comme une avance sur ton cadeau d'anniversaire.

Mon anniversaire est dans trois mois. Je me retourne pour la regarder : elle tient un enfant sous chaque bras.

Sa robe est maculée de sauce tomate. Suzy, toujours aux petits soins avec ses enfants. Et Rae. Et moi.

Alors qu'elle obtient si peu en retour.

Ce n'est pas correct. Ça ne peut plus durer.

Je lui promets de l'appeler dans la matinée.

Samedi soir, une fois que les enfants dormiront. Je lui dirai tout demain soir.

4

Debs

Debs jaugeait ses voisines en les observant derrière les voilages que les précédents propriétaires leur avaient laissés. Ces femmes étaient plus jeunes qu'elle, une petite trentaine à vue d'œil, et avaient l'assurance des habitants de ce quartier. Leur corps transpirait l'aisance et la volupté. Sans la moindre gêne, elles appelaient à haute voix leurs enfants, aux prénoms improbables, d'une rue à l'autre ou d'un bout à l'autre d'un magasin. Quel emploi ces femmes ou leurs maris occupaient-ils pour pouvoir s'offrir, si jeunes, de telles propriétés au nord de Londres ? Debs allait sur ses quarante-huit ans et venait tout juste d'acquérir sa première maison.

Elle avait déjà vu l'Américaine, la veille, au moment où leur camion de déménagement s'était garé dans l'allée. La jeune femme était entrée au n° 13 après s'être présentée, mais Debs était si fatiguée qu'elle n'avait pas retenu son nom. Sue ? Susan ?

Elle colla son œil au rideau, que sa respiration fit gonfler par inadvertance. L'Américaine se tenait près de la grille et adressait un signe à l'autre femme qui traversa la rue avec une fillette et entra au n° 14. Debs compta le nombre d'enfants qui jouaient dans le jardin. Un… deux… trois… Trois fils ? Trois ? Oh, Seigneur ! Elle avait entendu l'un d'eux piquer une colère le soir précédent. Il avait hurlé sans discontinuer, si bien qu'elle avait cru finir avec une migraine.

— Debs, ne recommence pas, soupira une voix derrière elle.

Elle se retourna et vit Allen, un tournevis à la main.

— Je n'ai pas… s'exclama-t-elle en reculant d'un bond, mais il quitta la pièce sans lui laisser terminer sa phrase.

La barbe ! Il se remettrait sûrement à la surveiller, maintenant.

Et zut !

Debs leva la tête pour s'observer dans le miroir suspendu au-dessus de la cheminée en marbre et se força à sourire jusqu'à ce que ses yeux ne fassent plus qu'une fente derrière ses lunettes. Ensuite, elle se rendit dans le hall, un endroit qui la mettait encore mal à l'aise. Comme elle était habituée aux petites pièces de son appartement de Hackney dont le plafond était conçu pour un humain de taille standard, ce vestibule lui faisait penser à une caverne, une grotte dans laquelle elle se serait égarée. La peinture des corniches s'effritait, des araignées y avaient élu domicile et veillaient au grain, surplombant la cage d'escalier et le premier étage plongé dans l'obscurité. Non. Debs ne se plaisait pas dans cet endroit, mais elle n'en dirait rien à Allen. Elle parcourut rapidement le couloir vers la salle à manger située à l'arrière de la maison.

— Nous avons notre propre escalier ! s'écria-t-elle en s'efforçant de prendre un ton léger.

Son mari lui adressa un sourire pincé et réajusta ses lunettes qui avaient glissé au bout de son nez. Il assemblait une étagère.

Qu'est-ce qui lui avait pris de dire ça ? Allen se fichait bien de ce qu'elle pensait. Dieu savait qu'il avait monté et descendu suffisamment de marches dans le minuscule appartement cafardeux de King's Cross pour apporter des tasses de thé à sa mère.

— Pourrais-tu me tenir la planche une seconde, mon amour ? lui demanda-t-il.

— Bien sûr, mon amour, répondit-elle en s'exécutant tandis qu'il vissait l'étagère au mur.

Non, songea Debs en observant la main couverte de taches de rousseur de son mari et ses yeux plissés par la concentration. Peut-être s'était-elle extasiée trop vite devant sa propre cage d'escalier.

Mais comment faire autrement ? Ce n'était pas sa faute. Les derniers mois l'avaient usée. A cause de la voisine du dessus qui rentrait chez elle à minuit et demi, de ses talons qui résonnaient sur le vinyle de l'entrée de l'immeuble. Huit pas, pas un de plus. Puis quinze dans l'escalier, huit devant la porte de Debs, et quinze encore avant que la femme n'arrive chez elle.

— Dépêchons ! lâchait Debs couchée sur son lit, des boules Quies dans les oreilles et un oreiller plaqué sur sa tête.

Aujourd'hui, sa voisine trouverait forcément la bonne clé du premier coup, non ? Eh bien, non. La plupart du temps, elle en essayait deux avant de faire claquer sa porte d'entrée, d'arpenter la pièce et d'allumer la télé. Pendant les deux heures suivantes, le grondement sourd du téléviseur envahissait la chambre noire de Debs qui, allongée sur le dos, serrait les dents à en avoir des crampes, les yeux lourds et douloureux à force de fixer furieusement le plafond.

Allen prit la planche des mains de son épouse et lança :

— C'est bon, je la tiens. Et si tu nous faisais une tasse de thé, mon amour ?

— Bonne idée !

Debs partit dans la cuisine, où elle trouva le carton qui contenait ses mugs familiers et le service en porcelaine de sa belle-mère.

Oui, l'escalier, pensa Debs en mettant deux sachets dans la théière de la mère d'Allen. La perspective d'avoir sa propre cage d'escalier l'avait tellement obnubilée qu'elle en avait oublié le plus important.

Les murs mitoyens.

Les maisons de cette rue avaient également des murs mitoyens.

Elle allait profiter du fait qu'Allen soit occupé pour tester les avantages de cette nouveauté. Elle posa près de lui une tasse de thé et un pot de crème.

— Merci, mon amour.

— Bien, je vais défaire un autre carton, annonça-t-elle, mine de rien. A moins que tu n'aies encore besoin de moi ici ?

Elle retint son souffle et Allen lui fit signe que non en sirotant son thé, les yeux de nouveau braqués sur le mode d'emploi.

Debs dut prendre sur elle pour ne pas se précipiter dans le hall. Elle attrapa un des cartons. Allen les avait tous soigneusement classés par couleur : orange pour la cuisine, rouge pour les romans, orange et rouge pour les livres de recettes. Après en avoir ramassé un jaune – pour les vêtements –, elle monta dans sa chambre, à l'avant de la maison, au-dessus du salon et du vestibule, referma doucement la porte et tira les rideaux. La pièce fut aussitôt envahie d'une lumière pourpre tamisée.

Debs retourna ensuite près de la porte, posa le carton par terre et s'agenouilla à côté. Enfin, elle colla son oreille à la cloison qui la séparait de l'Américaine. Le papier peint à fleurs sentait la poussière. A force de frotter sa joue dessus, une tige de glycine se détacha et adhéra à sa pommette.

« Aaahh ! » faillit-elle dire avec soulagement.

Car elle n'entendait rien. Puis vint un léger froissement.

Des acariens, sans doute. Ou alors des fourmis. Se rapprocher encore et tendre l'oreille.

Un instant s'écoula. Et ça, c'était quoi ? En retenant sa respiration, sans bouger, elle pouvait percevoir un faible tic-tac. En provenance des canalisations ? Dans ce cas, ça ne lui poserait pas de problème. Le bruit n'irait sûrement pas jusqu'à son lit.

Jusqu'ici, tout allait bien. Un peu plus près. Patience. Une minute passa, puis une autre.

Encore une autre. Et le silence.

Debs s'écarta légèrement de la cloison et commença à trier les affaires rangées dans le carton, restant à l'affût. Une pile pour les cravates d'Allen, une autre pour ses chaussettes grises.

La chance avait-elle enfin tourné en sa faveur ? La mettant à l'abri des…

— Pourrais-tu au moins attendre que j'aie fini, Jez ?

Ce hurlement étouffé choqua tellement Debs qu'elle bondit loin du mur, la tête bourdonnante.

Qu'est-ce que c'était ? D'où était sorti ce cri, enfin ?

Elle resta tapie sur le sol comme si la propriétaire de la voix venait de faire irruption dans la pièce, immobile pendant une seconde, puis elle recolla son oreille contre la cloison. Un nouveau bruit s'était ajouté aux autres. De l'eau qui coulait d'un robinet ouvert. Non. Plus discret, un peu comme…

Impossible.

La chasse d'eau installée juste derrière sa tête la mit presque à genoux. Le tuyau d'évacuation gargouilla et gronda bruyamment.

Des toilettes. Il devait y avoir une salle de bains accolée à la chambre des voisins. Avec des W-C très bruyants qui la dérangeraient au beau milieu de la nuit ?

Le cœur de Debs palpitait comme si un heurtoir en bronze cognait contre sa poitrine. Elle sentit une pression sur sa tête, à croire qu'on lui écrasait le crâne.

Tout d'un coup, la porte de la chambre percuta sa jambe.

Allen.

Debs se redressa dans un sursaut, plongea sa main dans le carton de vêtements et envoya une cravate de cricket valser à travers la pièce.

— Tout va bien, mon amour ? demanda son mari qui avait passé la tête dans l'embrasure et regardait l'accessoire échoué sur la coiffeuse, puis les rideaux fermés.

Il s'approcha de la fenêtre et les ouvrit.

Elle se força à sourire en se grattant la nuque.

— Un peu de rangement, rien de plus.

Il fronça le nez.

— Mieux vaut peut-être attendre qu'on ait débarrassé l'entrée.

— Mouais, tu as sans doute raison.

Allen l'aida à se relever et balaya la vaste chambre du regard. Les rayons du soleil embrasaient les murs de la pièce. Le lit, fait depuis peu, était recouvert de l'édredon couleur crème qu'ils venaient d'acheter. Deux lampes en bois assorties trônaient de chaque côté du sommier.

— Oui… Nous allons être heureux, ici, déclara Allen en hochant la tête.

Debs reçut cette remarque comme un ordre. Mais après les six mois qu'ils venaient de vivre, elle ne pouvait pas lui en vouloir.

La porte d'entrée de la maison voisine claqua et l'un des voisins franchit la grille. Quitteraient-ils toujours leur foyer en faisant autant de bruit ?

— Oh oui, mon amour, rétorqua-t-elle en se tournant vers son mari avec un sourire. Sûrement.

5

Callie

Il me faut un peu de temps avant de comprendre que c'est le téléphone qui sonne.

Parce qu'il m'arrive souvent de faire des rêves sonores. La plupart des gens rêvent en images, je le sais. Pas moi. Et ce depuis toute petite. Voici un scénario récurrent : je suis assise dans un endroit désert, comme le champ de pommes de terre de papa, par exemple. L'hiver a peint le ciel du Lincolnshire en gris souris. Je n'entends d'abord pas le moindre bruit, puis des sons se forment autour de moi, purs et distincts. Ça peut commencer par le souffle du vent qui me frôle, le bruissement des branches d'un arbre. La musique démarre, composée de notes dissonantes, semblable à la mélodie que produit l'air dans des tuyaux d'irrigation vides. Des battements de cœur rejoignent la chorale, percussions lourdes et grondantes. En général, c'est à ce moment-là que je me réveille en sueur, mon rythme cardiaque s'emballant sous l'effet de la panique. Je bondis de mon lit et me rue dans la chambre de Rae pour m'assurer qu'elle respire toujours.

Ce soir, néanmoins, ce ne sont pas les battements de mon cœur ni un cauchemar ni les geignements de Rae dans son sommeil qui me réveillent, mais Tom.

— Salut, braille-t-il dans le combiné. J'ai eu ton message. Qu'est-ce qui se passe ?

— Ne quitte pas, lui dis-je en essayant de rapprocher l'appareil de mon oreille.

Sa voix me parvient avec un léger décalage typique d'un téléphone par satellite.

— Tout va bien ? insiste-t-il, l'air inquiet.

— Oui, Rae va bien.

— Alors, quoi ? crache-t-il.

— Tom, tu sais qu'il est 2 heures du matin ?

Un silence s'abat sur la ligne, le temps pour lui de s'apercevoir qu'il faut ajouter et non enlever cinq heures à l'heure du Sri Lanka pour connaître la nôtre.

— Merde. Je me suis encore planté ?

Tom est un cameraman talentueux, spécialisé dans les documentaires animaliers, incollable sur les habitudes reproductrices des chacals dorés ou des fennecs. Les chiffres, en revanche, le rendent quasiment dyslexique. Les premiers temps, ses coups de fil d'Ouganda ou de Papouasie-Nouvelle-Guinée à 2 heures du matin m'attendrissaient et ses excuses m'amusaient.

« Maintenant que je suis debout, raconte-moi ce que tu as fait jusqu'ici », soufflais-je alors en enfouissant ma tête sous la couette pour mieux l'imaginer à mes côtés.

Je l'écoutais me relater sa journée passée à chercher l'habitat d'une lycose, ou perché dans un arbre avec sa caméra pendant que son guide chassait un puma.

Mais Tom et moi ne rigolons plus. Jamais. On entre directement dans le vif du sujet. C'est mon cas, ce soir.

— Je t'ai appelé parce que j'ai du neuf.

— Quoi ?

— Euh… eh bien, je vais reprendre le boulot.

Il laisse passer un blanc. Un énorme blanc qui part de Londres et traverse la mer d'Arabie sous un ciel plein d'étoiles jusqu'au Sri Lanka.

Peut-être que la chance me sourira, comme un peu plus tôt dans la soirée. Rae avait plutôt bien accueilli la nouvelle. Elle en avait craché le pop-corn qu'on avait préparé pour notre rituel « festin de minuit du vendredi ».

« Reprendre le boulot ? avait-elle hurlé. Comme la maman de Hannah ? Fermière ?

— Pharmacienne », avais-je corrigé.

Un rire m'avait échappé lorsque j'avais imaginé Caroline avec son chignon sophistiqué battant le foin dans son tailleur Karen Millen. Rae espérait vivement que Hannah deviendrait sa meilleure amie, d'après ce qu'elle m'avait confié.

« Non, j'ai décroché un autre boulot. Mais tu sais ce que ça signifie ? Que je ne viendrai plus te chercher à la sortie de l'école.

— Youpi ! s'était écriée ma fille. Je pourrai aller à la garderie avec Hannah, alors ?

— Eh oui », avais-je répondu, à la fois déconcertée et reconnaissante, déjà en manque d'elle.

Mais ça, c'était Rae. Tom, lui, était différent.

— Qu'est-ce que… C'est une plaisanterie ?

— Ecoute, Tom, dis-je en soupirant. Je ne peux pas rester éternellement à la maison. Ce devait être l'affaire de six mois, puis une année est passée. Ça va bientôt faire cinq ans, maintenant. Il faudra bien que je retourne travailler un jour ou l'autre.

Face à son silence, mieux vaut prendre des gants :

— Je viens juste d'appeler Guy, chez Rocket, pour savoir s'il n'aurait pas par hasard besoin de quelqu'un en free-lance pour quelques jours. Et là, il m'a proposé de but en blanc de superviser la bande-son du premier court-métrage de Loll Parker – l'artiste suédois, tu sais ? Celui qui a exposé à la Tate Gallery.

Je marque un temps pour réprimer le sourire qui ne me quitte plus depuis ma conversation avec Guy, mardi dernier. Si seulement Tom pouvait me répondre un truc du genre : « Merde, Cal ! Bravo ! Tu as si bien bossé il y a cinq ans que ton patron te tombe dans les bras dès que tu réapparais. Alors là, chapeau ! »

— Désolé, Cal. Il doit y avoir quelque chose qui m'échappe, dit-il en fait. Qui va s'occuper de Rae ?

Après tout ce temps, la froideur de mon ex-mari me donne encore l'impression que l'univers ne tourne plus sur son axe. Autrefois, Tom terminait ses phrases avec une blague. Mon Tom ne m'a jamais parlé de cette façon, pas une fois en quatre ans. Il s'inquiète pour sa fille, voilà tout. Il lui faudra du temps pour se faire à l'idée. Tout comme moi.

— Eh bien, elle ira à la garderie pendant quelques semaines. Elle est très contente, d'ailleurs. Elle sera encadrée par des gens formés pour les premiers secours, comme les instituteurs. Mais si tout se passe bien au boulot, que ça me plaise et que Guy me propose d'autres missions, alors, je ne sais pas… Je trouverai bien une assistante maternelle pour se caler sur mes horaires.

Un nouveau silence, plus long, celui-là.

— Tom ?

— Quoi ? réplique-t-il sèchement.

Je me jette à l'eau.

— Ecoute… Je sais que c'est beaucoup te demander, mais pourrions-nous discuter de ça sérieusement ? Les techniques ont beaucoup évolué, d'après ce que Guy m'a dit. Je lui ai assuré que je m'en sortirais bien, alors que je suis terrifiée…

Encore un blanc.

— Pour tout te dire, Cal, je m'en fous complètement. Que tu laisses Rae à des étrangers me dépasse. Après tout ce que nous avons traversé. Et moi qui suis à dix mille kilomètres. Qu'est-ce que tu veux que je fasse ?

Rae et moi avons fêté mon nouveau job, ce soir. Nous nous sommes préparé des cocktails à base de limonade, de jus de pomme et de colorant rose, et avons dansé sur des chansons du groupe pop Girls Aloud.

Je prends une grande inspiration. Rester calme.

— Je ne sais pas, Tom… Tu as été absent longtemps, cette année, et…

— Ouais, il faut bien payer les deux loyers, Cal.

Je soupire.

— D'accord, mais tu n'imagines pas combien Rae a progressé. Elle a gagné en autonomie. Sa maîtresse m'a raconté qu'elle s'était inscrite d'elle-même à la chorale de midi. Et maintenant, la voilà tout excitée à l'idée de participer au concert de fin d'année. Tu aurais dû la voir, aujourd'hui, courir au parc avec son copain. Elle rêve de prendre son envol, de mener une vie normale. Tom, crois-moi, c'est une petite fille comme les autres.

Je fais une dernière tentative.

— D'ailleurs, ce boulot va me permettre de gagner un peu d'argent et de ne plus dépendre de toi tout le temps. Tu pourras peut-être lever un peu le pied…

Voilà qu'il grogne, à présent.

— Tu sais quoi, Cal ? C'est ça le problème : toi d'abord, comme d'habitude.

Quoi ? Le mauvais caractère de ma mère menace de ressurgir en moi. Je déglutis, puis compte jusqu'à dix.

— A mon avis, Cal, il ne s'agit pas de ce qui est mieux pour Rae, mais pour toi…

— Tu es injuste, Tom !

Je me suis entendue crier dans le combiné. Pitié, me dis-je. Réagis. Ne le laisse pas t'infliger ça.

— Ah ouais ? rage-t-il. C'est vraiment ce que tu penses ? C'est pourtant la stricte vérité.

Ça craint. Le mauvais caractère de maman sommeille au plus profond de moi et réapparaît toujours sans prévenir. Si seulement elle avait vécu assez longtemps pour m'apprendre à le contrôler, me dis-je pour la énième fois.

— Tom ? Et si tu te contentais de… de… oh, et puis va te faire foutre !

J'ai franchi le point de non-retour. Après lui avoir raccroché au nez, je me retourne dans mon lit et hurle dans mon oreiller :

— Espèce d'idiote ! Imbécile, imbécile, imbécile !

J'ai remis ça, encore une fois.

Allongée, le visage enfoui dans le coton moelleux, je suis furieuse contre moi-même. Ma respiration humidifie l'oreiller. Mais la chaleur du coussin a quelque chose de réconfortant.

Oh, bon sang ! Je parie que Kate, son assistante caméra, a tout entendu de notre dispute. Que son joli minois était niché au creux de l'épaule de Tom, que sa chevelure noire aux reflets incroyables se répandait en cascade sur son torse.

Comment arrive-t-il encore à m'atteindre ?

En maugréant, je sors de mon lit et retourne au salon pour faire les cent pas en secouant la tête. Je ne vais pas pleurer. Non. Hors de question que Tom anéantisse le peu de confiance que Guy m'a réinsufflé cette semaine.

Je saisis mon carnet d'adresses, brûlant de m'épancher auprès de quelqu'un, tout en sachant que ça ne servira à rien. Ce calepin aux pages usées regorge de contacts barrés ou obsolètes. Il faudrait que je le mette à jour, mais si j'efface tous mes anciens camarades du Lincolnshire – ceux de la fac et les collègues de travail ayant renoncé à me téléphoner après mon accouchement d'une petite fille atteinte d'une malformation cardiaque dont je suis sortie tellement épuisée que pendant trois ans je n'ai pas eu le courage de les rappeler ou de les rejoindre pour boire un verre –, il ne restera plus grand monde dans mon agenda.

Je fixe les quelques noms des personnes qui n'ont pas coupé les ponts. Ils commencent à disparaître tout seuls, l'encre s'effaçant avec les années. Le père de Fi est mort il y a trois mois à l'hôpital de Lincoln. Depuis qu'elle m'a annoncé son décès par téléphone, je n'ai plus de nouvelles. Lors de son dernier coup de fil, Fi avait précisé que ses amis « l'aidaient à traverser cette épreuve ». Avec un petit pincement au cœur, j'avais compris qu'elle m'avait rayée de cette catégorie. Voilà pourquoi je ne l'ai pas rappelée depuis. Difficile de renouer maintenant, au beau milieu de la nuit, de lui demander de m'écouter déverser toute ma colère. Mon regard tombe sur le numéro de Sophie. A quand remonte sa mutation à Zurich ? Quatre mois, déjà. Elle m'avait envoyé ses coordonnées, que je n'ai toujours pas pris le temps de reporter dans mon carnet, sur une carte postale représentant une laitière des montagnes suisses. C'était une référence ironique à la nuit où, un peu éméchée, j'avais montré à Sophie comment traire une vache sur notre vieux chat stupéfait. Elle en avait pleuré de rire. J'avais presque oublié cette scène, depuis. La carte était sûrement perdue, maintenant. De toute façon, Sophie me l'avait sans doute fait parvenir uniquement par égard pour une amitié qui s'était lentement dissipée.

Je remets le calepin à sa place.

Je ne sais plus entretenir mon réseau d'amis ni m'en faire de nouveaux. Mais depuis quand ? A quel moment mon entourage s'est-il réduit à Suzy ?

Bien que nous ne soyons qu'en juin, il fait doux et lourd. J'ouvre les fenêtres en bois à guillotine. Un fort craquement accentue la fêlure du carreau sur le côté. Il faut que je prévienne le propriétaire, me dis-je pour la énième fois. Un jour, la vitre tombera en morceaux en s'ouvrant. Une lumière attire mon regard. La nouvelle voisine du 15 ne dort pas non plus. Elle est debout et range des livres sur l'étagère de son salon. Il y en a des centaines. Maman en possédait beaucoup, elle aussi. La voisine a presque rempli la bibliothèque qui encadre sa cheminée.

Un roman… Quand en ai-je lu un pour la dernière fois ? Autrefois, maman et moi étions des boulimiques de lecture. Nous échangions nos livres, puis nos avis. A présent, la fatigue m'empêche d'en ouvrir un. Fatiguée par quoi ? Les courses et la cuisine. Le linge à étendre. Les transports incessants : conduire Rae à l'école, sortir les poubelles, déposer notre vieille voiture chez le garagiste pour un contrôle technique. Mon cerveau est comparable à un moteur avec des problèmes d'embrayage : il s'emballe sans aller nulle part.

La présence de la voisine me procure un étrange réconfort. Ses cheveux grisonnants coupés au carré et ses lunettes à monture noire lui donnent l'air d'être assez âgée. J'ai aperçu son mari qui rentrait des courses, un peu plus tôt dans la soirée. Il est plus petit que sa femme, blond vénitien, avec des favoris, d'épaisses lunettes et un nez qui lui dévore le visage.

La voisine se retourne. C'est curieux : elle est vêtue d'une de ces robes de chambre en velours que maman avait l'habitude de porter. Je passe doucement un doigt sur le carreau fêlé.

Sur Churchill Road, les fenêtres éteintes me dévisagent.

Oh, Seigneur. Je ne peux pas continuer à mener cette vie-là. La maladie de Rae nous a crevés. Je ne suis plus qu'une enveloppe, une coquille vide. Pas étonnant que les autres femmes m'évitent. Elles sentent que je vais les épuiser elles aussi. Tom n'a peut-être pas tort, après tout. Je suis trop égocentrique, obsédée par mes éternels problèmes. Toutes les femmes perçoivent mes besoins infinis et mon incapacité à leur offrir quoi que ce soit en échange de leur amitié. Toutes, sauf Suzy.

J'observe encore un peu la voisine, à couvert. Vais-je faire sa connaissance, ou adoptera-t-elle le même comportement que les autres – m'ignorer lorsqu'elle me croisera dans la rue ?

Un souvenir me revient tout à coup, celui d'une douce soirée couleur bouton-d'or. J'ai huit ans. Je m'achemine timidement vers la ferme, chargée d'un plat de lasagnes pour le nouveau fermier et sa femme. Le torchon posé sur mes mains ne les protège presque plus de la chaleur et le plat me brûle les doigts. Je longe les traces laissées par le tracteur dans la boue séchée jusqu'au tournant marqué par un buisson d'orties. Notre chatte, Tuppence, fait sa toilette, allongée à côté d'un tas de piquets de clôture rouillés. Le fermier et son épouse transportent un canapé à l'intérieur de leur maison. La femme, coiffée d'un foulard à pois, se tourne vers moi et son regard s'arrête sur mon plat. Le doute me serre l'estomac. Qu'est-ce que je fais s'ils n'en veulent pas, de ces lasagnes ? Comment maman sait-elle qu'ils auront envie d'en manger ? La panique me submerge, je m'arrête et fais demi-tour. Ma mère m'observe derrière la fenêtre de la maison et m'encourage d'un signe de la main. Je prends alors conscience, du haut de mes huit ans, qu'il faut parfois faire des efforts, en société. Etre courageux, sortir de sa tanière pour se familiariser avec son entourage.

A mesure que je grandissais, c'est ce que j'ai fait. Plutôt bien, d'ailleurs. Maintenant, j'ai oublié comment m'y prendre, et maman n'est plus là pour me pousser vers les autres et me récompenser d'un baiser à mon retour.

La voisine de l'autre côté de la rue ferme son livre et éteint la lumière. L'espace d'une minute, je décide que le moment est venu de remédier à ma solitude. Peut-être à cause de cette robe de chambre qui me rappelle maman. Cette dame a l'air sympa.

6

Suzy

Suzy se réveilla en sursaut.

Quelque chose n'allait pas.

— Maman… murmura Henry.

Elle roula sur elle-même et étreignit le corps de son petit garçon.

— Tout va bien, chéri, lui dit-elle sans en être vraiment convaincue.

Suzy s'était allongée dans le petit lit en bois de son fils, les jambes repliées. Elle redressa la tête et consulta le réveil en forme de lapin. Ses oreilles étaient réglées sur l'heure du lever : 7 heures. Son museau, lui, affichait 2 h 40 du matin.

Elle se retourna et s'assit.

— Jez ?

Le silence de la maison lui répondit.

Suzy s'écarta de Henry de façon à pouvoir extraire son corps du petit lit. Après avoir refermé son gilet sur son pyjama, elle descendit doucement dans le hall. La petite lampe allumée attendait toujours patiemment le retour de Jez. Aucune trace de lui. Ses chaussures et son manteau n'étaient pas là. Son vendredi soir avec

Don Berry devait s'éterniser. Depuis qu'il était rentré lundi de Vancouver, c'était la troisième fois qu'il dînait dehors. Suzy remonta au premier et s'arrêta sur le palier. Elle apercevait le grenier à l'étage et le hall du rez-de-chaussée, c'est ici qu'elle avait le plus d'espace. Bon sang, elle se sentait tellement à l'étroit !

Suzy ferma les yeux pour se remémorer une image des lieux de son enfance : ses balades sur le plateau rocheux, sous les bouleaux argentés, à travers des buissons de genévriers qui donnaient du relief à la plaine. La course effrénée des nuages immaculés dans un ciel bleu azur. Elle cherchait un endroit où dresser sa tente, près d'un rocher de préférence, pour s'asseoir et regarder passer des chevreuils, écouter leurs sabots fendre la glace, le seul bruit à rompre le silence, en dehors d'un avion qui atterrissait de temps en temps à trente kilomètres de là. En se concentrant bien, Suzy parvint même à évoquer le doux crépuscule qui nappait sa peau d'une poussière dorée, et le soleil couchant peignant de grands tourbillons violets et pourpres dans l'atmosphère. Et… ah, les étoiles. Il y en avait des millions. Rien à voir avec le bout de ciel nocturne de Londres, moucheté de faibles lueurs, qui recouvrait la ville comme un couvercle inadapté.

Le mal du pays lui nouait l'estomac. Son mari ne pouvait pas avoir oublié le Colorado, ni qui elle était.

Une autre image lui traversa l'esprit : Jez surgissant à la porte de son bureau un vendredi et l'invitant d'un geste à le rejoindre, une clé oscillant à son doigt.

« Bob m'a prêté son chalet pour le week-end », lui avait-il annoncé.

Sa voix profonde envoyait des décharges provocantes dans tout son corps. Il avait haussé les sourcils et laissé son bras échouer sur les reins de Suzy.

« Cool », avait-elle répondu avec un sourire.

Ses doigts la caressaient lentement, suggérant déjà bien davantage.

Ce week-end-là, Suzy l'avait initié à la randonnée dans les contrées sauvages. Ils étaient descendus dans un ravin que l'eau avait mis des millions d'années à creuser dans la roche imposante. Au cours des heures suivantes, ils avaient longé la rivière baignée de soleil jusqu'à l'un de ses lacs préférés. Sûrs d'être seuls, ils avaient étendu leur serviette sur la rive et avaient ôté tous leurs vêtements pour gagner le centre du plan d'eau à la nage. Suzy avait enroulé ses bras autour du cou de Jez, le sentant tout proche. Jez n'aurait jamais pu rentrer chez lui sans son aide, il était tout à elle. Une idée électrisante.

« Ça te plaît ? lui avait-elle demandé.

— Oui. »

Jez avait descendu une de ses mains au creux de ses reins, sur sa peau tendue par l'eau glacée.

« Il existe plein d'endroits comme celui-ci, inconnus de tous. Je peux te les montrer.

— Tu n'as pas peur de t'aventurer ici toute seule ?

— De quoi aurais-je peur ?

— Je ne sais pas… des ours ?

— La belle affaire, avait répliqué Suzy. Il suffit de leur jeter une pierre, de crier ou d'agiter les bras. »

Elle se souvenait comment il avait ri, alors.

« Tu es une fille intéressante », avait décrété Jez en l'attirant vers lui.

En fin d'après-midi, ils s'étaient fait couler un bain chaud au chalet. Plus tard, alors qu'ils étaient nus, leurs jambes entremêlées, à boire de la bière dans l'eau fumante, Suzy lui avait murmuré, légèrement grise :

« Je crois que c'est le plus beau jour de ma vie, tu sais ?

— Hmm », avait-il répondu en plongeant le nez dans sa nuque.

Elle avait attendu un assentiment qui n'était pas venu. Et il fallait se rendre à l'évidence : elle ne l'obtiendrait jamais.

En ce temps-là, Suzy voyait son mari comme une énigme, et elle n'avait toujours pas percé cette énigme.

Elle bâilla, retourna dans sa chambre en passant devant celle de Henry, se glissa entre les draps vides et froids de son lit king-size, puis se recroquevilla sur elle-même pour se réchauffer.

Demain. Suzy passerait ce coup de fil demain. Que pouvait-elle faire d'autre ?

SAMEDI

7

Debs

Il était 11 heures du matin quand on sonna à la porte. Dans la chambre du premier, Debs redressa la tête, étonnée. Qui était-ce ? Qui pouvait bien passer la voir un samedi ? Le match de cricket d'Allen avait-il été annulé ?

Le soleil était réapparu et projetait dans la pièce comme des rayons laser à travers la poussière. Debs avait tendu la main pour en toucher un et regardé danser entre ses doigts des particules de peau, grains de poussière et cheveux laissés par les habitants qui s'étaient succédé dans cette maison depuis un siècle.

Elle avait plutôt bien dormi, finalement. Daisy Poplar ne l'avait pas empêchée de trouver le sommeil, pour une fois. Allen l'avait rejointe dans le lit vers 3 heures du matin, vêtu de son pyjama vert à motif cachemire, et avait roulé sans bruit de son côté. Sans plus bouger. Elle s'était demandé si ce déménagement allait changer leurs habitudes, mais jusqu'ici, ça n'avait pas été le cas.

Les voisins n'avaient tiré leur chasse d'eau qu'une seule fois, puis plus rien. Voilà qui serait supportable, pensait Debs. Elle verrait bien ce que l'avenir lui réserverait. Trois ans s'étaient écoulés avant qu'elle n'entende la fille du dessus se déplacer, à Hackney. Il avait suffi d'une nuit, où elle avait perçu le claquement d'une porte et le martèlement de talons dans l'escalier. Ensuite, ça n'avait plus jamais cessé.

Debs frotta sa nuque endolorie, se leva et quitta la chambre en attrapant au passage le dernier carton jaune d'Allen. L'armoire de son mari débordait de paires de chaussettes marron et grises qui, même après lavage, dégageaient encore une vague odeur de chaussures. Debs avait découvert que les odeurs étrangères constituaient l'une des composantes principales de la vie à deux.

— Aïe ! cria-t-elle lorsqu'un objet dur percuta son genou.

Avec le carton vide dans les bras, elle n'avait pas vu l'obstacle qui lui barrait le chemin. Le choc l'envoya valser contre le mur, lui laissant tout juste le temps de tendre la main gauche pour se réceptionner. Une douleur lancinante et vicieuse irradia son bras, son épaule, remonta dans sa nuque fragilisée et lui arracha un gémissement. Les dernières paroles d'Allen avant de partir à son club de cricket lui étaient revenues trop tard : « Je t'ai laissé un carton devant la porte de la chambre, mon amour. »

Boitillant dans l'escalier, Debs se massa le genou d'une main et le cou de l'autre. Son torticolis l'avait martyrisée toute la nuit. Il ne lui manquait plus qu'une entorse au genou pour couronner le tout.

La sonnette retentit à nouveau. Oh, pour l'amour du ciel !

— J'arrive !

Des prismes rouges et roses dessinés par les vitraux de la porte d'entrée se réfléchissaient dans le miroir du portemanteau vieillot qu'Allen tenait de sa mère. Sculpté de façon insensée, avec des plis et des volutes, l'objet était équipé de crochets pour les grands parapluies et les chapeaux ainsi que de plusieurs étagères pour Dieu savait quoi. La mère d'Allen avait légué à son fils tout un tas d'accessoires qui mettaient Debs mal à l'aise, y compris une affreuse petite pendule de grand-père qui trônait désormais en face du portemanteau, et une vitrine qui encombrait le salon, avec ses horribles portes en acajou et son service de mariage couleur citron, craquelé de veinures marron. Ces objets disséminés dans tous les coins donnaient corps à sa belle-mère et accablaient son mari de reproches.

Debs prit une profonde inspiration puis lança, porte close :

— Oui ?

— Euh… oui ? répliqua une voix nerveuse de jeune femme.

— Je peux vous aider ? s'enquit Debs.

— Euh… eh bien, c'est que… en fait, je suis juste… euh…

Debs regarda par le judas. Une femme avec de longues boucles châtain clair et une enfant qui lui ressemblait beaucoup, malgré les cheveux plus clairs et les yeux plus sombres, se tenaient sur le pas de la porte. La femme portait un plat couvert d'un film plastique et une bouteille.

Oh, non !

Nauséeuse, Debs déverrouilla la porte en murmurant :

— Oui ?

— Bonjour, je suis Callie, votre voisine d'en face.

Elle s'exprimait d'un ton hésitant.

— Ah. Et… ?

— Excusez-moi… Vous vous sentez bien ? demanda la jeune femme en la voyant se frotter le genou.

— Oui, oui. J'ai juste fait une petite chute.

— Je vous dérange ?

Oui, pensa Debs. On ne peut plus.

— Je voulais juste vous déposer ce plat de lasagnes et cette bouteille de vin pour vous souhaiter la bienvenue dans le quartier. Rae et moi, nous habitons en face.

Debs les examina de la tête aux pieds. Pouvait-elle décemment récupérer le tout et refermer la porte ?

Quelle réaction Allen attendrait-il d'elle ? Un vrai dilemme. Finalement, Debs prit sur elle pour répondre :

— Oh, comme c'est aimable à vous. Voulez-vous entrer ?

Le visage de la voisine s'éclaira.

— Volontiers, merci. Nous ne resterons qu'une minute.

Debs les invita à l'intérieur en souriant à la petite fille. Elle trouva Callie très mince dans son jean, sa tunique brodée et ses sandales ; elle lui rappelait ses camarades de lycée qui gardaient la ligne sans fournir le moindre effort. Des filles qu'elle enviait. Empruntée, Debs tira son long pull marin sur ses hanches généreuses. La fillette, tout aussi maigre, portait une robe d'été qui révélait une peau couleur de pâte à pain.

— Au fait, je m'appelle Debs.

Sur ces mots, elle prit le plat de lasagnes en essayant de maîtriser le tremblement de ses mains.

— Puis-je vous offrir une tasse de thé ? ajouta-t-elle.

— Eh bien… oui, merci. Vous êtes sûre qu'on ne vous dérange pas ? répondit Callie qui regardait les cartons empilés tout autour d'elle.

— Pas le moins du monde. Accordez-moi juste une seconde, le temps de trouver le nécessaire. Nous vivons encore dans la pagaille. Alors comme ça, vous habitez la rue. Depuis longtemps ? s'enquit Debs en allumant la bouilloire et en prenant la théière sur une étagère.

En général, lorsqu'elle interrogeait les gens, ils se contentaient de lui répondre et la laissaient tranquille. Ce procédé avait fait ses preuves.

— Deux ans, dit Callie en souriant.

— Et vous avez toujours vécu dans le quartier ?

Callie secoua la tête.

— Pas vraiment. Pas du tout, en fait. Avant, nous habitions Tufnell Park. Mais nous… euh…

Elle jeta un coup d'œil à Rae, haussa les épaules et conclut :

— Eh bien, il y a beaucoup de jolis espaces verts, dans le coin. Et vous ? D'où venez-vous ?

— Hackney, ma chère, déclara Debs en plaçant des sachets dans la théière. Allen et moi sommes mariés depuis peu et…

Voyant Rae dresser l'oreille, Debs lui fit un clin d'œil. La fillette la dévisageait en essayant de s'imaginer cette vieille dame en robe blanche, l'air consternée.

— Oh, félicitations ! C'est merveilleux ! lança Callie.

Debs approcha la théière de la bouilloire.

— Merci.

Oh non. Cette femme allait sans doute lui poser des questions sur la cérémonie, à présent. Et Debs n'abordait jamais ce genre de sujet avec personne.

— Revenons-en à vous, ma chère. Dans quoi travaillez-vous ?

Callie parut surprise, puis éclata de rire sans retenue.

— Eh bien, justement. C'est curieux que vous me demandiez ça. Il y a quelques années, j'étais ingénieur du son… Je m'occupais des effets sonores dans les publicités et les films, vous voyez ? Et pour la première fois depuis des années, lundi, je vais reprendre le collier, et…

Ça s'annonçait mal. Debs sentait le tremblement de ses doigts s'accentuer. Elle voulut se retourner pour reposer la théière sur le plan de travail, mais trop tard. Le récipient lui échappa des mains.

En heurtant le sol, la théière explosa avec un bruit sourd et des débris s'éparpillèrent dans tous les coins.

Un silence accablant s'abattit sur la pièce.

— Je suis vraiment navrée, s'excusa Debs devant l'expression horrifiée de l'enfant. Mon Dieu, que je suis maladroite ! Que va dire Allen ? C'était la théière de sa mère.

Elle sourit et s'appuya sur la table pour reprendre son équilibre.

Callie semblait mortifiée.

— C'est ma faute, je vous ai distraite, désolée. Laissez-moi vous donner un coup de main.

— Surtout pas ! rétorqua Debs, plus fort qu'elle ne le voulait – au moins avait-elle réussi à ne pas crier. Je vous en prie. Laissez. Veuillez accepter mes excuses. Je suis simplement très fatiguée par le déménagement.

— Oh, je tombe au mauvais moment, pardon. Nous sommes venues sans prévenir, rebondit Callie, rougissante. Pourquoi ne pas remettre ça à plus tard, une fois que vous serez installée ?

— Très bien, fit Debs. Donnez-moi quelques jours et dès que tout sera déballé, vous passerez prendre une bonne tasse de thé.

Sauf que maintenant qu'elle était prévenue, Debs ne lui ouvrirait plus.

— En fait, reprit la jeune femme, la voix légèrement tremblante, ça peut vous paraître un peu cavalier, mais j'ai vu que vous aviez une bibliothèque très fournie ?

— Oh oui, répondit Debs, sur ses gardes. J'ai beaucoup trop de livres. Allen me demande sans arrêt de me séparer de certains, mais j'aime trop mes romans.

— Parce que… ça fait des années que je ne lis plus. Il faut que je m'y remette. Et je me demandais si…

Nerveuse, Callie grimaça, puis elle se lança :

— Je me demandais si je pourrais un jour jeter un œil à vos bouquins ?

Oh, Seigneur ! Dans quoi Debs s'embarquait-elle ?

— Maman…

Ce gémissement en provenance du hall attira leur attention. La petite fille se tenait devant la porte d'entrée.

— Je veux rentrer à la maison, insista-t-elle.

— Désolée, il vaut mieux qu'on y aille. Rae est un peu fatiguée, aujourd'hui.

— Eh bien, merci de m'avoir apporté des lasagnes, dit Debs, soulagée, en l'accompagnant vers la sortie. Allen les appréciera sûrement lorsqu'il rentrera de sa partie de cricket.

Sur ce, la maîtresse de maison s'arrêta et baissa les yeux sur un carton coloré en vert pour « grenier ». Ça lui donna une idée.

— Rae, c'est bien ça ? Est-ce que tu aimes les marionnettes, ma chérie ?

L'enfant hocha la tête.

Debs retira une repoussante marionnette de la boîte : un renne de Noël au museau rouge dont les cornes s'affaissaient.

— Il appartenait à la maman d'Allen. C'est elle qui l'a fabriqué.

Rae prit le jouet en silence, le fixa avec un sourire puis leva les yeux vers Debs. Sans un mot, elle lui en asséna un grand coup sur le nez.

— Rae ! s'écria sa mère.

Debs inspira profondément et lâcha :

— Oh, bonté divine !

— Je suis affreusement désolée, reprit Callie. Rae… Ça ne te ressemble pas ! Elle se tient très bien, d'habitude. Rae, excuse-toi.

— Non, rétorqua la fillette en regardant la maîtresse de maison d'un air renfrogné.

— Je ne sais pas quoi dire. Je suis tellement gênée.

— Oh, ne le soyez pas, ma chère, lui assura Debs. Je suis certaine qu'elle ne pensait pas à mal.

— Je suis désolée, répéta Callie en arrachant la marionnette des mains de sa fille pour la remettre dans le carton. Nous allons avoir une petite discussion à la maison, toutes les deux. Et merci encore.

Debs agita la main en guise d'au revoir et referma la porte.

— Oh, grogna-t-elle en s'effondrant contre le mur.

Des poids semblaient s'être abattus sur ses hanches. Elle frotta son genou endolori, sa nuque ankylosée et son nez douloureux. L'affreuse marionnette était retournée dans sa boîte et Debs aurait juré que les boutons bleus qui lui servaient d'yeux se moquaient d'elle.

Inutile de s'inquiéter, pourtant. Elle avait déjà rencontré des gamines de ce genre et savait comment s'y prendre avec elles.

Lorsque Allen rentra à la maison, vers 15 heures, Debs s'était remise de l'incident. Elle avait monté au premier la plupart des cartons verts pour que son mari puisse les entreposer au grenier et faisait le tri dans ses livres.

— Tu as une minute, mon amour ? lança-t-il du jardin.

Quoi encore ? pensa-t-elle.

Une fois dehors, Debs trouva son mari en compagnie de la voisine américaine et d'un homme aux cheveux noirs ondulés plaqués en arrière. Il avait les joues pleines, les paupières tombantes sur des yeux fatigués et une tête de plus qu'Allen. Debs sentit ses paumes devenir moites.

— Mon amour, je te présente Suzy et Jez, qui habitent à côté. Ils me disaient justement que jeudi, les éboueurs passent récupérer les ordures et les produits recyclables.

— Nous nous sommes déjà vues, déclara l'Américaine en saluant Debs d'un geste de la main. Salut, comment ça va ?

— Bien, merci, bégaya-t-elle.

— Debs, voici Jez, reprit Suzy, en pointant son époux du doigt.

Ce dernier était si beau que Debs eut du mal à croiser son regard. Elle n'avait jamais osé regarder les hommes de son espèce dans les yeux. Mieux valait éviter une terrible seconde de malentendu : ils pouvaient toujours croire qu'elle flirtait avec eux. Debs préférait de loin endurer leur indifférence que leur mépris.

— Bonjour, dit-il.

Jez était anglais et avait une voix profonde et tranchante. Il lui adressa un sourire discret et un rapide coup d'œil.

— Ecoutez, il faut absolument que vous passiez prendre le thé, lança Suzy. J'inviterai aussi Callie. Elle vit de l'autre côté de la rue.

— Ah oui, la dame qui travaille dans les effets sonores ?

— Les effets sonores ? répéta l'Américaine. Euh, non. Enfin, il y a longtemps…

— Ah… oh. Il m'a pourtant semblé l'entendre dire qu'elle reprenait le travail la semaine prochaine.

Pourquoi tous ces gens refusaient-ils de la laisser tranquille ? Perdait-elle à nouveau la tête ?

Le visage de la voisine s'altéra légèrement.

— Je ne crois pas.

Debs demeura interdite.

— Rentrons, mon amour… Ravi d'avoir fait votre connaissance, assura Allen avec un large sourire à Suzy.

Jez esquissa un signe de tête poli et les voisins retournèrent vers leur grille.

— Ça va, mon amour ? s'enquit Allen.

Debs déposa un baiser sur sa joue avant de répondre :

— Pas mal. J'ai fait une petite chute et me suis fait mal au genou, mais je me sens beaucoup mieux, maintenant.

— Oh, ma pauvre chérie.

Au moment où son mari se baissait pour poser son sac de cricket, Debs repéra sur le sol un petit éclat de la théière, devant la porte de la cave. Oh, Seigneur ! Il avait dû tomber du sac en plastique troué qu'elle avait descendu et caché sous les lattes du plancher. Debs s'empressa de ramasser le morceau de porcelaine avant qu'Allen ne se redresse et le fourra dans la poche de son pantalon.

8

Suzy

— Hmm, eh bien, au moins, ils n'ont pas l'air du genre à faire la bringue… commenta Suzy en fermant la porte de chez eux.

— Qui… les trolls ? murmura Jez.

— Jez ! glousse-t-elle en lui tapant le bras. Ne dis pas ça. Les garçons pourraient t'entendre et le répéter.

Son mari adressa un clin d'œil à son fils Henry qui ricana, ravi d'être mis dans la confidence.

— Cette femme m'a semblé un peu à côté de la plaque. Elle est persuadée que Callie travaille.

— C'était le meilleur restaurant du monde ! cria Henry en se précipitant à l'étage avec le ballon que la serveuse lui avait offert.

Suzy sourit.

— Oui, très bon choix. Merci.

— Tant mieux, répliqua Jez.

Leurs regards se croisèrent un moment et… la sonnerie stridente du portable de Jez retentit.

— Ne quittez pas… dit-il avant de s'enfermer dans le grand salon.

Bon sang, elle balancerait bien ce maudit téléphone par la fenêtre. Cet objet s'immisçait dans leur vie à toute heure, tous les jours, délivrant des nouvelles ou des messages qui éloignaient son mari. Qui pouvait bien l'appeler un samedi, enfin ?

Essayant de ne pas s'attarder là-dessus, Suzy suivit Peter et Otto dans la cuisine et installa les rails de leur train miniature. Depuis ce matin, les choses s'arrangeaient, et elle ne voulait pas tout gâcher. Certes, Jez était rentré à 4 heures du matin de sa soirée avec Don Berry, et il avait laissé sa femme s'occuper d'Otto qui s'était réveillé en pleurs en entendant son père ivre claquer la porte d'entrée. Mais Jez s'était réveillé de très bonne humeur. Il avait même pris Suzy par la taille pendant leur conversation avec leurs nouveaux voisins. Cette marque d'attention lui avait étrangement rappelé le jour du lac dans le Colorado. Son odeur si proche avait mis tous les sens de la jeune femme en émoi, son haleine chaude parfumée au vin et à l'ail, le poids de sa main au creux de ses reins, qui marquait son territoire.

Non, à bien y réfléchir, tout ça était excitant. Quelque chose avait changé depuis la veille.

Peut-être s'était-elle inventé des problèmes. Peut-être n'y avait-il aucune raison de s'inquiéter, finalement, pensa Suzy en remettant le plaid à sa place sur le canapé. (Jez s'en était servi comme couverture pendant la nuit puis l'avait jeté par terre.) Peut-être avait-il profité de son dîner avec Don Berry pour évacuer sa pression concernant le contrat canadien sur lequel il travaillait depuis des mois ?

Suzy alla préparer du café. Le breuvage les dégriserait après la bouteille de vin qu'ils avaient descendue au déjeuner. Le calendrier attira son regard. Elle compta les jours depuis le début du mois de juin. Dix, onze… elle entrait tout juste en période d'ovulation.

Soudain enthousiaste à l'idée de la soirée qui l'attendait, Suzy ouvrit le réfrigérateur. Des asperges et des fraises se disputaient le premier rayon. Il restait quelques steaks au milieu et deux bouteilles de vin blanc. Très bien. Il lui suffisait de mettre les enfants au lit de bonne heure, de prendre un bain…

Jez entra dans la cuisine, la tête tournée vers Henry qui lui criait quelque chose du premier étage. En remplissant la cafetière, Suzy lui jeta un coup d'œil.

Attends une seconde. C'était quoi, ça ?

Elle l'observa plus attentivement.

Jez avait levé la tête pour répondre à une question de Henry sur les planètes. Là. Juste là. Un bourrelet de chair s'était formé à l'endroit où se dessinait normalement le contour de son visage.

Etait-il en train de s'empâter ? Quand était-ce arrivé ?

Les yeux de Suzy sondèrent le corps de son mari en quête de preuves supplémentaires et s'arrêtèrent sur son ventre, qui avait lui aussi changé. Jez avait toujours eu un peu de bedaine, mais là… Sa chemise dépassait légèrement de sa veste.

Médusée, Suzy le fixa un instant. Comment se faisait-il qu'elle ne l'ait pas remarqué plus tôt ? Il n'y avait peut-être rien de très étonnant à ça. Elle ne se souvenait même pas de la dernière fois où elle l'avait vu nu.

Lorsqu'il s'approcha d'elle, l'évidence lui sauta aux yeux. Là. Son menton s'épaississait, cela le vieillissait, lui donnait l'air plus vulnérable.

Jez âgé. Cette image la réconforta. Il aurait besoin d'elle, alors.

— Hé, chéri, viens par ici, s'il te plaît, lui dit Suzy de sa voix la plus douce.

Jez posa son portable et la rejoignit sans quitter ses fils du regard.

— Quoi ? murmura-t-il.

Elle se hissa sur la pointe des pieds et passa le bras autour de son cou pour l'attirer contre elle. Cette fois, Suzy ne sentit aucune résistance, juste sa peau de velours au contact de la sienne. Un frisson la parcourut aussitôt à l'idée de ce qui pourrait s'ensuivre et son corps se tendit instantanément vers celui de Jez.

— Que veux-tu faire ce soir ? chuchota-t-elle.

— C'était Don, lui susurra-t-il à l'oreille. Son patron, à la banque, organise une petite fête ce soir dans le Hertfordshire. Il pense que je pourrais rencontrer deux ou trois personnes intéressantes. Son boss nous invite à passer la nuit là-bas et à une partie de golf demain.

Suzy l'étreignit plus fort et détecta la tension familière qui crispait les muscles de Jez sous sa peau. Une tension qui n'avait jamais disparu. Le vin l'avait juste dissuadé de la repousser une fois encore. Il attendait donc patiemment, sans un mouvement, que sa femme le libère et lui permette de s'enfuir à nouveau.

Elle s'était méprise sur ce déjeuner. Il les avait invités seulement pour faire plaisir aux enfants.

— D'accord, chéri, répondit-elle en baissant les yeux. Si tu crois que c'est une bonne idée. Tu peux nous servir du café ? Je dois aller au petit coin.

Les joues en feu, Suzy grimpa l'escalier tel un automate et se réfugia dans sa chambre en fermant la porte derrière elle.

Elle s'assit sur le lit dans lequel elle avait dormi seule puisque Jez s'était effondré, soûl, sur le canapé du rez-de-chaussée. Il ne s'y était pas même lové : ce matin, elle l'avait trouvé allongé sur le dos, les bras ballants, ronflant comme un sonneur.

Sois forte, s'ordonna-t-elle. Sois forte. Ne lui donne pas une excuse pour te quitter.

Il ne lui restait plus beaucoup de temps. Suzy devait avant tout se débrouiller pour mettre Nora en route. Nora arrangerait tout. Jez s'adoucirait au contact de sa fille. Une jolie fillette qui viendrait à bout de son armure.

Cela laisserait le temps à Suzy de se préparer au pire. Son beau-père la considérait déjà comme une nuisance. Rien ne l'empêcherait, en cas de divorce, de demander à ses anciens camarades de fac de plaider contre elle devant une cour.

Non, elle devait trouver une preuve qui protégerait ses petits si Jez s'en allait.

Suzy sortit son téléphone et se décida enfin à passer le coup de fil qu'elle avait repoussé toute la journée.

9

Callie

— J'ai l'impression d'être dans un avion quand je fais ça.

Rae s'est perchée sur une des bornes du parking de la patinoire. Elle a les bras tendus, le nez au vent.

D'ici, on a la sensation d'être au bord d'une falaise dominant Londres avec, à dix kilomètres de là, sa roue du millénaire et son « cornichon[1] » miniature.

C'est Rae qui a eu l'idée de passer la soirée à l'Ally Pally[2], son endroit préféré. Elle crie presque de plaisir en trottinant sur la terrasse en pierre, devant le palais. Il se fait peut-être un peu tard pour traîner dans le coin, me dis-je. Le samedi soir, les familles remballent leurs patins et abandonnent la mare aux canards à des groupes de jeunes qui investissent les parkings déserts. En compagnie de leurs chiens, ces derniers s'adossent aux échelles des issues de secours qui, telles des cages à gerbilles, couvrent les murs de l'édifice. Ils poussent le volume de leur musique à fond dans leurs voitures

1. « Cornichon » est le surnom donné à l'une des tours de la City de Londres. (*Toutes les notes sont de la traductrice.*)

2. Surnom donné à l'Alexandra Palace.

déglinguées et toisent le moindre passant. Toutefois, le joli ciel argenté est encore assez lumineux pour que je me sente en sécurité.

Je veille sur ma fille en marchant derrière elle, comme d'habitude. Rae slalome entre les réverbères et les allées qui longent la façade couleur miel du bâtiment, comptant les gargouilles à tête de lion en haut des murs. Une fois devant les gigantesques portes bleues, elle me supplie de la prendre sur mes épaules pour jeter un coup d'œil à l'ancien grand hall, derrière les baies vitrées. Par endroits, il n'y a rien à voir. Pareilles à des décors de cinéma, les immenses fenêtres ne dissimulent que le vide. Les oiseaux voltigent à travers les carreaux brisés. Un incendie a depuis longtemps ravagé les entrailles de ce palais, qui se réduit à une façade. Derrière, la catastrophe a tout détruit.

— Je peux regarder dans la lunette, maman ? s'écrie Rae en montrant un télescope du doigt.

Nous n'avons pas cinquante pence à gaspiller dans de telles futilités, et elle le sait. Mais aujourd'hui n'est pas un jour comme les autres. Je m'assieds sur le muret à côté d'elle et admire le paysage.

Des gamins font rouler leurs trottinettes en hurlant, leurs parents sur leurs talons. Un corbeau s'envole des marches et s'élève au-dessus des espaces verts.

C'est mon mur. Celui sur lequel nous nous sommes assises des centaines de fois.

Laissant ma fille braquer le télescope d'un côté puis de l'autre, je repense au moment où j'ai quitté Tufnell Park pour venir vivre ici.

C'est drôle. A l'époque, je ne soupçonnais même pas l'existence du Palace. Je l'avais découvert par accident, ne m'étant pas tout de suite rendu compte que le parc cachait un bâtiment. Un après-midi, alors que je poussais, haletante, le landau de Rae jusqu'en haut de la côte en m'efforçant d'oublier ma douloureuse séparation d'avec Tom, ce bâtiment m'était apparu, coquille vide dominant la ville. A compter de ce jour-là, dès que les murs de mon appartement m'oppressaient, je m'en extirpais tel un plongeur en manque d'air et montais la poussette jusqu'ici. Je m'y installais une heure, Rae chaudement couverte à mes côtés. Ça ne trompait pas ma solitude, non. Malgré les athlètes en sueur et au souffle court qui s'entraînaient à gravir la côte à pic, ou les grands groupes de gens voilés ou enturbannés qui passaient devant moi en famille pour apprécier la vue imprenable sur la capitale, je ne me sentais jamais autant livrée à moi-même qu'en cet endroit. Les célèbres tours de la ville paraissaient si lointaines que j'aurais tout aussi bien pu les voir en rêve, dans la ferme du Lincolnshire.

— Maman ?

Rae peine à soutenir le télescope trop lourd et cligne des yeux en essayant de régler la mise au point.

— J'arrive, lui dis-je en me levant pour aller l'aider.

Puis, braquant l'objectif vers l'ouest, j'ajoute :

— Tu vois l'immeuble qui fait penser à une grande baguette ? C'est la Post Office Tower.

— Hmm…

— C'est dans ce coin-là que je travaillerai lundi. Donc pas très loin d'ici.

Je le dis pour la rassurer, mais en fait je n'arrive pas à y croire moi-même : lundi, je serai de nouveau en ville.

Rae hausse les épaules, descend du marchepied et nous retournons nous asseoir ensemble sur le muret.

— Hannah et moi, on a joué à bronzer à l'école. On s'est allongées par terre en faisant semblant de mettre nos lunettes de soleil.

— Ah bon ? Quand ça ? Hier, quand il y a eu une éclaircie ?

— Non, le jour après hier, répond-elle.

J'éclate de rire. Rae aborde la courbe du temps à l'envers, comme son père. Perplexe, elle lève les yeux vers moi. Puis, contente d'avoir fait une blague à son insu, elle se joint à mon hilarité. Dommage que si peu de gens connaissent son rire, me dis-je en l'observant. Il est un peu spécial et rappelle celui de Diabolo le chien. L'air siffle entre ses dents en produisant des chi chi chi. Je passe un bras autour de ses épaules et la serre contre moi.

— Et où était Henry ?

— Dans le bureau de M. McGregor, parce qu'il a tapé Luke.

— Vraiment ?

Je suis si contente que ma fille commence à se faire de nouveaux amis. Nous sommes deux à fournir des efforts dans ce sens, désormais. Pourquoi Suzy ne m'a-t-elle rien dit, à propos de Henry ? Bizarre. Je demande à Rae :

— Est-ce qu'il te frappe, toi ?

— Non. Il dit qu'il veut se marier avec moi.

Sur le chemin du retour, nous nous arrêtons pour acheter notre sachet de frites du samedi et le partageons en rentrant par les avenues paisibles. Un calme olympien règne dans ce quartier, le soir. Les rideaux sont tirés. Les enfants arrêtent de pleurer, les chiens d'aboyer. Une ligne de petites lampes, que les habitants laissent allumées devant chez eux pour éclairer leur serrure ou leurs visiteurs, perce l'obscurité estivale.

Lorsque nous arrivons chez nous, aucune lumière ne nous attend. Notre propriétaire n'en a jamais installé et je ne peux pas prendre l'initiative de le faire. Enfin, comme personne ne se bouscule à notre porte…

Essayant de ne plus penser à tout ça, je pousse ma fille à l'intérieur.

Rae se précipite dans sa chambre de son propre chef. Chaque semaine, elle progresse et réussit à accomplir de nouvelles tâches, plus difficiles ; des tâches dont Tom et moi ne l'aurions jamais estimée capable. Elle attache sa ceinture de sécurité toute seule dans la voiture. Ce matin, elle a attrapé des produits dans les rayons du supermarché et les a jetés dans le chariot. Ce soir, elle souhaite remplir sa mission préférée : mettre son pyjama toute seule. Pendant ce temps, je me sers un verre de vin de la bonne bouteille que j'ai achetée en promo un peu plus tôt. Il y en avait deux pour le prix d'une : une pour la nouvelle voisine d'en face et la seconde à partager avec Suzy, qui doit passer plus tard.

— Maman, je suis prête ! s'écrie Rae de sa chambre.

Quand je l'y rejoins, elle est déjà couchée. Sa veilleuse est allumée, son livre préféré du Dr Seuss[1] est ouvert sur la housse de couette brodée de princesses que Suzy lui a offerte pour Noël. Ma fille me défie du regard. Elle a remis le tee-shirt de Tom, ses boucles blondes tombent en cascade dessus. Sa commode déborde de pyjamas et de chemises de nuit, mais elle continue à piller les étagères de son père chaque fois qu'il la prend dans son appartement de Tufnell Park. Ce

1. Theodor Seuss Geisel (1904-1991), écrivain, poète, auteur de bandes dessinées, surtout connu pour ses livres pour enfants.

soir, elle a enfilé un vieux tee-shirt rouge des Clash qui lui glisse des épaules. Je tressaille en voyant Paul Simonon détruire une guitare basse sur son torse menu. Tom l'avait porté à un concert à Camden. Je me souviens de son corps sexy et en nage après qu'il avait dansé sur la piste bondée, de son regard détendu mais fatigué qui m'avait enveloppée, de ses bras qui m'avaient attirée contre lui, du contact de sa peau tannée par le soleil sur mes lèvres. Son étreinte m'avait protégée de la cohue.

J'ai beau tenter de convaincre Rae de s'habiller plus chaudement la nuit, son visage affiche toujours la même détermination. Alors c'est plus fort que moi : je me réfugie dans son tee-shirt, dans mes souvenirs, rien qu'une seconde. Rae dépose un baiser sur ma tête qu'elle tient un instant entre ses mains.

— Je t'aime, lui dis-je en lui rendant son bisou avant d'éteindre le plafonnier.

Elle se tourne et s'endort avant même que j'aie quitté la pièce.

Les samedis soir sont les plus durs.

Autrefois, je les attendais pourtant avec impatience après nos longues semaines de travail. Rae n'était pas encore née. A la nuit tombante, Tom et moi émergions, semblables à deux vampires, d'un mélange de draps chauds, de journaux et de jambes pour nous rendre à Islington, à Soho ou à Camden, en fonction des amis que nous devions retrouver. En quelques heures à peine, Tom recouvrait l'énergie débordante qui l'avait animé pendant toute sa semaine de tournage et nous entraînait jusqu'au bout d'une nuit qui pouvait aussi bien finir dans Camberwell que sur une plage de Brighton. On ne savait jamais à quoi s'attendre, avec lui, mais une chose était sûre : une semaine n'était terminée que s'il pouvait n'en faire qu'à sa tête. Terminée, fêtée, arrosée, tournée en dérision, critiquée, moquée puis effacée. Il était ensuite prêt à en attaquer une nouvelle le lundi suivant.

Désormais, je crains les samedis soir comme la peste.

A première vue, rien dans Churchill Road ne différencie cette soirée de celle d'un vendredi ou, disons, d'un lundi. Sauf que je sais quel jour nous sommes. De l'autre côté de la rue, derrière leurs rideaux, des couples sont assis côte à côte sur leur divan, leurs genoux et leurs épaules se frôlent. Ils sirotent un verre de vin en regardant un DVD. D'autres voisins sont déjà partis rejoindre des amis dans cette ville que j'ai toujours adorée mais que je ne connais plus.

Un week-end où Tom avait la garde de Rae, le désespoir m'a poussée à proposer à Suzy d'aller à Soho boire un verre un samedi soir, mais elle a refusé de confier ses enfants à Jez ou à une baby-sitter inconnue, et ça ne s'est jamais fait.

Impatiente, j'arpente ma maison de long en large. Où est donc passée Suzy ? Je l'attendais à 21 heures et il est déjà 21 h 40.

J'en suis à mon deuxième verre de vin, que je descends trop vite.

Comment prendra-t-elle la nouvelle ? J'ai appréhendé sa réaction toute la semaine. Il me faudra l'abandonner, nous le savons toutes les deux. Je ne lui ai jamais demandé de couper les ponts avec les parents de l'école qui m'ont tourné le dos sans raison. Et pourtant, c'est ce qu'elle a fait. Par ma faute, Suzy n'aura donc plus personne pour l'accompagner à la piscine, faire du roller ou encore discuter autour d'un café dans ce coin reculé de la ville durant ces semaines interminables.

Le pire, c'est que je sais exactement ce qu'elle va ressentir.

Peu de temps après leur emménagement, Suzy m'a dit que Jez se posait des questions : n'avait-il pas commis une erreur en réimplantant à Londres son cabinet de conseil en communication ? A cette époque, Rae était suivie de près après sa seconde opération, la plus importante. Je l'emmenais donc régulièrement à Northmore avant qu'elle ne commence sa scolarité, et la simple idée d'être privée des bras chaleureux de ma voisine en sortant des odeurs aigres de l'hôpital m'angoissait. Toutes les nuits, je rêvais que Suzy, dont j'avais désespérément besoin, était partie, et que sa maison était devenue une friterie.

Nouveau coup d'œil à ma montre : 21 h 41. Où est-elle ? Après avoir posé mon verre de vin, je vais dans ma chambre dans le vain espoir de trouver quelque chose à me mettre pour commencer le boulot lundi. Le souvenir amer d'un après-midi remontant à des années me revient : Guy m'avait appelée pour m'informer qu'il ne prolongerait pas mon congé maternité et j'avais réagi en lacérant mes vêtements. Une sorte d'automutilation vestimentaire, si on veut. Ensuite, les larmes aux yeux, j'avais entassé sur le lit les ensembles de travail que j'avais choisis avec soin pour les vendre sur e-Bay. Ce carnage ne me laissa que quelques piles de fringues : tee-shirts, jeans, pulls et un manteau matelassé. Idéal pour le terrain de jeux mais rien d'assez bien pour se présenter dans un studio de Soho, où l'image passe avant tout.

Mon père m'a envoyé un peu d'argent pour offrir des leçons de natation à Rae. Combien, déjà ? Et si j'investissais cette somme dans des boutiques du centre commercial de Brent Cross, demain ? Il ne s'agirait que d'un emprunt. Je le rembourserais avec mon premier salaire. Où est le mal là-dedans ?

A la perspective de retourner au studio de Guy lundi, mon estomac tricote des nœuds, fait des bonds.

L'interphone bourdonne. Suzy. Dieu merci ! Refoulant mes appréhensions, je lui ouvre.

— Salut, ma belle. Je ne peux pas rester, déclare-t-elle en s'engouffrant dans ma maison. Jez a oublié de badigeonner Peter de crème contre son eczéma avant de le coucher.

— Oh non, appelle la police, dis-je en la suivant dans la cuisine.

— La ferme ! s'indigne-t-elle en faisant mine de me boxer le bras.

— Un verre de vin ?

Elle hoche la tête et réclame d'un geste la moitié d'un verre. Mon corps est tendu et raide à l'idée du devoir difficile qui l'attend. Suzy jette un œil distrait à son portable et demande :

— Alors… quoi de neuf ?

Je lui tends sa boisson.

— Suze, je suis vraiment désolée. Il faut que je te parle. Ça fait des jours que j'essaie…

Elle semble alarmée. J'inspire profondément.

— Je reprends le boulot lundi. Dans mon ancien studio.

Un léger haussement d'épaules me répond. Ensuite Suzy porte la main à sa bouche, puis à ses yeux.

— Désolée, dis-je, les traits contractés. Il le faut.

Soudain, je l'entends renifler. Qu'est-ce qu'elle a ? La voilà qui recommence.

— Suze ! Ils me reprennent juste à l'essai sur un projet de trois semaines, pour l'instant. Et je serai là les week-ends…

Elle lève la tête. Une terrible seconde s'écoule avant que je ne m'aperçoive qu'elle sourit.

— J'étais au courant, saleté, réplique Suzy en feignant à nouveau de me cogner le bras. La voisine d'à côté a vendu la mèche.

Sur ces mots, Suzy roule des yeux de façon théâtrale. Sa façon à elle de me signifier que j'ai mal agi. Ce dont je m'étais rendu compte toute seule.

— Oh, bon sang, je suis vraiment navrée. Je ne sais pas pourquoi je lui en ai parlé.

— Hé, ne t'en fais pas pour ça. C'est super !

— Vraiment ?

— Mais oui. Je te trouvais un peu déprimée, ces derniers temps. Et Rae, dans tout ça ?

— Elle ira à la garderie, lui dis-je.

— Ah bon ? Et qu'en pense Tom ?

Je grimace.

— A ton avis ?

— Je garderai un œil sur elle si tu veux.

Suzy sait mieux que personne combien ça me coûte de laisser Rae. Je pose mon verre pour la serrer dans mes bras.

— Merci. Je ne sais pas ce que je ferais sans toi.

Ma phrase sonne faux, mais j'essaie d'oublier mon hypocrisie.

— Oh, de rien.

Après deux ans et quelques passés ici, Suzy persiste à fournir la même réponse typiquement américaine aux remerciements qu'elle reçoit, et chaque fois je meurs d'envie de lui dire d'arrêter, mais je m'en abstiens.

— Tu ferais la même chose pour moi, ajoute-t-elle.

Allez savoir pourquoi, je ne parviens pas à en rester là. Je me sens redevable vis-à-vis d'elle et décide donc de m'immiscer dans ses affaires.

— Maintenant que tes enfants sont à la crèche, as-tu songé à reprendre une activité – un travail, des études, ou autre ?

Dans quelle branche bossait-elle avant de tomber enceinte ? Impossible de m'en souvenir. Il me semble qu'elle était intérimaire dans une boîte de Denver que Jez conseillait. C'est là-bas qu'elle l'avait rencontré. Suzy change d'expression.

— Non. Oh, Seigneur, non ! Vraiment. Je veux juste m'occuper de mes gamins, Cal. C'est très important pour moi.

Une image de Rae me vient à l'esprit : elle sort de classe un lundi mais, au lieu de retrouver mes bras, elle rejoint l'arrière d'une file de bambins fatigués conduits par leur surveillante vers une autre salle mal ventilée, bruyante et saturée de germes de maladies infantiles. Là-bas, ils attendront que leurs parents viennent les récupérer à 18 heures après être sortis en trombe du métro, les mâchoires serrées.

— Ecoute, ne t'inquiète pas pour moi ; buvons à ta santé, lance Suzy en levant son verre. Bonne chance, ma grande. Tu vas me manquer, tu sais.

Le vin ne me tente plus, tout à coup. Mon amie me dévisage, narquoise.

— Qu'est-ce qu'il y a ? Un coup de trac avant la reprise ?

— Exactement, lui dis-je.

Je me sens blessée sans savoir pourquoi.

Elle jette un coup d'œil à l'écran de son téléphone, puis écoute le message.

— Oh, merde !

J'imagine que Jez ne trouve pas les couches. Si mes calculs sont bons, il lui aura fallu quatre minutes avant de l'appeler à la rescousse. Un record. La bouteille de vin trône sur le plan de travail, encore aux trois quarts pleine.

— Je dois filer, m'annonce Suzy. Bon, passe-moi un coup de fil en cas de problème. Et rassure-toi, tu vas casser la baraque, j'en suis sûre.

Non, tu n'en sais rien, me dis-je. Nous n'avons jamais discuté de mon boulot, alors comment peux-tu affirmer un truc pareil avec autant de certitude ? Tu ne connais rien au métier d'ingénieur du son et encore moins aux efforts que j'ai dû faire pour en devenir un, parce que tu n'as jamais posé la moindre question.

Je l'embrasse malgré tout, reconnaissante qu'elle s'en soucie suffisamment pour m'encourager.

En partant, Suzy se retourne et demande :

— Qu'est-ce que tu penses d'elle ?

— Qui donc ?

— La voisine d'à côté.

— Très sympa, vraiment. Elle a offert un petit jouet à Rae quand on est passées la voir. Je te raconterai plus tard. Et je vais lui emprunter un bouquin : elle en a des centaines.

— Peut-être devrais-je l'inviter à boire un café, murmure Suzy.

— Je vois… A peine partie depuis cinq minutes que déjà tu me remplaces, lui dis-je en essayant d'adopter un ton joyeux.

— Elle aime le spa, à ton avis ? lance-t-elle en m'adressant un gros clin d'œil comique.

Si je faisais ce genre de choses, j'aurais l'air ridicule, alors que Suzy, elle, ressemble aux top-modèles de

Vogue, avec leur chevelure blonde féerique, leurs longs cils et leurs lèvres pulpeuses.

Je reste un instant sur le pas de la porte à l'observer.

Une étrange sensation me submerge, comparable à celle que décrivent les gens ayant le pressentiment que ceux qu'ils aiment vont mourir dans un accident d'avion. Au moment où Suzy passe sur le trottoir d'en face, je meurs d'envie de lui crier que je n'irai pas bosser, que nous nous rendrons au Sanctuaire la semaine prochaine, comme prévu, et nous ferons masser le dos avec de l'huile de santal et de lotus.

Mais je me retiens, parce que le moment est venu de la laisser tranquille ; juste un peu.

Voilà pourquoi je reste plantée là, à la regarder franchir sa grille, ouvrir sa porte et disparaître.

Le ciel argenté a viré au noir. La brise me fait frissonner. La météo a annoncé de la pluie.

10

Suzy

Suzy rentra chez elle. Dès que la porte se referma, ses épaules s'affaissèrent et elle resserra son gilet autour d'elle.

La nouvelle voisine ne s'était donc pas trompée. Une boule d'angoisse remonta dans sa poitrine comme un ascenseur rapide qu'elle tenta de contenir en retenant son souffle. Le silence régnait.

En rejoignant le premier sur la pointe des pieds afin de ne pas réveiller les enfants, elle passa devant la photo agrandie de ses trois fils réalisée par un studio réputé, accrochée au mur, puis en détourna tristement les yeux. Clara, sa nouvelle femme de ménage, s'était justement extasiée devant ce cliché l'autre jour. Suzy avait hoché la tête et s'était bien gardée de lui dire la vérité : il avait fallu retoucher le sourire de Henry sur Photoshop au bout de la cinquantième prise. En constatant que son père ne venait pas, le petit n'avait pas arrêté de crier. Les embouteillages, avait prétexté Jez. Une excuse peu convaincante. L'idée de cette séance photo ne lui avait pas plu. « C'est un peu cucul, non ? » avait-il marmonné quand Suzy lui avait parlé du rendez-vous chez le photographe. On ne ferait donc pas de portrait de famille, mais une photo des trois enfants. Elle aurait pu poser avec eux, bien sûr, mais s'afficher en mère célibataire risquait d'influencer le cours du destin. En y regardant de près, on voyait des restes de rougeurs sur les joues de Henry. Quant à son sourire, le photographe, à bout de patience, l'avait obtenu en sortant une barre chocolatée de son tiroir.

Suzy atteignit le palier du premier, s'empara du téléphone sans fil qu'elle avait laissé devant la chambre des garçons et interrompit la fonction qui le reliait directement à son portable. Ensuite, elle jeta un rapide coup d'œil à ses bambins endormis. Ces pleurs diffus qu'elle avait entendus dans son mobile chez Callie : l'un d'eux avait dû l'appeler dans son sommeil. Suzy s'assit par terre, enroula ses bras autour de sa taille et commença à se bercer d'avant en arrière. Callie. Oh non. Callie.

Elle ne supportait pas l'idée de passer ses journées et ses soirées sans compagnie, surtout en ce moment. A sa grande honte, elle avait tenu Henry éveillé jusqu'à 21 heures exprès pour se sentir moins seule, quitte à essuyer la colère de fatigue de son fils.

Depuis quand son amie nourrissait-elle ce projet ? Suzy se remémora les mois précédents. Callie lui avait paru plus nerveuse, ces derniers temps, bien avant la rentrée scolaire de Rae en septembre. Suzy avait donc cherché à la divertir en organisant tout un tas d'activités. Et lorsque Callie semblait inquiète ou malheureuse, Suzy avait réagi comme une véritable amie, l'écoutant, la serrant dans ses bras, la faisant rire. Une fois seulement, elle avait failli lui confier ses problèmes de couple : le jour où, en cherchant un stylo, elle avait entendu un message aguicheur de Sasha sur le téléphone professionnel de Jez. Mais le regard de Callie l'en avait dissuadée : elle ne pourrait pas supporter une dose de stress supplémentaire.

Elle voulait que Suzy soit forte, c'était évident. Non, quelque chose avait dû lui échapper. Mais quoi ?

Un grognement sourd lui échappa. Comme si la crise qu'elle traversait avec Jez ne suffisait pas. Son mari, l'énigme. Qui passait une quatrième nuit dehors.

Son téléphone émit un bip : un SMS de Vondra. Elle avait bien reçu son message et la rappellerait à 22 heures.

Suzy soupira. C'était le moment fatidique.

Vondra lui avait posé tout un tas de questions perturbantes sur sa relation avec Jez. Depuis, elle avait les idées embrouillées.

« Se comportait-il de cette façon quand tu l'as épousé ? » lui avait-elle demandé devant un thé dans un café de King's Cross, ses yeux doux compatissant.

Suzy avait été forcée d'acquiescer. Inutile de se voiler la face : tous les indices avaient été réunis dès le début, flagrants. Ses parents diplomates qui changeaient souvent de poste, de la Syrie au Malawi puis à Taïwan, et qui avaient placé leur fils Jez en pension dès l'âge de sept ans. Les aventures violentes, primitives, vécues dans cette école et qu'il lui avait confiées sur l'oreiller, les premiers mois dans le Colorado. Les feux en pleine nuit dans les bois qui entouraient l'école ; lui, pendu par les pieds à la fenêtre du dortoir – un sort qu'il avait ensuite imposé à d'autres –, ou enfermant ses camarades dans une boîte puis les hissant sur des étagères sous prétexte qu'ils étaient des « mauviettes ». Les chansons rituelles que leur équipe entonnait face aux adversaires lors de la pratique de sports dont Suzy n'avait même jamais entendu parler. Tout ça lui avait paru si excentrique, si exotique, si *british*.

Mais il avait fallu attendre leur arrivée en Angleterre pour que Suzy prenne conscience de son erreur, confiat-elle à Vondra, en voyant la déférence et le respect excessif avec lesquels Jez s'adressait à ses parents. Ces derniers avaient à peine caché leur aversion face au mariage de leur fils avec une Américaine qui l'empêcherait d'épouser une jeune fille de la bonne bourgeoisie, une Arabella ou une Belinda. Son mari prenait un accent snob pour communiquer avec ses anciens camarades, marmonnant des phrases codées truffées de plaisanteries cruelles. Elle s'aperçut alors que Jez n'avait noué aucune relation intime avec personne. Sinon comment aurait-il pu vivre et travailler trois mois à Hong Kong, puis à Denver et à Melbourne ?

Elle n'avait pas d'excuses : il n'avait pas caché son jeu. Suzy avait simplement refusé de regarder la réalité en face.

Sa boule d'angoisse enflait si vite qu'elle dut se lever pour respirer. Et soudain, sans pouvoir s'en empêcher, elle se vit foncer vers l'armoire de la salle de bains et en ouvrir les battants. Les lames de rasoir que Jez avait placées sur l'étagère du haut, hors de portée de Henry, étaient sagement rangées dans leur emballage en carton. Il lui suffisait de fermer les yeux pour imaginer son soulagement quand la boule sortirait par une profonde entaille pratiquée à l'intérieur de sa cuisse.

— Et merde ! lâcha-t-elle.

Un bip sonore résonna dans le silence de la salle de bains. Suzy extirpa son téléphone qui vibrait de la poche de son jean. L'écran indiquait un numéro masqué.

— Allô ?

— Allô, Suzy ? C'est Vondra, lança une voix joyeuse empreinte d'un léger accent jamaïcain.

— Salut, ma belle, répondit Suzy en s'asseyant sur la cuvette des toilettes.

Eh bien, elle l'avait voulu, elle allait l'avoir !

— Prête, ma grande ?

— Hmm.

Suzy se pencha en avant et glissa son bras libre entre ses jambes.

— D'accord, je crains que ça ne s'annonce pas très bien. J'ai fait le guet devant Churchill Road. Je m'attendais à ce qu'il prenne à droite pour rejoindre l'A10 direction le Hertfordshire, mais finalement, il a tourné à gauche, vers le centre…

Suzy émit un léger soupir.

— Ça va, ma grande ? Bon, écoute, je l'ai filé. Il est allé jusqu'à Soho, s'est garé dans le parking de Wardour Street et est entré à l'Ellroy. Tu connais ?

— Non.

— C'est un club privé sur Frith Street. Il a franchi les portes il y a une heure et n'en est pas encore sorti. Que souhaiterais-tu savoir de plus ?

Suzy prit son courage à deux mains.

— Tu sais ce que j'ai besoin d'entendre, Vondra.

— Tu parles de Sasha ? Je te rappelle que je n'ai que la photo qui figure sur le site de la compagnie de ton mari. Mais ça fait bientôt une heure que je poireaute dehors et je ne l'ai pas vue entrer. Mais je ne peux jurer qu'elle n'y était pas avant que j'arrive sur place.

Suzy assimila l'information. Elle n'avait rencontré Sasha qu'une seule fois, à une soirée organisée pour des clients de Jez. Suzy avait insisté pour y accompagner son mari et le visage de cette femme était resté gravé dans sa mémoire : ses longs cils et ses yeux de biche pleins de désir braqués sur Jez alors qu'il discutait sans prêter attention à son épouse ; sa chevelure soyeuse, attachée en queue-de-cheval lâche, qui descendait sur son épaule bronzée ; sa bouche s'ourlant légèrement lorsqu'elle sirotait son verre de vin.

Suzy avait déjà vécu ça à Denver. Le genre de femmes que Jez attirait comme des mouches, et Dieu sait combien elles sont nombreuses, ne cachaient en général pas leur jeu.

Un élancement parcourut sa cuisse et attira son attention. Non. Elle n'avait plus recommencé depuis le soir où elle s'était découverte enceinte de Henry. Pas une fois. Jez ne la pousserait pas à ça.

— Et maintenant ? Je peux rester là aussi longtemps que tu voudras. Qu'attends-tu de moi ?

Suzy réfléchit un moment avant de demander :

— Y a-t-il des chambres dans ce club ? Peut-on y passer la nuit ?

— Je crois, ma belle, répondit Vondra.

Sa voix si gentille lui donnait toujours envie de pleurer. Vondra avait déjà vécu l'infidélité de son propre mari. Si elle exerçait ce métier, ce n'était pas seulement pour se faire de l'argent, et Suzy le savait. Lorsque, nerveuse et sur la défensive, elle l'avait contactée, Vondra l'avait écoutée parler pendant une demi-heure. Au café, Suzy avait monopolisé la conversation et s'était sentie réconfortée par le timbre doux et l'expression inquiète de la jeune femme.

— N'oublie pas que je suis là pour toi, Suzy. Et je ne bougerai pas d'ici tant qu'on ne saura pas ce qu'on a besoin de savoir.

Au bout d'une seconde, Suzy répondit :

— D'accord. Peux-tu le surveiller encore une heure, histoire de voir si elle se montre ?

— Ça marche. Une dernière chose, Suzy. J'ai vérifié ses comptes en banque, comme tu me l'avais demandé… Est-ce qu'une société du nom de Flock Ventures te dit quelque chose ?

— Euh… balbutia-t-elle en cherchant dans sa tête. Vaguement, oui, mais… non, je ne vois pas. Il ne me laisse pas mettre le nez dans ses affaires. Pourquoi ? C'est important ?

— Peut-être, peut-être pas, répliqua Vondra, mais tu n'as aucune raison de te faire du mouron. Bon, écoute, ma grande, va prendre un bon bain chaud et détends-toi. On aura le fin mot de l'histoire et tout ira bien. N'oublie pas ce que je t'ai dit : quoi qu'il advienne, c'est toi qui es à la barre.

Sa voix prit un accent chantant et conclut sur le ton de la psalmodie des pasteurs :

— Et c'est exactement là qu'est notre place, à nous les femmes !

Dix minutes plus tard, Suzy se répétait les paroles de Vondra en se brossant les dents. Les lames de rasoir attirèrent son regard. Finalement, elle vida sa bouche pleine de dentifrice dans le lavabo, ferma l'armoire de la salle de bains et grimpa dans son lit.

Elle ramena les genoux contre son torse, essaya de fermer les yeux. Mais l'image de Jez dans ce club, plongé dans ses petites affaires, la força à les rouvrir et lui arracha un gémissement.

Suzy se leva et se dirigea vers la fenêtre de sa chambre. Les lumières de Callie scintillaient doucement dans son salon.

Jez était en train de la quitter, Callie allait reprendre son boulot.

Suzy redescendit et se glissa sans bruit dans le lit de Henry avant d'attirer son petit corps endormi contre elle pour se réchauffer.

DIMANCHE

11

Callie

J'avais oublié à quel point c'est sympa de faire du shopping.

Nous sommes dimanche après-midi. Rae et moi revenons du Brent Cross. Nos sacs de courses crissent dans le hall d'entrée tandis que je cherche sur mon porte-clés celle, argentée, de notre appartement.

Au moment de l'introduire dans la serrure, je sens une présence derrière moi. La voisine somalienne du dessus vient de franchir la porte d'entrée, avec à la main un sac en plastique rempli de ce qui ressemble à de la viande enrobée dans du papier blanc et une botte de légumes blancs et noueux que je ne reconnais pas.

— Oh, bonjour. Comment allez-vous ? dis-je en sachant pertinemment qu'il ne sert à rien de poser la question.

Elle agite la main en retour, caresse la joue de Rae et l'examine de ses doux yeux marron.

— Ah, fait-elle avec un sourire.

Ma fille fixe le ventre de la voisine enceinte puis m'encourage du regard à y jeter un œil. La Somalienne éclate de rire et montre quatre doigts. Cherche-t-elle à me faire comprendre qu'il lui reste quatre mois avant d'accoucher ou qu'elle en est à quatre mois de grossesse ? Hochant la tête avec un sourire, je lève le pouce pour lui souhaiter bonne chance.

La première fois que nous nous sommes rencontrées, nous avons essayé de nous présenter, mais sa jolie voix chantait des mots arabes et je n'arrivais pas à déterminer lequel était son prénom. En jetant un coup d'œil sur son courrier, une fois, j'ai cru comprendre qu'elle s'appelait Nadifa, un nom qu'elle n'avait pourtant pas prononcé. Il s'agit peut-être de son patronyme. Dans le doute, j'ai préféré ne pas l'employer, et maintenant, il est trop tard pour le lui demander sans paraître grossière.

Un sentiment d'échec m'étreint de nouveau quand je songe que nos vies vont probablement s'écouler en parallèle, avec le nom de notre rue pour seul point commun. Comme avec la voisine des jardinières en fer forgé.

La Somalienne monte à l'étage en agitant la main. Sa longue robe fouette ses chevilles. Elle va rejoindre son timide mari, qui sourit en permanence mais ne me regarde jamais dans les yeux, et un monde dont je ne connais rien sinon les bruits de pas diffus au-dessus de ma tête et les odeurs de cuisine intéressantes qui envahissent parfois mon appartement et me rendent étrangement nostalgique.

— Tu peux essayer tes robes tout de suite, maman ? s'écrie ma fille en se ruant dans l'appartement.

Rae a adoré notre virée au centre commercial, elle a attrapé des centaines d'articles dans dix boutiques différentes en me criant : « Et ça, ça te plaît, maman ? » Les vendeuses ont fini par se fâcher et j'ai dû lui ordonner d'arrêter. Elle a même réussi à me convaincre de me faire maquiller chez John Lewis. Ayant perdu l'habitude de porter d'épaisses couches de maquillage, j'ai l'impression d'avoir été coloriée.

— Très bien, allons-y.

J'ai envie d'une bonne tasse de thé, mais mieux vaut continuer à aller de l'avant. Chaque fois que je me pose un instant et m'imagine, demain, entrer dans le studio de Guy dans Soho, une décharge électrique me donne des crampes à l'estomac.

Nous filons droit vers ma chambre et étalons les nouvelles affaires sur le lit : deux robes, un jean noir bien coupé, trois hauts, une paire de sandales et quelques cosmétiques. Devant mes achats multicolores qui dégagent un parfum frais de tissu neuf, on se croirait face à un bouquet de fleurs.

— Essaie la brillante en premier, m'ordonne Rae tout excitée en tapant dans ses mains.

Elle porte les lunettes de soleil roses que je viens de lui acheter. Comme elle a été sage, je lui ai également offert une sucette qu'elle a fourrée dans sa bouche.

Après avoir ôté mon tee-shirt, j'enfile la robe fourreau argentée qui fut source de grandes hésitations. Il m'a fallu retourner trois fois dans le magasin avant de trouver le courage de la prendre. On la croirait incrustée de centaines d'ampoules miniatures, effet procuré par les sequins d'argent brodés sur l'étoffe. Son odeur de neuf me plaît. Veillant à ne pas abîmer mon maquillage, je la glisse sur mon corps, savourant la sensation qu'elle me procure : celle d'être enveloppée, impeccable, et non emballée comme dans mes vieux tee-shirts.

Rae m'observe, légèrement à l'écart.

— Quoi ?

— Je sais pas, répond-elle, l'air timide.

— Quoi ? dis-je, plus vivement cette fois.

Elle hausse les épaules, se rue vers moi et se niche au creux de mes bras.

Je me penche, jette un coup d'œil dans le miroir de la coiffeuse et comprends ce qui l'a laissée sans voix : cette tenue me change complètement. Il me faut un moment pour me reconnaître dans cette femme, debout à côté de Rae. Et là, c'est le choc. Je cligne plusieurs fois des yeux, mes cils alourdis par le mascara.

— Tu brilles de partout, lâche-t-elle enfin.

— Hmm.

Peut-être vaudrait-il mieux que ma fille ne me voie pas comme ça. Je lis dans ses pensées : elle craint que cette femme dans le miroir ne m'éloigne d'elle.

— Ne t'inquiète pas, tout ira bien, lui dis-je tandis qu'elle passe ses bras autour de mon cou sans rien dire. Tu iras à la garderie avec Hannah où tu t'amuseras beaucoup pendant que je travaillerai. Cet emploi nous permettra d'avoir plus d'argent, et on pourra faire plein de trucs sympas ensemble, comme partir en vacances, par exemple.

— Si on a plus d'argent, je pourrai organiser une fête ? me murmure-t-elle à l'oreille. Une grande fête avec toute ma classe ?

— Eh bien…

Elle n'a été invitée que deux fois, cette année, à des fêtes ouvertes aux trente élèves et données par des parents assez riches ou trop mal à l'aise à l'idée d'exclure certains enfants. Je n'ose même pas imaginer ma fille convier toute sa classe et découvrir que seuls Henry et peut-être Hannah répondraient à son invitation.

— Attendons de voir comment on se débrouille, mais c'est une très belle attention de ta part. J'espère que tes amis se rendent compte de la chance qu'ils ont d'avoir une gentille fille comme toi avec eux.

Je l'emmène dans la cuisine pour aller chercher à boire, puis la plante devant un DVD et retourne dans la chambre.

Mon reflet dans le miroir me captive. Cette femme sur son trente et un a perdu cinq ans par rapport à celle qui, pâlotte et fatiguée, s'habille toujours de couleurs sombres. La différence entre les deux est là. Cinq ans de perdus.

La voisine somalienne arpente la pièce du dessus.

Machinalement, je m'empare de mon carnet d'adresses et le feuillette de nouveau en fouillant dans ma mémoire. Avant l'arrivée de Rae, l'amitié ne naissait-elle pas naturellement, se renforçant en douceur grâce aux souvenirs communs de fous rires à l'école, de longues conversations au pub après les cours de fac, ou de conflits affrontés ensemble en fin de journée au bureau ?

Désormais, toutes mes amitiés sont mortes, même les plus futiles. A l'exception de celle qui me lie à Suzy.

J'ai beaucoup pensé à elle cette semaine.

La nuit, il m'arrive parfois de me sentir coupable. D'abord parce que j'ai toujours su quelque chose à propos de Suzy que je n'ai raconté à personne. Ensuite parce que au fil des mois agités et intenses que nous avons traversés ensemble, il est devenu clair que nous n'avons rien en commun en dehors des enfants. Il suffit de jeter un rapide coup d'œil à notre collection de CD pour en convenir. Nous ne partageons pas les mêmes goûts en matière de musique ni de lecture. Suzy ne possède que des guides touristiques et des ouvrages sur les bébés. Quant aux grands espaces dans lesquels nous avons grandi, et que Suzy regrette, je suis venue à Londres justement pour les fuir. Alors nous parlons de moi et de mes problèmes, de ses dernières emplettes chez Heal ou de sa nouvelle voiture, des couloirs de l'école, des places de parking, des bâtonnets de poisson et des règles douloureuses. On s'imagine, en plaisantant, ma relation improbable avec Matt, « le beau mec que Callie doit se faire ». Il ne lui faudrait qu'une soirée en tête à tête pour se rendre compte que je ne suis qu'une coquille vide qui n'a rien à offrir, trop accaparée par sa petite personne, incapable d'entretenir une relation normale, même avec ma prétendue meilleure amie.

Pendant longtemps, j'ai fait comme si c'était normal de dépendre de Suzy, la portant à croire que nous étions proches. Et le noir de la nuit me force à l'évidence : c'est mal. Nous ne nous sommes pas choisies : nous avions besoin l'une de l'autre. Une Américaine coupée des siens à Londres et une mère célibataire se sont agrippées l'une à l'autre. Je ne devrais pas me reposer sur elle à ce point sans lui révéler qui je suis vraiment, ni laisser la vérité tapie dans l'ombre tel un vampire. Suzy est pourtant indispensable à ma survie pour l'instant. Alors je continue.

Et le pire, dans l'histoire, c'est qu'elle ne semble pas s'en apercevoir. Que notre amitié soit fondée sur du sable ne la perturbe pas. On dirait que Suzy est heureuse comme ça. Certains soirs, il m'arrive de me sentir vraiment très coupable vis-à-vis d'elle.

Je m'observe plus attentivement dans la glace.

Rae a raison. Cette robe me met en valeur. Son chatoiement me ranime et m'éclaire, recharge mes batteries, me galvanise, et va me permettre de regagner le monde extérieur après cinq ans d'absence.

J'ai besoin de ce boulot. Il faut à tout prix que je réintègre Rocket pour renverser la situation. Le trac me noue tellement l'estomac que je me lève pour aller chercher quelque chose à grignoter.

12

Debs

Cela faisait une heure que les enfants hurlaient.

Debs avait vérifié sur la vieille pendule de l'entrée. Bientôt 19 heures. A quelle heure se couchaient-ils donc le dimanche soir ? N'avaient-ils pas école le lendemain ?

— J'veux pas qu'on me lave les cheveux ! brailla le plus âgé avant de pousser un long cri d'agonie, comme si on le torturait.

— Reste tranquille, mon chéri ! s'écria l'Américaine. C'est presque fini.

A en croire le raffut, les petits avaient droit à un shampooing. Ils criaient tous les trois, à tour de rôle.

Debs avait arpenté toute la maison dans l'espoir d'échapper au vacarme. Assis dans le salon, Allen ne semblait rien remarquer, trop occupé à remplir ses grilles de mots croisés.

— Mince alors ! Ces petits n'aiment décidément pas qu'on leur lave les cheveux ! s'exclama-t-elle joyeusement en dévisageant son mari.

— Hmm, marmonna-t-il. Pardon ?

— Les garçons d'à côté hurlent pour échapper à la douche.

— Ah bon ? Je suis un peu dur d'oreille, tu sais, mon amour.

Sur ces mots, il se replongea dans son journal, ce qui frustra beaucoup sa femme. Comment pouvait-il être sourd à ce point ? Des cris d'angoisse fendaient les murs de l'entrée, résonnaient en haut et en bas. On aurait dit que les enfants avaient investi sa maison : un à l'étage, un ou deux autres au rez-de-chaussée. Debs monta au premier dans l'espoir de ne plus les entendre, se réfugiant d'abord dans la chambre. Le résultat s'avéra peu concluant. Elle avait l'impression qu'un des garçons était dans la pièce voisine, sans oublier le vrombissement du sèche-cheveux.

La chambre d'amis longue et étroite disposait d'une fenêtre à guillotine qui donnait sur leur jardin avec son gazon et sa remise. Cette pièce n'était pas mitoyenne avec la maison de l'Américaine et n'aurait pas pu être plus éloignée de sa salle de bains. Debs ne voyait pas de meilleure échappatoire.

Elle n'y avait jamais passé beaucoup de temps. Pour toute lumière, une simple ampoule pendait du plafond. Cet endroit ne devait pas avoir souvent servi. Les enfants des Henderson, les précédents propriétaires, avaient depuis longtemps quitté le foyer familial pour se marier. Le couple avait donc dû en faire une chambre d'amis, lui aussi.

Debs s'assit sur le vieux lit en chêne, face à la penderie assortie qu'Allen et elle avaient rapportée de chez sa belle-mère. La bâche en plastique qui protégeait le matelas neuf, seul point sur lequel elle avait refusé de négocier, crissa sous son poids. Hors de question de récupérer celui sur lequel la vieille s'était allongée pendant vingt ans, à houspiller son fils résigné pour qu'il aille lui faire ses courses. Sans discuter, Allen avait donc chargé le vieux matelas dans la voiture afin de le déposer à la déchetterie. Debs et lui avaient alors évité de poser leurs yeux sur les taches qui en maculaient les rayures décolorées.

Debs balança ses jambes et percuta un carton mauve marqué DIVERS. D'ici, elle percevait à peine les cris des enfants. Tant mieux. Il ne lui restait plus qu'à attendre tranquillement qu'ils se calment. Elle tourna la tête et son regard effleura le papier peint à bandes vertes. Peut-être auraient-ils le temps de refaire la chambre avant Noël et le séjour d'Alison ; si sa sœur acceptait leur invitation, bien entendu.

Allen pouvait aussi finir par décider d'élire domicile dans cette chambre. Bientôt, son mari cesserait sûrement de la rejoindre dans son lit le soir, comme s'ils formaient un couple normal. Une nuit, il sortirait de la salle de bains en pyjama pour lui dire « Bonne nuit, mon amour », mais au lieu de se glisser sous les draps, il lui tournerait le dos et ressortirait poliment afin de gagner ses appartements.

En y réfléchissant, un souvenir familier lui revint en mémoire.

— Oh, non ! gémit-elle en secouant la tête afin de l'en chasser.

Peine perdue. Debs revoyait la scène. Allen, tendu, nerveux, et elle légèrement éméchée par le vin montant l'escalier de leur hôtel, puis…

En entendant un bruit sourd, elle se retourna brusquement, se leva et inspecta la petite chambre du regard pour chercher l'origine du raclement diffus qui s'intensifiait au fil des secondes. On aurait dit un skateboard dévalant une route goudronnée.

A mesure qu'il gagnait en volume, le son se mua en grondement puissant au-dessus d'elle.

— Pour l'amour du ciel, qu'est-ce que c'est ? marmonna Debs en se dirigeant vers la fenêtre.

Un avion sorti de nulle part, bruyant et poussif, s'apprêtait selon toute apparence à atterrir sur son toit.

Arrivée à la fenêtre, elle n'en crut pas ses yeux : là, derrière les maisons d'en face, vers l'antenne émettrice surplombant l'Alexandra Palace, un deuxième appareil, volant à moins de deux kilomètres de distance, fonçait vers elle.

Le bruit reprit de plus belle tandis qu'elle observait ce spectacle. Une longue plainte accompagna la descente de l'avion vers sa maison. Le tonnerre sembla s'abattre sur Churchill Road lorsqu'il rasa la rue et son propre toit.

— Allen ! s'écria-t-elle en dévalant l'escalier vers le salon. Tu as entendu ? Il y a des avions qui survolent la maison.

Il jeta un coup d'œil par-dessus ses lunettes et fronça les sourcils.

— Hmm, je ne crois pas, mon amour. Il y a des avions partout dans le ciel de Londres.

— Je sais ça, mon amour, mais ces deux-là étaient…

Un nouveau gémissement annonça un troisième appareil en approche.

— Ecoute ! s'excita-t-elle.

Il avait forcément entendu, cette fois, problèmes d'audition ou pas.

Mais son mari se contenta de hausser les épaules.

— Ce n'est pas pire qu'à King's Cross. Franchement, Debs, tu es une vraie pile électrique, ce soir !

Oh, tout cela était absurde.

Elle quitta le salon et, avant d'atteindre la porte d'entrée, se rappela les cartons aplatis entassés dans le hall à sortir et à jeter dans la benne des recyclables. Une fois qu'elle en eut soigneusement rabattu le couvercle noir, elle leva la tête. Un gros-porteur apparut alors, en faisant un de ces boucans… Le pilote avait dû pousser les moteurs exprès pour Debs.

D'où venaient tous ces avions ? Elle n'en avait pas vu un seul depuis qu'ils avaient emménagé, jeudi.

Après avoir refermé la porte d'entrée, Debs se rua dans la cuisine, fouilla dans le vaisselier en pin laissé par les précédents propriétaires, mit la main sur l'annuaire du téléphone puis retourna dans le hall pour décrocher le combiné.

— Ce n'est pas normal, Allen. Vraiment. Quelque chose a changé, lança-t-elle en direction du salon dont la porte était ouverte.

Il lui fallut une minute pour trouver le numéro et cinq de plus avant qu'on réponde à son appel, à la fin de longues annonces enregistrées concernant l'arrivée des vols et le parking. Aucun service ne semblait correspondre à sa demande. Debs dut donc presser plusieurs fois la touche correspondant à « autre requête » jusqu'à ce que, enfin, quelqu'un la prenne en ligne.

— Heathrow, puis-je vous aider ?

— Bonjour. Pardonnez-moi, je vous appelle au sujet de vos avions, bredouilla Debs. Je viens d'emménager dans le quartier d'Alexandra Park, au nord de Londres, et ils ont brusquement commencé à survoler ma maison en faisant un bruit de tous les diables.

Il y eut un silence à l'autre bout du fil.

— Madame, le nord de Londres se trouve sur l'axe d'atterrissage de Heathrow. Selon les vents dominants, les avions volent au-dessus de l'Alexandra Palace.

— Comment ? Mais enfin, nous sommes venus dans le quartier plusieurs fois avant de nous y installer et je n'avais encore jamais entendu le moindre avion. C'est si bruyant, maintenant. J'ai l'impression d'avoir une autoroute au-dessus de ma tête.

Un nouvel appareil approchait en grondant.

— Eh bien, très occasionnellement, les avions risquent de survoler votre maison.

— Vous entendez, ça ? Hein ? cria Debs.

— Quoi donc ?

— Cet avion !

— Madame, je travaille à Heathrow.

— D'accord, eh bien, je souhaite porter plainte.

Nouveau blanc.

— A quel sujet ?

— Au sujet des avions qui survolent ma maison.

— Euh…

L'opérateur finit par lui donner une adresse que Debs nota et fixa sur la porte du réfrigérateur avec un aimant. Elle leur écrirait à la première heure, le lendemain.

Cet incident avait eu l'avantage de lui faire oublier les voisins, se dit-elle. Entre-temps ils s'étaient calmés : seul l'un des petits pleurnichait doucement, après sa grosse colère. Debs retourna dans la chambre d'amis et se prépara mentalement au passage d'un autre avion.

Cinq minutes plus tard, Allen passa la tête par l'embrasure de la porte pour la découvrir enfouie sous un oreiller.

— Tu veux une tasse de thé ?

Elle laissa tomber son coussin avant de lui répondre.

— Allen, je crains que nous ayons commis une terrible erreur. Tu n'entends pas ces avions ? Ils se succèdent sans arrêt depuis une demi-heure. Ça n'en finit pas. Ils survolent nos têtes toutes les minutes. Et s'il n'y avait que ça : les enfants de la voisine ont hurlé pendant plus d'une heure. Quant à notre autre voisine, elle n'est pas encore rentrée, mais j'envisage le pire. Comment fera-t-on lorsqu'elle commencera à déambuler dans sa maison, tirera la chasse d'eau et…

Son mari vint s'asseoir à côté d'elle sur le lit et garda le silence. Debs entendit alors ses propres paroles résonner à ses oreilles. Comme elle regrettait de ne pas avoir su tenir sa langue ! Si seulement elle avait pu ravaler toutes ses jérémiades.

Au bout d'un moment, Allen lui tapota la jambe.

— Allons, ma chérie. Ce déménagement t'aura beaucoup fatiguée, voilà tout. Descendons boire une tasse de thé. A mon avis, tu devrais essayer de te coucher tôt, ce soir.

Facile à dire pour lui, avec ses problèmes auditifs. Comment diable réussirait-elle à dormir avec le bruit de la chasse d'eau derrière le mur ? Et voilà que les avions s'y mettaient. « Ne t'avise pas de me soutenir que ce n'est pas vrai, voulait-elle lui crier. Parce que je les entends très bien ! »

— D'accord, mon amour. Bonne idée, fit Debs en lui emboîtant le pas.

En descendant l'escalier, elle s'arrêta une seconde.

Plus aucun bruit ne lui parvenait de la maison voisine. Calme plat. Un magnifique silence complet. Les enfants étaient enfin tous couchés.

En fait, les garçons ne la gênaient pas vraiment, se raisonna-t-elle en suivant Allen. Leurs bruits ne la dérangeaient pas plus que ça. En revanche, Debs ne supportait pas de les entendre crier sans que leur mère leur ordonne de se taire. Ce n'était pourtant pas si difficile.

LUNDI

13

Callie

Je cours, je cours à en perdre haleine.

Ça fait des années que je n'ai pas couru comme ça. Mes nouvelles sandales cliquettent sur le trottoir d'Oxford Street. Je file à toute allure entre un homme portant une pancarte ICI, SOLDES DE CHAUSSURES DE SPORT et un acteur de séries américaines que j'ai reconnu malgré sa casquette de base-ball enfoncée jusqu'aux yeux.

Il est 17 h 20 et nous sommes lundi. Ma première journée de boulot vient de s'achever. Il me reste quarante minutes pour retourner à Alexandra Park et récupérer Rae à la sortie de la garderie qui ferme à 18 heures pile, d'après Mlle Buck. Rien que le trajet en train prend une demi-heure. Comment ai-je pu être assez bête pour oublier qu'on doit toujours prévoir une marge d'un quart d'heure pour tout déplacement à Londres, en cas d'imprévus tels qu'embouteillages ou feux de signalisation en panne ? Surtout quand il s'agit d'aller chercher un enfant, me dis-je bien trop tard.

Mon cerveau mouline à toute allure, ressassant les événements de la journée tandis que je continue à courir.

En fin de compte, j'avais raison d'avoir le trac avant de retourner chez Rocket. Quel choc de découvrir le studio complètement rénové avec ses dalles en marbre blanc, le bureau de la réception en forme d'astéroïde lunaire, sorti de l'imagination d'un décorateur d'intérieur. Et que dire de ces salles d'enregistrement insonorisées toutes équipées de nouvelles consoles à cinquante mille livres l'unité !

On ne rigolait plus. Ils avaient sorti l'artillerie lourde.

Je me retrouvais projetée dans la vraie vie, celle où on est payé pour faire un travail et viré si on le fait mal.

— Callie ! s'était écrié Guy avec un sourire et les bras ouverts lorsqu'il m'avait aperçue.

Ses boucles brunes serrées avaient grisonné et perdu de leur tonus depuis notre dernière rencontre, ce qui faisait ressortir ses yeux noisette bien enfoncés. On aurait dit un vieux mannequin canaille de chez Calvin Klein avec son gilet noir très fin et son jean assorti.

— Content de te revoir, camarade. Alors, qu'est-ce que ça fait de revenir au bercail ? m'avait-il demandé.

Ça fiche sacrément les jetons.

— C'est formidable, avais-je répondu en souriant.

J'avais hoché la tête vers Megan, la nouvelle réceptionniste. Cette fille pourrait aussi bien être la jumelle d'Alice au pays des merveilles en plus âgée avec sa jolie robe en mousseline blanche, ses longues jambes bronzées et son ruban bleu dans les cheveux. J'avais peut-être un peu exagéré avec ma robe argentée, et tirai délibérément sur mes manches courtes.

— Je vais te montrer les nouvelles fonctions du logiciel et tu pourras effectuer ton essai sur une pub, m'avait annoncé Guy sans détour. Megan te fera visiter notre nouvelle cuisine.

— Ah, d'accord, très bien.

Après avoir ramassé mon sac à main, je lui avais emboîté le pas.

A quoi m'étais-je attendue ? Une longue conversation autour d'un café ? L'occasion de m'excuser d'avoir pleuré comme une loque la dernière fois et de le remercier du coup de pouce ? De lui demander des nouvelles de sa copine, Ankya, la photographe de mode polonaise aux jambes interminables ? Non, m'étais-je dit, légèrement déroutée. Je redeviens collaboratrice. Chaque minute passée entre ces murs me sera payée. Le temps de saluer Guy, de le suivre dans la salle d'enregistrement où je travaillerai, de m'asseoir dans un fauteuil en forme de satellite, m'a probablement rapporté de quoi m'acheter mon sandwich pour le déjeuner.

Le poids des responsabilités accablait déjà mes frêles épaules recouvertes de sequins.

Il est 17 h 25. Plus que quelques mètres à parcourir avant d'atteindre la station de métro Oxford Circus. J'intime l'ordre à mes jambes récalcitrantes de tenir bon pour les quelques mètres qui restent quand mon téléphone sonne.

— Oui ? dis-je à bout de souffle.

C'est ridicule. Je dois absolument me remettre au sport.

— Cal ?

La voix de Suzy détonne tellement avec la frénésie ambiante de cette rue qu'il me faut quelques secondes pour la reconnaître.

— Ah, salut. Salut ! dis-je en me bouchant l'autre oreille pour mieux l'entendre. Tout va bien ?

— Euh… hésite-t-elle.

Mon visage se glace.

— Quoi ?

— Ne t'inquiète pas, ma belle. Rae va bien… Enfin, disons plutôt qu'elle n'est pas malade. Mais je préférais te prévenir : elle m'a paru un peu contrariée à l'idée de rester à la garderie quand je suis allée chercher Henry à 15 h 30.

— Ah bon ? Mais qu'entends-tu par « contrariée » ?

Les taxis filent à toute allure en lignes noir et jaune. Deux adolescents chargés de sacs Topshop me bousculent en éclatant de rire. Ça devient difficile de l'écouter.

— Eh bien, elle pleurait en me demandant de la ramener à la maison avec Henry. Alors je l'ai serrée dans mes bras et lui ai dit que sa maman voulait qu'elle reste à la garderie et passerait la prendre dès que possible. Une fois là-bas, Rae s'est sûrement consolée, mais j'ai préféré t'avertir quand même.

— D'accord, merci. Ecoute, je suis très en retard. Il faut que je chope un métro, mais je ferai un saut chez toi plus tard.

Je dévale l'escalier de la bouche de métro. Rae semblait tellement se réjouir à l'idée de la garderie que la perspective du contraire ne m'avait pas effleurée. Et si elle refusait d'y retourner ? Avec la journée que j'ai passée, je ne peux me permettre d'envisager cette éventualité.

Ce matin, dès que Guy m'avait laissée seule, tout était allé de travers. Il m'avait suffi d'appuyer sur trois boutons par mégarde pour effacer une demi-heure de boulot.

— Désolée. Le fichier a disparu tout seul, dis-je en pointant l'écran vide de l'ordinateur lorsqu'il revint dans la pièce.

— Tu n'étais pas passée en mode sauvegarde automatique ? murmura-t-il.

Gémissement intérieur. Une erreur de débutant. Je parie qu'il se demandait ce qui lui avait pris de me réengager. Devais-je lui proposer de lui rembourser la demi-heure perdue ?

Pourtant, à l'heure du déjeuner, mes doigts retrouvèrent leur dextérité d'autrefois. Guy m'avait chargée de monter la bande-son d'une publicité pour un programme digital de cuisine destiné à enseigner aux débutants comment éplucher, hacher et découper en filets. L'écran plasma au-dessus de mon bureau montrait un chef confirmé en train de jongler avec dix couteaux différents, très aiguisés. Chaque ustensile allait se planter à côté d'un ingrédient sur le plan de travail, jusqu'à ce qu'il ne lui en reste plus qu'un dans la main.

Je me mordis la lèvre pour me concentrer et entrai dans l'impressionnante banque d'effets sonores pour en sélectionner cinq ou six. L'étape suivante fut consacrée au mixage. Mon but : rendre le bruit d'une lame finement dentelée tranchant une tomate juteuse ou celui, plus sourd, d'une lame de couteau large découpant du fromage.

A ma grande surprise, ce n'était pas sorcier. Sans raison évidente, mes oreilles savaient d'instinct quels sons combiner, un peu comme ces gens qui mélangent savamment des aromates et des épices sans jamais consulter le moindre livre de recettes.

« On naît avec l'ouïe fine ou pas, avait déclaré Guy quand j'avais débarqué chez Rocket à l'âge de vingt-trois ans pour occuper un poste d'assistante monteuse. Je parie que tu adorais la musique quand tu étais môme. »

Son commentaire m'avait laissée bouche bée. Le week-end précédent, justement, chez papa, j'étais tombée sur une vieille photo de moi gamine avec un grand sourire aux lèvres et mes vieux écouteurs sur la tête. Maman y avait accolé la légende suivante : CALLIE NE PEUT PAS S'ARRÊTER DE DANSER !

Je repoussai ma pause déjeuner d'heure en heure, si bien que, très vite et à mon insu, l'horloge indiqua 16 heures. Il me semblait avoir aperçu un panier de muffins sur le comptoir de la réception à l'intention des clients. En me voyant surgir, Megan leva la tête.

— Je peux en prendre un ou deux ? lui demandai-je, hésitante.

— Bien sûr ! s'esclaffa-t-elle.

J'en piochai un pour rassasier mon estomac et un autre pour Rae, puis retournai devant mon écran pour me replonger dans le travail. Le plus étrange dans tout ça, c'est que je n'avais pas vraiment faim.

Il est 17 h 31. Ah ! La chance me sourit, ce soir. Aucun avis d'incident sur la ligne Victoria, finalement. Je dégringole l'escalator bondé d'Oxford Circus, me fraie un chemin parmi les passagers trop lents jusqu'au quai direction nord et m'arrange pour me faufiler dans la rame avant la fermeture des portes. En bondissant à l'intérieur, je sais déjà qu'il n'y a pas assez de place et ne peux donc m'en prendre qu'à moi-même si je dois voyager tête penchée, à cause du bord incliné de la voiture, pendant les trois stations suivantes. Je les passe à m'inquiéter pour Rae. Le groupe d'étudiants français qui parlent tous en même temps ne m'aide pas. Mes oreilles, sensibilisées depuis peu, ont l'impression de suivre trois programmes de télé à la fois. A King's

Cross, le wagon se vide enfin à moitié, ce qui me permet de m'asseoir sur un des sièges au revêtement écossais douteux. Dans ce tunnel noir, la vitre me renvoie le reflet de mon visage rougeaud. Je le frotte et sens ma peau picoter sous mes doigts, comme si les éclairages artificiels et la luminosité des écrans d'ordinateur du studio l'avaient brûlée. On dirait que mes cellules mortes ont été gommées : le sang afflue à la surface de mes joues.

Le train rugit en passant dans chaque station, et je m'aperçois que je suis assise au bord de mon siège plutôt qu'au fond. L'énergie m'a tendue, fourni une raison de me tenir bien droite. Ma première mission vient de s'achever et une seconde m'attend : récupérer Rae.

Deux fonctions, me dis-je. Maman et ingénieur du son. Toutes les deux bien définies, chacune avec ses coins et ses bordures.

Bientôt, l'épuisement me gagne. Le train gronde en s'engouffrant dans les sombres tunnels et l'adrénaline qui m'a galvanisée toute la journée m'abandonne brusquement. Un peu partout dans le wagon, je vois des femmes comme moi, certaines juchées sur le bord de leur siège, d'autres avachies, le tailleur ou la jupe froissés, des traces de mascara sous les yeux. J'ai l'impression d'avoir intégré une tribu, celle des travailleuses qui passent leur journée à Londres puis rentrent chez elles s'occuper de leur progéniture ; celles qui choisissent un emploi dans une grande ville et qui vivent loin de leurs proches dans le Lincolnshire, dans une rue de Londres comme la mienne – ça doit bien exister – dont elles ne connaissent même pas les habitants. Ces femmes y arrivent. Pourquoi pas moi ? Peut-être suffit-il de procéder à quelques ajustements et tout ira bien.

Puis je repense au coup de fil de Suzy. Et si Rae refusait de retourner à la garderie après la classe ? A qui pourrais-je la confier ?

Alors que je bondis sur le quai de Highbury & Islington pour attraper ma correspondance avec le train d'Alexandra Park, un souvenir me revient en mémoire. Un jour, on avait frappé à ma porte. En ouvrant, j'avais découvert une femme haletante, le visage en nage, avec un môme en couche-culotte endormi dans une poussette. L'inconnue portait une robe noire extralarge.

— Excusez-moi, commença-t-elle. Vous pouvez m'aider… ? Je crois que je vais accoucher plus tôt que prévu. J'ai vu le siège pour enfant dans votre voiture, dehors…

A en croire le liquide qui coulait le long de ses jambes, elle avait raison : elle venait de perdre les eaux.

— Oh, mon Dieu, bien sûr, dis-je en la faisant entrer. Vous êtes enceinte de combien ?

— Trente-trois semaines.

— Ne vous inquiétez pas, la rassurai-je en me ruant sur le téléphone. J'appelle une ambulance.

Je consacrai la minute suivante à composer le 999 et à lui apporter une des chaises du salon.

Elle hocha la tête en signe de remerciement, se mit à genoux, posa délicatement sa tête et ses mains sur le siège puis gémit en sentant une nouvelle contraction.

— Oh, merde. Je crois qu'ils arrivent.

— Ils ?

— Les jumeaux.

Nom de Dieu !

— Dépêchez-vous ! hurlai-je dans le combiné. Ce sont des jumeaux.

Puis je me précipitai dans la cuisine, attrapai un torchon et revins en courant pour lui éponger le front. Elle sentait le gras et la maladie. Tom m'avait frotté le dos, à l'époque, ce qui m'avait beaucoup soulagée. Je fis donc la même chose avec elle.

— Merci, haleta-t-elle. Je suis désolée. Mon mari est en déplacement et nous venons d'emménager.

— Ne vous inquiétez pas, lui répétai-je pour la seconde fois tout en cherchant d'autres formules susceptibles de la rassurer. J'ai assisté mon père pour aider de nombreuses brebis à mettre bas.

Mes mots restèrent suspendus une seconde, le temps de nous apercevoir qu'elle était à quatre pattes, le derrière levé vers moi. Nous éclatâmes de rire.

— Suzy, se présenta-t-elle avant d'inspirer une grande bouffée d'air.

— Callie.

Je consulte ma montre pour la énième fois : 17 h 47. L'appréhension commence à me ronger. Et si mon statut de citadine active me rendait encore plus dépendante de Suzy que je ne le suis déjà ? J'aurais un sérieux problème, dans ce cas : après cette journée chez Rocket, je ne crois pas pouvoir renoncer à mon travail.

Peu après 17 heures, Guy me rejoignit pour visionner la publicité mixée. Comme si je n'avais pas assez le trac, il convoqua en plus Megan et les trois ingénieurs mâles de la boîte – y compris un type de vingt-cinq ans au look un peu limite prénommé Jérôme, avec des lunettes noires rétro et un jean Nudie, que Guy m'avait présenté sans ironie comme une trouvaille, « un nouveau toi ».

— OK, on y va, lança-t-il en regardant l'écran plasma.

Le trac papillonnait dans mon estomac. Après avoir appuyé sur la touche « play », je m'assis bien droite, guettant la réaction de mon patron du coin de l'œil. Les couteaux fendirent l'air avec un sifflement métallique et se fichèrent dans chaque aliment en produisant un effet sonore différent. Il faut se débrouiller pour atténuer les sons afin de ne pas parasiter le message de l'annonceur, un secret que seuls les pros connaissent.

Un silence suivit la projection, puis Guy applaudit.

— Beau boulot, Cal, me félicita-t-il en riant avant de se tourner vers les autres. Qu'est-ce que je vous avais dit ? Prenez-en de la graine, les gars.

Un sourire radieux et inattendu étira mes lèvres. Mes zygomatiques ne m'obéissaient plus.

— Merci. Ecoute, Guy, est-ce que je peux me sauver maintenant ? Il faut que j'aille chercher Rae.

— Bien sûr.

Il laissa sa main posée une seconde sur mon épaule, puis se leva pour partir en ajoutant :

— Bon boulot, Cal. Et n'oublie pas, Loll Parker arrive à 10 heures demain matin. Il a hâte de te rencontrer.

17 h 54. Plus qu'une station avant Alexandra Park mais ce n'est pas ce soir que je vais échapper aux problèmes de signalisation. J'ai été piégée par le bon vieux signal d'alarme passager.

Notre conducteur nous informe gaiement que, à la suite du malaise d'une dame âgée, le train précédent a été retenu à quai. Il va donc nous falloir patienter le temps qu'elle soit évacuée. Je n'ai plus que six minutes pour récupérer ma fille. Les fesses au bord de mon siège, je risque de tomber en avant si le métro prend un virage trop vite. La passagère en face de moi croise mon regard et grimace. Surprise, je lui réponds d'un hochement de tête.

Mon téléphone ne capte pas. Que feront-ils en ne me voyant pas arriver à 18 heures ?

Coup de chance, la vieille dame est débarquée rapidement et je passe le reste du trajet debout, accrochée à une barre, bondis dès que les portes s'entrouvrent puis grimpe un escalier raide quatre à quatre. Ma démarche n'a plus rien de féminin.

Ma montre indique 17 h 59. Je n'y serai pas à temps. Et voilà qu'il commence à pleuvoir. Pas évident de remonter la côte qui mène jusqu'à l'école sans glisser avec mes sandales. Une femme en tailleur et talons aiguilles trotte devant moi, apparemment tout aussi stressée.

— Il est sur mon bureau, Ian, regarde ! hurle-t-elle dans son portable.

18 h 04. J'ai du mal à respirer, les poumons en feu. Au carrefour à gauche, l'école apparaît enfin. Après l'avoir dépassée, je franchis les grilles de fer du bâtiment victorien en brique à toute vitesse. Autrefois, celui-ci abritait une piscine. La femme au portable m'a devancée, manifestement mieux entraînée. Elle a déjà sonné à l'interphone, on vient de lui ouvrir, il ne me reste donc plus qu'à me faufiler derrière elle avant que la grosse porte de bois ne se referme.

Une odeur chaude de moisissure m'accueille. L'agitation frénétique de vingt-huit petits à peine sortis est toujours palpable dans l'air du hall désert. L'autre maman en retard vient de récupérer son enfant grognon et l'entraîne vers la sortie en continuant à crier dans son téléphone :

— Eh bien, jette un coup d'œil à l'imprimante, Ian. Je l'ai peut-être laissé là.

Prenant un air navré, je me précipite sur Mlle Buck, la responsable de la garderie, en train de ranger les tables, et bredouille :

— Je suis tellement désolée… premier jour… accident de passager dans le métro… ça n'arrivera plus.

— Ne vous inquiétez pas, me répond-elle avec une expression qui suggère le contraire. Rae est à l'atelier peinture avec Mme Ribwell.

Derrière une arche en brique, j'aperçois ma fille dans une pièce décorée de dessins d'enfants. Une maîtresse à genoux devant elle lui parle, les yeux dans les yeux.

— Salut, ma puce !

Rae lève le regard vers moi avec une expression fâchée, sans sourire. Mon cœur se brise.

Mme Ribwell se retourne mais je suis tellement préoccupée par le visage de ma fille que je ne la reconnais pas tout de suite.

— Ah, bonjour. Que faites-vous là ?

— Oh… je travaille ici, sourit-elle.

— Ah bon ? C'est drôle. Rae doit être contente. J'espère qu'elle a été sage.

— Oh, oui. Nous avons passé un bon après-midi, n'est-ce pas, Rae ?

Ma fille baisse les yeux.

— Je veux rentrer, chouine-t-elle en se dirigeant sans m'attendre vers la porte.

— Désolée, dis-je.

— Au revoir, lance la maîtresse.

Mais Rae est déjà sortie dans le couloir, m'obligeant à saluer l'institutrice à sa place. Je la retrouve dehors et nous franchissons ensemble le portail, puis longeons l'Alexandra Palace.

— Alors, comment ça s'est passé ?

— Hannah est partie tôt, m'informe-t-elle calmement. Elle était invitée à jouer chez Grace.

Mon cœur se fend, mais je tâche de masquer ma tristesse dans mon commentaire.

— Eh bien, ça risque d'arriver de temps en temps. Il te suffira de trouver une autre camarade de jeu. C'est le bon côté de la garderie. Tu vas rencontrer plein d'enfants des autres classes.

A cinq ans, cet argument ne m'aurait pas convaincue, mais je n'ai pas trouvé mieux.

— Quand est-ce que je pourrai aller chez une copine ? s'enquiert-elle.

— Bientôt, ma chérie, bientôt.

Mon mensonge m'écorche les oreilles tandis que je passe mon bras autour de ses épaules.

— Au fait, Rae, comment s'appelle la dame avec laquelle tu parlais ? J'étais tellement surprise de la voir là que son nom m'est sorti de la tête.

— C'est Mme Ribwell. Mais elle m'a autorisée à l'appeler Debs quand on n'est que toutes les deux.

Je la prends par la main et nous descendons par la route principale en direction de Churchill Road.

Les voitures défilent à toute allure à côté de nous. La circulation est dense, ce soir. Evidemment, 18 heures, c'est l'heure de pointe, me dis-je. Il nous est arrivé d'attendre trois ou quatre minutes avant de pouvoir traverser, à cette heure-ci.

La pluie tombe dru, à présent, nettoyant la route. Le bruit aigu des crissements de pneus me casse les oreilles. Et là, sans prévenir, Rae me lâche la main.

— Qu'est-ce que tu fabriques ?

Elle se met à courir, un peu comme les chevaux de course que papa gardait en pâture dans les champs. J'avais pris l'habitude de les regarder de ma chambre, en fin de journée. Débridés et laissés en liberté dans le pré, ils sautaient et ruaient des quatre fers, défiant quiconque de les rattraper jusqu'au lendemain.

— Rae ! Qu'est-ce que tu fabriques ?

Au lieu de trottiner prudemment, elle essaie de cavaler, ses petites sandales fendant l'air. Cette fois-ci, je hausse le ton et bondis pour la retenir par son manteau.

— Rae ! Je ne plaisante pas.

Les voitures glissent sur la route, sans se soucier de la limitation de vitesse à cinquante kilomètres à l'heure. Les automobilistes sont aussi pressés que moi de rentrer chez eux.

Rae titube légèrement en se retournant vers moi.

— C'est très vilain, très dangereux, ce que tu viens de faire. Tu sais pourtant bien que tu pourrais tomber. Et qu'est-ce qui se passerait, dans ce cas ?

— C'est pas juste ! s'écrie-t-elle avant de se dégager. J'ai jamais le droit de rien faire !

Une expression de colère mêlée de désarroi s'affiche sur son visage et ses grands yeux dardent des éclairs. Je lui pose la main sur l'épaule et m'agenouille devant elle.

— Tu as raison, ma chérie, ce n'est pas juste. Mais je ne veux pas te voir retourner à l'hôpital, et tu ne le veux pas non plus, si ? Donc, tu me tiens toujours la main quand on marche dans la rue, d'accord ?

Elle hausse les épaules. J'ouvre mon sac et en sors le muffin que j'ai pris chez Rocket.

— Je t'ai rapporté ça du travail.

Ses yeux s'écarquillent et elle saisit le gâteau pour y mordre à pleines dents.

— Pardon, maman, dit-elle en reprenant ma main.

— Moi aussi, je suis désolée d'être arrivée en retard.

Là-dessus, nous attendons sur le trottoir que le feu passe au rouge pour les voitures.

Nous faisons un arrêt chez Suzy. Derrière la porte d'entrée, je perçois les cris d'un enfant.

— Ah, c'est toi, dit mon amie en ouvrant.

Après nous avoir serrées dans ses bras toutes les deux, elle nous fait entrer dans le vestibule. Rae s'élance vers la cuisine pour retrouver les garçons.

— Comment va-t-elle ? murmure Suzy.

— Un peu fatiguée. Il lui faudra quelques jours pour s'habituer. Ah, au fait, la voisine d'à côté, Debs, travaille à la garderie. Incroyable, non ?

— Ah bon ? lance-t-elle, surprise, en faisant volte-face. J'ignorais qu'elle était institutrice.

— Moi aussi. Génial, non ? Rae aura quelqu'un du quartier avec elle, comme ça. Et j'espère que Debs veillera sur elle, puisqu'elle la connaît.

Suzy paraît pensive un moment avant d'acquiescer.

— Enfin, elle ne la *connaît* pas vraiment.

— Non, mais tu vois ce que je veux dire. C'est une voisine.

L'air distraite, elle jette un coup d'œil à sa montre. J'en profite pour lui demander :

— Alors, comment s'est passée ta journée ? Bien ?

— Ouais, répond-elle, ailleurs. J'ai gardé les jumeaux à la maison et nous avons préparé des brownies.

— Est-ce que ça va ?

Suzy semble plus calme qu'à l'accoutumée, un peu abattue.

— Oh, oui… enfin, non. Je croyais que Jez serait rentré, à cette heure-ci. Il a emmené Henry à la piscine.

Je n'en reviens pas.

— Ah bon ?

— Oui. Il dit que Henry devrait savoir nager, à son âge.

Si Jez l'y avait emmené plus tôt, peut-être que ce serait chose faite, me dis-je. Je reprends à voix haute, sondant son humeur :

— Est-ce que tu as finalement décidé d'aller au spa cette semaine ?

— Je n'en sais rien. Pour une fois que Jez n'est pas en déplacement, je pensais en profiter pour aller déjeuner avec lui à Hampstead Heath ou quelque chose dans le genre.

Je hoche la tête et attends.

Attends.

Elle ne me pose aucune question.

— Bon… Suze…

— Quoi ?

— Le boulot : c'était hallucinant !

— Ah oui ?

Elle pivote sur elle-même pour surveiller les jumeaux dans la cuisine.

— J'aurais voulu que tu voies le studio. C'est incroyable. Il a été entièrement réaménagé, on se croirait dans un vaisseau spatial. Et leurs toilettes… Il m'a fallu cinq bonnes minutes pour trouver le savon caché sous une barre en inox…

Je ris sans être certaine qu'elle m'écoute toujours, et poursuis :

— J'avais tellement le trac. Mais Guy a aimé mon travail. Et c'était super de retourner à Soho. Ah, et comment s'appelle cet acteur américain qui…

Suzy se penche vers moi et pose la main sur mon épaule.

— Je suis contente pour toi, ma belle. Je t'avais dit que tu casserais la baraque. Ecoute, il faut que je mette les garçons en pyjama. Tu veux dîner ici ? Il me reste du poulet au four.

Maintenant qu'elle le dit, une odeur me chatouille les narines. C'était donc ça. Mais derrière le fumet de cuisine, une autre, plus âcre.

J'inspire profondément.

De l'urine.

Le piquant familier de couches mouillées flotte dans l'entrée, mêlé aux effluves corporels qui y ont macéré toute la journée. Le tee-shirt de Suzy est encore taché de sauce. Ses joues sont rouges et luisantes d'avoir cuisiné. Un filet de transpiration assombrit la racine de ses cheveux blonds. Derrière elle, au fond du couloir, des jouets jonchent le sol, des feutres sans bouchon et des feuilles de papier sont dispersés çà et là sur le carrelage blanc. Et la cuisine, qui hier encore me semblait tout droit sortie d'un magazine de décoration, paraît un peu simple à côté de l'intérieur ultramoderne du studio de Guy.

Les perspectives changent sous mes yeux comme dans un kaléidoscope.

En voyant Peter sortir en titubant de la cuisine, j'agite la main. Il a le nez qui coule et l'essuie du revers de sa main couverte de feutre.

Non.

Non, je ne veux pas rester dîner.

— C'est très gentil de ta part, Suze. Mais je crois que Rae a besoin d'un peu de calme.

C'est vrai, même s'il me faut aussi reconnaître que ça ne me tente pas de passer la soirée ici. Comme hier, la veille et l'avant-veille. Je veux rentrer chez moi, me glisser dans un bain moussant avec ma fille, la rassurer sur la garderie, puis préparer un peu mon entrevue de demain avec Loll Parker, me servir un verre de vin peut-être, et m'épiler les sourcils.

Je souris en pensant à cette dernière tâche.

En poussant la lourde porte métallique des toilettes, marquée d'un V comme « Vénus » en granit noir (celle des hommes porte la mention M comme « Mars »), j'avais découvert Megan en train de se regarder dans le miroir.

— Très beau boulot, me félicita-t-elle. Guy est tellement content que tu sois revenue. On a tous beaucoup entendu parler de toi, tu sais ?

— Vraiment ?

Ne sachant quoi ajouter, je la regardai se remettre du rouge à lèvres. Elle se préparait certainement à sortir dans Soho.

— J'adore tes sourcils, lui dis-je.

Ceux-ci étaient dessinés au crayon, parfaitement arqués au-dessus de ses grands yeux bleus.

— Merci, répondit-elle gaiement. La femme de mon teinturier me les épile au fil. Leur courbe souligne le regard, d'après ce qu'elle dit.

— Ah oui ? fis-je tristement en passant mon doigt sur l'armée de poils rebelles qui s'était formée sous mon arcade sourcilière. Ouais, eh bien, les miens sont plutôt là pour le tenir au chaud.

C'est cette réplique qui me fait sourire dans le hall de Suzy.

Megan éclata de rire. Rien à voir avec la façon qu'a Suzy de réagir à mes traits d'humour ; mon amie glousse, elle, avant de me servir sa rengaine : « Elle est bonne, celle-là », me faisant ainsi comprendre qu'elle ne saisit pas ce qu'il y a de drôle dans ma plaisanterie. Megan, de son côté, renifla d'abord, rejeta sa tête en arrière et lâcha un rire de gorge joyeux et franc, puis me serra le bras.

— C'est génial d'avoir une nouvelle fille avec nous ! s'exclama-t-elle avec entrain en s'acheminant vers la sortie. A demain, Callie.

— Quoi ? Pourquoi est-ce que tu souris ? me demande Suzy.

— Oh rien, je repensais juste à un truc du boulot. Au fait, avant que j'oublie. Rae a essayé de courir sur le trottoir, ce soir… Veille à bien la tenir par la main quand tu es avec elle, d'accord ? Elle a failli tomber.

— Je n'y manque jamais, chérie.

— Merci, je sais, lui dis-je en lui touchant le bras. Et merci de prendre le relais pendant que je suis au boulot. Je te revaudrai ça la prochaine fois que Tom récupérera Rae pour le week-end : je te garderai tes petits.

— Cool, commente-t-elle, l'air toujours aussi distraite.

Qu'est devenue son expression fétiche et ridicule : « Cool, Raoul » ? Qu'est-ce qui lui arrive ? me dis-je en la dévisageant. J'espère qu'elle ne boude pas à cause du spa. En deux ans, Suzy et moi ne nous sommes jamais fâchées une seule fois. Ma relation avec elle n'a rien à voir avec celle que j'ai entretenue avec Sophie. Sophie et moi nous disputions sans arrêt, à coups d'arguments alcoolisés et insouciants. Si on se retrouvait enfermées dehors par exemple, on s'en rejetait mutuellement la faute. Et le lendemain matin, autour d'un bol de céréales, on se réconciliait et on s'enlaçait en pyjama, nos joues barbouillées du maquillage de la veille. Impossible de courir ce risque-là avec Suzy. Qui sait ce qui pourrait nous échapper ? Pour l'instant, je veux juste prendre un peu mes distances avec elle, me dis-je, et non la perdre. Aussi, c'est prudemment que je hasarde :

— Bon…

— Bon, répète-t-elle. A demain.

Suzy nous étreint, ma fille et moi, puis nous traversons la rue pour rentrer chez nous. Je sors les clés, appréhendant les pyjamas et les bols de petit déjeuner sales qui m'attendent derrière la porte.

Je suis lessivée. Rae soupire, elle aussi, et s'appuie sur moi. Elle a les joues roses, c'est déjà ça : elle a repris des couleurs. Glissant mon bras sur son épaule, je la fais entrer et, poussant la porte, aperçois Suzy, inquiète, debout devant son portail, les yeux rivés sur la route principale.

Non. Je n'y suis pour rien. Pas cette fois, me dis-je en fermant la porte.

14

Suzy

Suzy s'éloigna du portail, rentra et retourna dans la cuisine en se mordant la lèvre. Sans un mot, elle débarrassa et rangea les assiettes, tasses et couverts qu'elle avait mis sur la table pour Callie et Rae.

Elle jeta un coup d'œil à l'heure affichée sur le four. Où était donc passé Jez ?

Puis elle monta en courant dans la salle de bains pour faire couler le bain des jumeaux, y versa un peu d'huile pour bébé, y jeta quelques camions et canards en plastique, redescendit dans le vestibule et décrocha son téléphone pour la quatrième fois depuis 17 heures.

— Jez, dit-elle au répondeur. Chéri, où es-tu ? Je croyais que tu serais rentré à cette heure-ci et je commence à m'inquiéter. Henry n'a pas goûté. Il est 18 h 30. Rappelle-moi.

Au moment où elle replaçait le combiné sur son support, le téléphone sonna.

— Hé ! dit-elle. Vous êtes où, les gars ?

Silence.

— James à l'appareil, déclara une voix par trop raffinée.

— Ah, bonsoir, James, lança Suzy en reprenant instinctivement un ton plus distingué.

Elle ne supportait pas ses grands airs.

— Jeremy est là ?

Pour un type si bien élevé, ses manières laissaient plutôt à désirer. Et ce n'était pas la première fois, pensa-t-elle.

— Non, James. Il a emmené Henry à la piscine. Je croyais justement qu'ils seraient rentrés à cette heure-ci…

Son beau-père émit l'étrange son, à mi-chemin entre le hennissement d'un cheval et le grognement, auquel Suzy avait mis un temps fou à s'habituer.

— Veuillez donc lui transmettre un message de ma part : j'ai réservé une table au club pour notre réunion, le 29 à 13 heures.

Quelle réunion ? Pourquoi n'a-t-il pas parlé de « déjeuner », plutôt ? Suzy tâcha de réfléchir rapidement. Comment interroger son beau-père sans paraître trop soupçonneuse ? L'air de rien, elle demanda :

— Il n'y aura que vous deux ?

Nouveau *groumpf* à l'autre bout de la ligne. On ne posait pas de questions à James Howard, encore moins quand on était une jeune Américaine. Belle-fille ou pas.

— Jeremy est au courant. Dites-lui que Michael Roachley a confirmé. Transmettez-lui ce message, je vous prie. Bonsoir, conclut-il en raccrochant.

— Oui, James, les jumeaux seraient ravis de dire bonsoir à leur grand-père. Ne quittez pas, je vais les chercher, ironisa Suzy dans le combiné. Et comment se porte Diana ? Vous avez hâte de partir en vacances en Afrique du Sud, non ?

Elle reposa le téléphone, s'assit sur les marches de l'escalier et mordilla l'ongle de son pouce. Qui était ce

Michael Roachley ? Un ami avocat de James spécialiste du divorce ?

— Allons, les garçons ! s'écria-t-elle en s'acheminant vers la cuisine. C'est l'heure du bain.

Un corps potelé sous chaque bras, elle grimpa les marches rapidement, les déshabilla, les plongea dans la baignoire et les laissa se badigeonner la tête de mousse en gloussant. Après s'être assurée que la porte de la salle de bains était bien ouverte, Suzy se précipita dans le bureau de Jez et s'installa devant son ordinateur. L'ordre régnait, comme d'habitude. Il avait laissé des petits pense-bêtes en lettres capitales sur son clavier, rappels de ce qu'il devait faire en rentrant. Aucun d'eux ne mentionnait Sasha ni ses initiales, SW.

Un petit coup sur la souris et l'écran bleu s'alluma. Jez détestait que sa femme touche à son ordinateur, Suzy le savait. Nerveuse, elle entra le nom Michael Roachley dans un moteur de recherche puis alla vérifier qu'elle entendait toujours les jumeaux crier et patauger à l'étage du dessous.

Les premiers liens qui s'affichèrent ne présentaient pas beaucoup d'intérêt : il s'agissait de sites de généalogie mentionnant un certain sir Michael Roachley au XIXe siècle.

Suzy fronça les sourcils et inséra le mot AVOCAT devant le patronyme, sans résultat. Elle essaya de nouveau, cette fois en ajoutant le nom de son mari. Peut-être n'avait-elle pas orthographié Roachley correctement. Elle saisit donc ROCHLEY, ROKESLEY, ROSHLEY, ROACHLEIGH. La recherche ne donna toujours rien de concluant.

Le pas lourd dans l'escalier lui parvint trop tard. Elle pivota sur elle-même dans un effort désespéré pour attraper la souris et vit Jez planté sur le seuil, les yeux rivés sur la page Internet que Suzy avait réussi à fermer in extremis.

— Euh… Comment se fait-il que les jumeaux soient seuls dans leur bain ? s'enquit-il.

— Ils ne sont pas seuls, je vérifie toutes les cinq secondes, le corrigea-t-elle, les joues en feu d'avoir été prise la main dans le sac. Peter a des boutons et je consultais juste la liste des symptômes sur Internet. Où diable étais-tu donc passé ? Je commençais à m'inquiéter.

— Comment ça ? Mais je t'ai dit où on allait. J'ai emmené Henry à la piscine et nous avons mangé un morceau ensuite, répondit-il en jetant un nouveau coup d'œil à l'écran de l'ordinateur.

A l'étage inférieur, un cri retentit au moment où Henry entrait dans la salle de bains.

— Henry ! s'écria Suzy en passant devant Jez en courant, sautant sur l'occasion pour s'enfuir.

Elle entendait d'ici l'excitation dans la voix de son fils aîné qui taquinait ses deux frères. Logique, finalement. Elle ne pouvait pas l'en blâmer. Henry sortait si rarement seul avec son père qu'il devait être surexcité. Il lui faudrait des heures avant de trouver le sommeil, ce soir.

Suzy le surprit dans la salle de bains en train de tirer au pistolet à eau sur Otto. Ses yeux noirs lançaient des éclairs amusés.

— Henry ! le réprimanda-t-elle en lui arrachant l'arme des mains.

Sous le choc, Otto reprit juste assez de souffle pour pousser un long hurlement perçant. Avant de reposer le jouet, Suzy estima la température de l'eau en appuyant sur la détente. Elle était gelée. Henry avait dû charger son pistolet au robinet d'eau froide.

— Comment as-tu pu faire ça à ton frère ? le réprimanda-t-elle.

Suzy, horrifiée, vit alors son fils lui passer sous le nez, récupérer son arme, tirer sur Peter et quitter la pièce en riant.

Jez l'intercepta à la porte et le fit voler dans les airs avant de le reposer sur le carrelage de la salle de bains.

— Bon sang, qu'est-ce que tu fabriques ? gronda-t-il.

Le rire de Henry se mua aussitôt en gémissement tandis qu'il tendait ses mains vers sa mère.

— Maman !

Suzy ouvrit instinctivement les bras.

— Viens là, mon petit couineur.

— Non ! aboya Jez, les sourcils froncés. Henry, regarde-moi et écoute-moi attentivement. Tu vas t'excuser et filer dans ta chambre.

— Maman, répéta le garçonnet qui se débattait pour essayer de se libérer.

— J'ai dit non ! s'énerva son père en le secouant violemment.

— Jez, passe-le-moi, le supplia Suzy qui voyait son fils à deux doigts d'atteindre le point de non-retour.

— Il fera ce qu'on lui dit, Suze. Ne sape pas mon autorité. C'est avec ce genre de comportement que tu vas en faire un vrai fils à sa maman. Maintenant, tu vas dans ta chambre et tu y restes.

Sur ces mots, il emmena Henry, hystérique. Suzy grinça des dents et se boucha les oreilles, tombant à genoux devant la baignoire. La crise de son fils se poursuivit. Il essayait de s'enfuir et redoublait de cris chaque fois que son père le renvoyait dans sa chambre.

— Arrêtez, arrêtez, soupira-t-elle encore et encore.

Elle sentit la menotte mouillée de Peter sur son bras et la serra fort dans la sienne.

C'était insupportable d'entendre son bébé si bouleversé. Elle brûlait d'envie de se ruer dans le couloir pour arracher Henry aux griffes de Jez et lui donner ce dont il avait besoin : un gros câlin. Mais elle se retint. Chaque fois que son mari criait : « Non ! File dans ta chambre ! », Suzy avait l'impression de prendre un coup dans l'estomac. « Laisse mon bébé tranquille ! » aurait-elle voulu lui hurler.

Mais elle s'en garda bien.

Finalement, les plaintes de Henry se réduisirent à de longs sanglots pitoyables. Après être resté quelques minutes dans sa chambre sans trop broncher, le garçonnet repentant réapparut dans la salle de bains avec son père.

— Demande pardon à tes frères, dit Jez.

— Pardon, hoqueta le petit.

— C'est bien. Maintenant, va ranger ta chambre en attendant que la baignoire se libère.

Suzy ignora son mari et se redressa afin de laver les jumeaux. Dès que Jez sortirait ou s'éclipserait dans son bureau, elle irait enlacer son fils, lui apporter un biscuit, lui dire combien elle l'aimait et était désolée que son papa ait crié.

— Comment se présentent ces boutons ? lui demanda Jez après une minute de silence.

Suzy enroulait Peter dans un drap de bain.

— Quoi ?

— L'éruption cutanée de Peter. Comment se présente-t-elle ?

Elle resserra la serviette en déglutissant.

— Il fait sans doute de l'eczéma.

A 20 h 30, Suzy et Jez se mirent à table dans un silence tendu.

— Comment Henry s'est-il débrouillé à la piscine ? demanda-t-elle en prenant une bouteille de rouge avant de s'apercevoir que Jez en avait déjà débouché une.

— C'est un bon à rien, murmura-t-il avant de tendre son verre. Ce gamin devrait savoir nager, à son âge. Il a même refusé de mettre la tête sous l'eau.

— Je ne peux pas les emmener à la piscine tous les trois en même temps, chéri.

— Eh bien, inscris-le à des cours de natation. A son âge, je faisais déjà des longueurs. Et à huit ans, j'étais dans l'équipe de l'école.

Bon sang, on croyait entendre son père. Elle s'attendait presque à ce qu'il grogne.

— Ça m'étonnerait qu'ils aient une équipe de natation à la maternelle de Palace Gates, plaisanta-t-elle en le regardant porter son verre à ses lèvres.

Combien en avait-il déjà descendus ? D'habitude, au troisième, sa mâchoire se détendait. Tant qu'il lui restait une chance d'enfanter, il fallait qu'elle s'accroche. Le bouton du col de chemise de Jez était défait, révélant un triangle de peau. Suzy aurait tant voulu l'embrasser, sentir le poids de son corps écraser le sien à nouveau.

— Ça m'étonnerait qu'il soit encore dans cet établissement à huit ans, de toute façon, lança Jez sur un ton sarcastique avant de se lever pour prendre le sel.

— Non, il sera en primaire, dit-elle, méfiante.

Il secoua la tête. Même de dos, elle pouvait imaginer son visage crispé d'irritation.

— Ce n'est pas ce que je voulais dire.

— Eh bien, quoi alors ? murmura-t-elle.

— Il ne restera pas dans cette école.

— De quoi tu parles ? Est-ce qu'on retourne aux Etats-Unis ?

— Non.

— Dans ce cas, explique-toi.

Jez roula des yeux.

— Aucune importance. Inutile de t'en faire pour ça.

Il attrapa son assiette et son verre, puis rejoignit la porte en prétextant :

— Bon, j'ai du boulot.

— Jez ! De quoi tu parles ?

Il haussa les épaules et répliqua en se dirigeant vers l'escalier :

— Je ne me lancerai pas dans cette conversation maintenant. Je te le répète : ne t'en fais pas pour ça.

Suzy repoussa son assiette, terrifiée.

MARDI

15

Debs

Mardi matin, la sonnerie criarde du téléphone fit souffler un vent de panique dans la chambre. Debs se réveilla avec la sensation d'être dans le coton, secoua la tête de gauche à droite, fit l'effort de tendre le bras vers la table de chevet pour y attraper ses lunettes et les mit. Prise de vertige, elle essaya néanmoins de se concentrer sur le réveil : 9 heures. Une panne d'oreiller.

« Rendors-toi une heure ou deux », lui avait conseillé Allen.

Il savait qu'elle avait passé une mauvaise nuit. A 23 heures, alors qu'elle s'apprêtait à sombrer dans le sommeil, le fantôme de Daisy Poplar était revenu la hanter. De guerre lasse, Debs avait fini par prendre un somnifère à 1 heure du matin pour chasser ce spectre.

Elle balaya la pièce du regard en plissant les yeux. Qui pouvait bien chercher à la joindre ? Poursuivant son effort en mobilisant ses membres ankylosés, Debs enfila la robe de chambre que son mari lui avait offerte à Noël pour remplacer la sienne, vieillotte et trop sage, lui avait-il dit.

La sonnerie s'interrompit. Tant pis. Si c'était important, on la rappellerait.

Le moment était venu de se lever. Une fois hors du lit, elle alla tirer les rideaux et voir le temps qu'il faisait. La météo s'était altérée pendant la nuit, une couverture grise et humide s'était déployée dans le ciel. Une porte claqua. Callie, vêtue d'une robe élégante, ses cheveux bouclés tirés en queue-de-cheval, surgit de son portail, de l'autre côté de la rue. Debs fronça les sourcils. La veille, à la garderie, elle avait à peine reconnu la jeune femme nerveuse qui était bizarrement venue lui apporter des lasagnes. Sa voisine ressemblait à toutes ces femmes actives et stylées qu'elle croisait, en baissant la tête, lors de ses rares incursions dans le centre de Londres.

Attends une seconde, pensa-t-elle. Il était 9 heures passées : Callie et sa fille arriveraient en retard à l'école. Du trottoir, elle appelait Rae qui lambinait devant la porte. De son perchoir, Debs vit la fillette se pencher derrière le mur et récupérer quelque chose de jaune dans un pot de fleurs près du portail, qu'elle fourra dans sa poche avant de courir vers sa mère.

Debs n'en perdit pas une miette. Plus tard. A la garderie. Elle saurait de quoi il s'agissait dès que la fillette serait seule.

A l'instant où Debs posa le pied sur la première marche de l'escalier, le téléphone se remit à sonner. Elle descendit en boitillant, tâchant de ménager son genou.

Elle atteignait tout juste le rez-de-chaussée quand la sonnerie s'arrêta. La barbe !

Décrochant le combiné, elle composa le 1471. Numéro masqué. Probablement un télévendeur.

Elle se prépara une tasse de thé. Depuis samedi, Debs n'avait pas cessé d'en faire, et pourtant Allen n'avait pas remarqué la disparition de la théière. Quand l'eau frémit, elle chercha ses mugs du regard, en vain. Où étaient-ils donc tous passés ?

Le lave-vaisselle que les Henderson leur avaient laissé la dévisageait.

Il contenait les six tasses, fraîchement lavées. Quel étrange spectacle. Pendant des années, il n'y avait eu que son assiette, sa tasse et ses couverts, soigneusement rangés sur l'égouttoir. Quand devait-elle commencer à empiler leur vaisselle sale, à Allen et à elle, dans cette énorme machine ? A force d'attendre qu'elle soit pleine avant de la faire tourner, ne risquait-elle pas d'être à court d'ustensiles ?

Debs emporta son thé à l'étage, dans la grande chambre, et se replongea dans ses cartons de vêtements. Elle suspendait une jupe de travail bleu marine à un cintre quand le téléphone recommença à sonner. Zut alors ! Veillant à maintenir sa jambe douloureuse bien tendue, elle se leva et redescendit l'escalier. Brusquement, une idée horrible lui traversa l'esprit. Et si ceux qui avaient acheté son appartement avaient déniché son numéro et cherchaient à la joindre pour se plaindre de leur voisine du dessus et de ses bruyantes allées et venues dans l'escalier ?

En atteignant le téléphone, Debs décida de décrocher quand même. C'était peut-être Allen.

La sonnerie s'interrompit alors qu'elle posait la main sur le combiné.

Elle secoua la tête. Très curieux. Peut-être était-il mal branché. Après vérification, elle fronça les sourcils. Non, rien à signaler de ce côté-là. Debs patienta une minute, au cas où son correspondant mystère rappellerait. Rien. Elle s'apprêtait à remonter au premier, quand elle se souvint d'aller chercher un nouveau carton dans l'entrée. Alors qu'elle était au milieu des escaliers, la sonnerie reprit.

Les muscles de sa poitrine se contractèrent. Qui diable était-ce ?

Elle posa son chargement et se précipita au rez-de-chaussée, sautant cette fois la dernière marche pour se jeter sur le combiné.

Trop tard.

Le visage de Debs se glaça.

Le téléphone recommença à sonner.

— Allô ? brailla-t-elle après avoir décroché.

La communication fut coupée. Coupée.

— Oh non, oh non, souffla-t-elle, tremblante, avant de composer un numéro. Allen ? s'écria-t-elle, d'une voix paniquée. On n'arrête pas de m'appeler et de raccrocher. C'est sûrement eux. Les Poplar.

Son mari observa un long silence avant de répondre, sur un ton neutre :

— Je suis en réunion. Peut-on discuter de ça à l'heure du déjeuner ?

— Oui, mon amour, désolée.

— Et si je rentrais à la maison pour midi aujourd'hui ? proposa-t-il.

Oui, oui.

Debs ne l'entendit pas franchir la porte. Le ciel s'étant dégagé, elle en avait profité pour se changer les idées et désherber les parterres de pivoines roses et d'iris bleus que les Henderson leur avaient laissés.

— Coucou, lança Allen, qui posa son attaché-case en entrant dans la cuisine.

Il portait un des deux costumes gris qu'elle l'avait aidé à choisir chez Marks & Spencer. Elle lui avait suggéré d'en prendre un à rayures, mais il avait préféré le modèle uni. « Je ne veux pas passer pour un frimeur », avait-il expliqué.

— Bonjour, répondit Debs en essayant de maîtriser le tremblement dans sa voix. La soupe est prête.

— D'accord, mon amour.

« Mon amour ». Ses épaules se relâchèrent aussitôt. Peut-être avait-elle dramatisé.

— Ta matinée de boulot s'est bien passée ? demanda-t-elle sur un ton léger.

Debs alla se laver les mains et déposa un baiser sur sa joue.

— Oui, je crois.

Il sortit dans le jardin, l'air content de lui, et ajouta :

— J'ai présenté mon idée d'installer un arrêt de bus près de la bibliothèque et le responsable des projets a semblé l'apprécier.

— Hmm, marmonna Debs, distraite.

Elle prit le plateau chargé du bouillon de poule qu'elle avait préparé, d'une tartine beurrée, d'une serviette, d'une cuillère et d'un verre d'eau.

— Ali s'est empressé de signaler qu'il avait fait cette suggestion l'an dernier et qu'on ne l'avait pas retenue, alors… commença-t-il en s'asseyant sur une chaise de jardin avant de lui prendre le plateau des mains. Mais j'ai pensé…

— Ces coups de fil m'inquiètent énormément, laissa-t-elle échapper.

— Hmm.

Allen baissa les yeux.

— Désolée, Allen, mais c'est bizarre, non ? Pourquoi le téléphone n'arrête-t-il pas de sonner comme ça ?

Son mari porta une cuillère de bouillon à sa bouche. Debs attendit un commentaire de sa part. Elle savait très bien ce qu'il pensait. Si seulement il pouvait juste la rassurer, lui témoigner un signe de reconnaissance, n'importe quoi. Comme rien ne venait, elle poursuivit :

— Et d'ailleurs, comment ont-ils réussi à trouver mon nouveau numéro ? Faut-il en déduire qu'ils connaissent également mon adresse ?

La bouche de son mari se tordit, il cligna des yeux.

— Debs, mon amour.

Cette fois-ci, le « mon amour » n'avait pas la même intonation.

— Je l'ignore, dit-il après avoir inspiré profondément. Rien ne laisse croire qu'ils t'aient appelée. Cette affaire est close. C'était sans doute une de ces compagnies de téléphone informatisées qui appellent automatiquement pour faire participer les gens à une loterie, ou quelque chose de ce genre.

Debs le dévisagea.

— Tu crois ? Vraiment ? Tu crois sincèrement que c'est possible ?

— Tout à fait. Chérie, il faut absolument que tu arrêtes de te pourrir la vie comme ça. Pour cette histoire d'avions, par exemple…

Les avions. Debs leva la tête vers le ciel par réflexe. Pourquoi avait-il fallu qu'il en reparle ? Elle n'en avait pas entendu un seul depuis la veille au soir, et maintenant ce vacarme infernal allait recommencer.

— Mon amour, poursuivit-il, peut-être devrais-tu te trouver une occupation, pendant la journée. Du bénévolat, par exemple, qui te sortirait de la maison.

Essayant de montrer à quel point elle appréciait les efforts qu'il faisait pour la calmer, elle acquiesça :

— C'est une bonne idée.

— Tu pourrais consacrer quelques heures à une boutique caritative ?

— Mouais, répondit-elle en tâchant de paraître intéressée.

Discuter avec des adultes inconnus toute la journée ? Ses nerfs ne tiendraient sûrement pas.

— Maman l'a bien fait, elle, insista Allen en enfournant un morceau de pain. Ça la sortait de la maison les mardis et les jeudis.

Debs lui jeta un regard horrifié.

Sa mère ?

La voyait-il ainsi, à présent ? Comme un poids ayant remplacé celui de sa mère ?

— Hmm, bonne idée, mon amour, bégaya-t-elle. Mais la garderie m'occupe déjà bien, tu sais. Il ne s'agit que de deux heures et demie, soit. Les enfants sont néanmoins très fatigués et c'est un travail exigeant. Je préfère garder mon énergie pour eux.

Son mari leva les yeux vers elle, se préparant manifestement à lui dire quelque chose de difficile.

— Pour être franc, mon amour… Tu as eu un comportement, ces derniers temps…

Il avait prononcé ces mots comme s'ils avaient une centaine de significations possibles.

— Après ce qui s'est passé, reprit-il, il vaudrait peut-être mieux que tu cesses de travailler avec des enfants…

Un bruissement se fit entendre dans leur dos. Soudain, une créature sauta par-dessus la clôture, traversa le jardin à toute vitesse, passa chez les voisins en faisant un bruit infernal et disparut.

— Aaahh ! hurla Debs. Qu'est-ce que c'était ? Allen, qu'est-ce que c'était ?

— Bonté divine ! Comme c'est curieux, commenta-t-il. On aurait dit un renard.

— Non, protesta son épouse, les yeux révulsés, pas un renard. Impossible. C'était énorme.

Secouée, elle balaya les environs du regard, méfiante, dans la crainte que l'animal ne ressurgisse et ne l'attaque. Allen se racla la gorge. Il se frottait un sourcil, s'obstinant à regarder ailleurs, comme s'il cherchait une issue de secours.

Oh, non. Debs s'empressa de toucher la manche de sa chemise, laissant la douceur oubliée de sa peau lui réchauffer les doigts à travers le tissu en coton.

— Non, non, tu as probablement raison, mon amour, approuva-t-elle, tout en retirant sa main avant d'être repoussée gentiment et d'en souffrir. Qu'est-ce que je vais imaginer ? C'était sûrement un renard.

Aucune chance, se dit-elle pourtant en se forçant à sourire. Cette créature lui avait paru démoniaque. Etrange. Comme un cerbère.

16

Callie

Satané métro.

Je suis à la bourre pour mon deuxième jour de boulot.

Cette fois-ci, il y a vraiment une panne de signalisation à King's Cross. J'abandonne la ligne rapide de Victoria pour prendre celle de Piccadilly. Un coup d'œil à ma montre : c'est la catastrophe. Pour arriver à Piccadilly Circus, il faut compter cinq arrêts, soit deux de plus que prévu. En plus, cette station se trouve à cinq minutes à pied du studio de Soho. Tous les autres passagers arrêtés à King's Cross ont la même idée que moi, ce qui n'arrange rien. Je suis forcée de me faufiler dans la rame bondée et de me réfugier dans le seul espace vacant : près de la fenêtre ouverte de la porte reliant deux wagons. Dès que le train se met en branle, un courant d'air balaie mes cheveux en avant et me donne l'air d'un lévrier afghan, ce qui amuse beaucoup les deux garçons debout en face de moi.

Je ferme les yeux afin de les protéger du vent et pense à Rae.

C'est à cause d'elle que je suis en retard. Quand je suis allée la réveiller à 7 h 30, ce matin, ma fille a décrété, le menton levé en signe de défi :

« Je n'irai pas à la garderie après l'école. »

J'ai cherché dans son regard la cause de cette soudaine rébellion.

« Eh bien, ai-je bégayé. Il va pourtant bien falloir, Rae. Je travaille, aujourd'hui.

— C'est pas juste. Je te déteste. Et je sortirai pas du lit. »

Sa réplique m'avait tellement bouleversée que j'avais dû me réfugier dans la cuisine où j'avais préparé des sandwiches à emporter au travail. Amadouée par mon offre de pancakes, Rae avait fini par accepter de se lever mais avait jugé tout d'un coup « trop serré » le chemisier que je venais de lui acheter. Ensuite, elle avait refusé les pancakes et réclamé du porridge à la place. Mais Rae avait gardé le meilleur pour la fin : après maintes tractations, je l'avais persuadée d'aller dans la salle de bains se laver les dents. Et voilà que la petite maligne avait fait tomber « par mégarde » sa poupée dans la cuvette des toilettes et tiré la chasse d'eau avant que j'aie pu l'en empêcher.

« Qu'est-ce que tu fabriques, Rae ? » m'étais-je écriée en voyant l'eau remplir la cuvette puis refuser de s'évacuer.

De la poupée, rien ne subsistait, à l'exception d'un doigt en plastique rose qui dépassait du fond tout en restant hors de ma portée.

Rae s'était contentée de hausser les épaules. Cette scène m'avait beaucoup perturbée et je l'avais emmenée à l'école sans desserrer les dents. Lorsque je l'avais confiée à Mlle Aldon, sa maîtresse, ma fille avait refusé de m'embrasser. Il m'avait fallu prendre sur moi pour masquer mon trouble.

Et maintenant me voilà : en retard pour le boulot, à me ronger les sangs pour ma fille. J'ai oublié de signaler à sa maîtresse les réticences de Rae concernant la garderie. Et les toilettes ? Où dénicher un plombier pour les réparer ? Aucune idée.

Je saute sur le quai de Piccadilly Circus, m'éloigne de la foule de touristes dans Regent Street et m'enfonce dans les allées de Soho bordées de sex-shops et d'éventaires, en priant pour me souvenir du chemin jusqu'à Wardour Street. Au moment de franchir les portes de Rocket, mes cheveux sont tout décoiffés à cause du courant d'air dans le métro et tout frisottés à cause de la pluie.

— Allez, Cal ! s'écrie Guy de son bureau vitré au rez-de-chaussée en me voyant entrer. Ça fait dix minutes qu'il attend.

Les yeux noisette et chaleureux du patron se sont dangereusement assombris. Bien que partie depuis cinq ans, je sais comment ça se passe dans ces cas-là. Dans le monde de l'ingénierie musicale de Soho, le client est roi. Arriver dix minutes en retard à un rendez-vous est considéré comme un manque de respect patent.

— Désolée, désolée, dis-je en m'engouffrant dans le bureau de Guy, cherchant un endroit où mettre mon manteau.

— Donne ! lance Megan qui vient m'en débarrasser. Café ?

J'acquiesce, pleine de reconnaissance.

— Bien, allons-y, tranche Guy.

Il me conduit dans la salle de réception équipée de sièges de cinéma luxueux ainsi que d'un écran plasma géant sur lequel on projette les dernières réalisations prestigieuses de l'agence : aujourd'hui, une pub pour une voiture japonaise.

Parker se lève afin de m'accueillir, puis m'adresse un sourire radieux et rassurant. Je l'ai déjà vu dans un programme culturel de la BBC. Grand et mince, il est métis, avec des yeux d'un bleu profond étonnant et une coupe afro domptée par de petites tresses. Son costume à rayures très fines et sa chemise déboutonnée au niveau du col lui confèrent une allure sophistiquée.

— Ravi de vous rencontrer, Callie, commence-t-il avec un léger accent scandinave. On ne m'a dit que du bien de vous.

Son commentaire me donne envie d'éclater de rire. Loll Parker aurait entendu parler de moi ? Trop drôle. Non, ce n'est à l'évidence qu'une marque de gentillesse, rien de plus.

Guy me fusille d'un regard qui signifie : « T'as de la chance que ce type soit sympa. »

Une réprimande bien méritée. Je m'assieds.

— Bien, lâche mon patron. Loll, on y va ?

Parker hoche la tête et Guy éteint les lumières. La projection d'un film commence, sans un son hormis les voix des comédiens.

Le court-métrage de dix minutes s'ouvre sur un lac suédois perdu au milieu d'une forêt de pins. Sur la rive déserte se dresse une cabane isolée. Le récit débute. La cahute appartient à un avocat retraité et obèse originaire de Stockholm. Il y passe tous ses week-ends, se prépare un festin à base de hareng et de fromage pour le petit déjeuner, s'assied, coiffé d'un canotier, avec un journal sur son balcon qui domine le lac paisible, puis soupire d'aise.

Malheureusement, ce week-end, des bruits de coups le réveillent et il sort de chez lui pour découvrir une brute en train de poser les fondations d'une cabane juste en face de la sienne.

« Qui êtes-vous ? tonne l'avocat de son balcon.

— Ton petit frère », lui répond le voyou.

En effet, cet homme n'est autre que son frère, perdu de vue, qui avait été condamné par un tribunal étranger à trente ans de prison pour meurtre et jouit des mêmes droits que lui sur les terres environnant le lac.

« Notre père t'a toujours préféré à moi, lui reproche le vaurien. C'est de sa faute si j'ai sombré dans la drogue et le crime.

— Mais tu me bouches la vue, gémit le frère aîné devant la menace de son benjamin.

— Et moi, j'en ai été privé pendant trente ans, alors c'est mon tour. »

Le malfrat continue à marteler et à scier pour construire son abri, privant son frère de sa tranquillité jusqu'à la fin du film. Un peu avant le dénouement, l'avocat prend enfin son courage à deux mains et installe une chaise sur son toit. Son frère parvient néanmoins à en placer une plus haut que la sienne.

Une fois le court-métrage terminé, Guy et moi applaudissons, pour le plus grand plaisir de Parker.

— J'explore de nouvelles idées sur les migrations de populations, nous confie-t-il. Près de deux cents millions de personnes dans le monde ont quitté leur pays d'origine. Par ailleurs, nous n'avons jamais été aussi nombreux à choisir de vivre en ville, quitte à nous entasser les uns sur les autres. Et nous cherchons une identité culturelle autant que de l'espace.

Parker me fascine, me captive littéralement. Il ne doit pas être beaucoup plus vieux que moi et pourtant, pendant que j'étais tranquillement assise chez moi, cet homme développait ses idées, apprenait, s'engageait.

De nouvelles possibilités s'ouvrent brusquement à moi. Les médecins n'arrêtent pas de me répéter que Rae est tirée d'affaire, à présent ; qu'elle mènera une vie normale, à l'exception de quelques risques particuliers. En admettant que nous ayons bien atteint ce stade, nous pourrions commencer à respirer un peu, toutes les deux. Si je m'autorise à croire que… eh bien, tout ce qu'il me reste à accomplir…

C'est un film d'auteur, visuellement épatant. Et voilà ce que Parker exige de la bande-son : que l'intrusion du vacarme généré par la construction contraste de façon aussi violente que possible avec le silence de la forêt et du lac.

Un immense défi à relever, me dis-je aussitôt. Effrayant : il me faut créer un fond sonore parfait, basé sur une absence de son ! Mes oreilles commencent déjà à mixer : des moineaux battant des ailes au-dessus du lac, la brise sifflant dans les roseaux, des insectes rampant dans les broussailles. Ça fait des années que je n'ai pas été aussi excitée. Et pourtant, lorsque Parker me décoche son grand sourire confiant, j'ai l'impression d'être un imposteur. Parce que je ne suis pas sûre d'être à la hauteur de son attente.

Parker nous abandonne pour aller rejoindre son agent, ce qui me permet de tester plusieurs idées. Le trac me menace, nouant mon estomac chaque fois que ma concentration dérape ; je dois me retenir pour ne pas foncer vers la sortie. Le souvenir de la cuvette bouchée de la maison ne m'est revenu qu'en allant aux toilettes. Depuis les cabinets, je me suis débrouillée pour contacter le propriétaire, obtenir le numéro du plombier et fixer un dépannage avec l'épouse de ce dernier pour jeudi. Tout ça en murmurant. Quelque chose me dit que Guy n'apprécierait pas de voir cette journée perturbée par des problèmes domestiques. Je préfère donc éteindre mon portable en retournant dans mon bureau, au cas où le plombier essaierait de me rappeler pour confirmer l'heure du rendez-vous.

— Prête ? demande le patron juste avant le déjeuner.

— Euh… Je crois, oui.

Mon cœur bat à se rompre.

Parker et Guy entrent dans la salle et prennent place dans les fauteuils de cinéma. Je contourne calmement les sièges. M'assurant de ne pas commettre d'erreur, je repasse toute la séquence dans ma tête avant d'appuyer sur la touche « play ». A l'instant fatidique, Megan fait irruption dans la salle, un combiné à la main.

— Callie, une certaine Suzy te demande.

Guy me fixe intensément et lance :

— Ça peut attendre ?

— Euh…

— Qu'est-ce que je lui dis ? insiste la standardiste.

— Vous permettez ? C'est peut-être une urgence.

— Vas-y, dans ce cas, concède Guy, impassible.

— Désolée.

Comment Suzy s'est-elle débrouillée pour trouver ce numéro ? Je ne le lui ai pas donné exprès pour éviter ce genre d'incident. M'éloignant le plus possible des deux hommes, je récupère le combiné :

— Suze, tout va bien ?

— Salut, ma belle. Oui, j'appelais juste histoire de bavarder un peu. Quand j'ai essayé sur ton portable, je suis tombée directement sur ta messagerie.

Bavarder un peu ? Je hasarde un coup d'œil du côté de mon patron. Il pianote sur la table et rit d'une plaisanterie avec Loll Parker, lauréat du prix Turner.

— Euh, Suze…

— Désolée pour hier. Je m'inquiétais pour Henry et Jez, d'où mon comportement un peu bizarre. Et Rae, alors ? Comment allait-elle, ce matin ?

Mon regard se réfugie dans la moquette.

— C'est gentil de ta part, mais je suis en réunion, là…

— Tu ne peux pas me parler ?

— Une réunion plutôt importante.

— Ah, d'accord. Je ne te dérange pas plus longtemps. Hé, une dernière chose avant de te laisser. Henry et Rae participent à une reconstitution historique, tu te rappelles ? C'était à mourir de rire : mon fils m'a dit qu'il devait se déguiser en « pélican » !

Suzy éclate de rire et je reste muette, souriant bêtement à mon patron qui se tourne vers moi. A quoi joue-t-elle ?

— Il voulait dire « paysan », en fait ! précise-t-elle.

— J'avais compris. Elle est très bonne. Ecoute, il faut vraiment que je te laisse, désolée. Je te rappelle plus tard. Salut.

— Très bien, ma belle, salut…

Sur ces mots, je raccroche et retourne à ma console en évitant le regard de Guy.

— Tout va bien ? demande-t-il.

Non, rien ne va plus.

— Oui, désolée. Bon, alors j'ai pensé que…

Mes propositions pour évoquer du silence sur la bande-son plaisent à Loll Parker. Guy m'adresse discrètement un clin d'œil.

— Bien. Il vaut mieux que nous allions déjeuner, maintenant, conclut-il en consultant l'horloge murale. La table est réservée pour 13 h 30.

Soulagée, je pousse un soupir inaudible en rassemblant mes affaires pendant que les deux hommes s'acheminent vers la sortie. Une demi-heure de tranquillité ne me fera pas de mal. Je vais pouvoir me remettre de mes émotions.

Guy s'arrête sur le seuil.

— Cal ? Prête ?

Parker lui tient la porte, en attendant.

— Prête pour quoi ? je bredouille.

— Aller déjeuner !

— Oh, alors je vous accompagne ?

Le patron me décoche un regard subtil et clairement réprobateur qui m'ordonne : « Ressaisis-toi, nous sommes avec un client ! »

— On t'attend à l'accueil, aboie Guy en invitant Parker à le devancer.

Et merde.

Je trouve un rouge à lèvres dans mon sac et me sers de l'écran de l'ordinateur pour m'en remettre un peu. Après avoir rejeté ma crinière de lévrier afghan en arrière, je rejoins en vitesse les deux hommes à la réception. Guy pousse la porte d'entrée devant son client, ce qui me permet de glisser à Megan :

— Est-ce que tu sais où on va ?

Pourvu que j'aie assez d'argent dans mon sac pour me payer un sandwich.

— Au restaurant que le chef d'une émission de télé vient d'ouvrir sur Wardour Street, je crois, me répond-elle en s'observant dans son poudrier afin de rectifier son rouge à lèvres.

Un poudrier. Bien sûr. Megan est toujours bien équipée.

— Ah…

Je pâlis à vue d'œil en pensant à ma carte de crédit dans le rouge.

— Callie, c'est Guy qui régale. C'est un déjeuner professionnel.

— Ah bon ? dis-je un peu plus fort que je ne l'aurais voulu.

Evidemment, imbécile.

Megan lâche un petit gloussement qui me fait penser à un tintement de clochettes.

— Tu me fais rire. Il faudra qu'on sorte, un de ces soirs.

— Oh… eh bien, avec plaisir.

Son invitation me prend de court.

— Les studios Universal organisent une fête d'avant-première, jeudi soir. Ma colocataire y travaille. Certains d'entre nous iront, tu n'as qu'à venir avec nous.

— Vraiment ?

Mon cerveau tourne à plein régime. Que faire de Rae ? Il faudrait que je demande à Suzy de…

— Cal ? s'impatiente Guy, qui a passé sa tête dans l'embrasure.

— Dépêche-toi. Tu sais comment il est, me taquine Megan.

Je me rue vers la porte. Elle a raison. Je le connais bien. La mémoire me revient aussitôt, l'exigence, le défi obligeant à réfléchir vite, à vivre sur les nerfs, à accomplir des prouesses dont je ne me pensais pas capable.

Tout cela est exaltant.

Guy et Parker, en grande conversation, me devancent de plusieurs mètres. Je trotte derrière eux avec mes nouvelles sandales. Malgré la distance qui nous sépare, j'entends la voix de mon patron retentir. Confiant, il se faufile entre les coursiers à bicyclette et les tables des terrasses, dépassant les sociétés de production de cinéma, les maisons de disques et les agences de publicité. Je le suis des yeux. Guy arpente ces rues où se concluent tant d'affaires comme si elles lui appartenaient. Il s'y sent chez lui.

Le restaurant n'est qu'à deux minutes à pied de Rocket. Au moment où, pour m'attendre, les deux hommes s'arrêtent devant l'établissement, je remarque deux femmes d'une soixantaine d'années qui passent devant la vitrine en bois et en verre branchée qui proclame FUSION ASIATIQUE. Si l'on en croit leur coiffure irréprochable, leurs tailleurs pastel et leurs foulards minutieusement choisis, ce sont des provinciales venues passer la journée à Londres pour une exposition, faire du shopping et assister à une comédie musicale. Maman et tante Jean avaient l'habitude de suivre ce rituel une fois par an.

En arrivant à ma hauteur, l'une chuchote peu discrètement à l'oreille de l'autre.

— Qui ? demande la plus grande, agitée.

— A l'exposition que nous avons vue à la Tate !

— Ouuuiiii ! réplique la grande en jetant des coups d'œil derrière elle. Je crois que tu as raison. Parker, non ? Loll Parker, c'est ça ?

Leur échange me surprend et, quand mon regard croise un instant le leur, les deux comparses se rendent compte qu'elles sont prises sur le fait.

— Loll Parker, murmure l'une d'elles, les yeux ronds et avec un air de conspiratrice, en me désignant discrètement le restaurant.

— Ah, dis-je avec un sourire avant de les dépasser.

En me voyant approcher de la porte, Guy s'écrie :

— Tout va bien, Cal ?

Dans le reflet de la vitrine, j'aperçois les deux femmes qui se retournent en me fixant pendant que Parker pose délicatement sa main dans mon dos et me fait entrer dans l'établissement tandis que mon patron tient la porte. Gênées, les passantes s'éloignent, une main sur la bouche. Si elles sont bien comme maman et tante Jean, je suis sûre qu'elles frôleront l'hystérie dans le train du retour et éclateront de rire en se remémorant l'anecdote. « Non, vraiment, croyez-moi ! Cette situation est nouvelle pour moi aussi », aimerais-je leur crier. Mais elles estiment sûrement, tout comme Guy, que j'appartiens à cet univers.

Le déjeuner nous a pris près de deux heures. Parker nous a raconté son enfance à l'est de Stockholm, entre une mère norvégienne et un père nigérian, puis nous a confié son sentiment de décalage après leur déménagement à Lagos et leur retour en Suède.

— D'accord. Eh bien, ça risque de vous paraître un peu fou, mais… dis-je après la seconde bouteille de vin tandis que les yeux de Guy s'attardent sur moi, menaçants. Mais bon, voilà : d'après moi, vous recherchez l'harmonie au sein d'un environnement en mouvement, en mutation.

Parker m'observe attentivement. Il m'écoute, me prend au sérieux. Priant pour que Guy me soutienne, je poursuis :

— J'ai bien compris que vous souhaitez utiliser des bruits de construction. Mais si, au contraire, on essayait plutôt des sons naturels, des sons qu'on puiserait dans la séquence consacrée au « silence » et qu'on déformerait pour briser l'harmonie ? Pour rendre l'effet de la scie, par exemple, on pourrait amplifier le bourdonnement d'une abeille au point de le rendre inattendu et envahissant, ou partir d'un cri suraigu d'oiseau pour la perceuse.

Parker marque une minute de réflexion en pianotant sur la table et jette un coup d'œil vers Guy avant de conclure :

— Intéressant !

Puis il approuve d'un signe de tête.

Il *approuve*.

— Ça me plaît, dit-il. Pourriez-vous nous préparer une bande démo, Callie ?

Ai-je bien entendu ?

J'ai le feu aux joues.

— Bien sûr, avec plaisir.

— Très bien, marchons comme ça, conclut Guy qui me regarde en haussant les sourcils, puis demande l'addition.

Est-ce l'effet de l'alcool ou celui de l'allégresse ? J'ai l'impression d'avoir été brusquement branchée et allumée. Les sombres recoins de mon for intérieur s'éclairent d'un coup.

— Merci, Cal, ajoute mon patron. Ecoute, on va dire que la journée est finie. On a abattu assez de boulot pour aujourd'hui. Tu commenceras demain.

— Vraiment ?

— Mais à l'heure, cette fois, camarade. On a du pain sur la planche.

Je suis sur un petit nuage.

Une heure après le déjeuner, mes jambes me portent sans effort en haut de la côte qui sépare la station Alexandra Park de l'école de Rae. A croire qu'elles sont deux fois plus longues qu'avant. Le joyeux soleil de juin illumine les trottoirs. Difficile de réprimer mon sourire. Mes idées ont plu à Parker. Elles lui ont plu.

Et Megan m'a invitée à sortir jeudi soir dans Soho.

C'est ça, le boulot ! Je n'en reviens pas : tout va comme sur des roulettes. Le monde de Suzy me semble déjà loin derrière.

Comment vais-je retrouver Rae après sa mauvaise humeur du matin ? me dis-je en entrant à grands pas dans la garderie. Ma montre m'indique qu'il me reste plus de temps qu'il n'en faut pour discuter de son intégration avec Mlle Buck.

Et pourtant, voilà que Rae me surprend en m'accueillant sur le seuil avec un immense sourire.

— Maman ! s'écrie-t-elle. Est-ce que je peux aller chez Hannah ?

Quoi ?

— Elle peut, dites ? hurle sa copine, qui vient de surgir des vestiaires et la prend par la main.

Les deux fillettes sautillent en gloussant.

— Euh, je ne sais pas, Rae, enfin, comment… ?

Déconcertée, je lève la tête pour voir Caroline, la maman de Hannah, qui emboîte le pas de sa fille, son cartable à la main.

Caroline a-t-elle invité Rae à venir jouer chez elle ? Mon cœur s'emballe. Cette femme m'a toujours paru plus chaleureuse que les autres mères. Elle était même allée jusqu'à me proposer de l'accompagner au quiz des parents d'élèves avec son mari, peu de temps après la rentrée des classes en septembre. Mais Suzy m'avait demandé un coup de main ce soir-là : Jez était sorti et l'un de ses fils était malade. Depuis lors, Caroline semblait avoir formé un clan avec ses copines et ne m'avait plus adressé la parole.

— Salut, Caroline. Rae me disait justement…

Son visage se crispe légèrement, son nez se fronce de façon presque imperceptible.

Oh, bon sang ! J'ai l'haleine chargée d'alcool à cause du déjeuner.

— C'est juste que… Rae me demandait si… euh…

— Oui, m'interrompt Caroline, sur un ton neutre sans trace d'antipathie toutefois. Mais pas aujourd'hui, malheureusement. Hannah a sa leçon de piano. Une autre fois, ça ne devrait pas poser de problème.

De *problème* ?

— Alors demain, maman ? gémit sa fille.

— Oui, demain ? répète la mienne.

Je sonde la réaction de Caroline. Elle esquisse un demi-sourire, la bouche pincée. Qu'est-ce qui se trame ici ?

C'est alors que l'évidence me frappe. Horrifiée, je devine que Caroline n'a jamais invité ma fille : c'est Rae qui, poussée par le désespoir, lui a demandé si elle pouvait venir. La maman de Hannah s'est retrouvée au pied du mur, dans l'incapacité de refuser.

Cette idée me glace.

Caroline opine du chef, puis porte son regard vers moi.

— Oui, demain, d'accord. Je viendrai chercher les filles plus tôt à la garderie. Pourrez-vous venir la récupérer vers 18 h 30 ?

La bouche grande ouverte sous l'effet de l'excitation, Rae se jette sur moi pour me serrer les jambes.

Tandis que je lui rends son étreinte, le mot « problème » résonne dans ma tête. L'embarras, ou une petite gueule de bois, me met sur la défensive. Je meurs d'envie de me lâcher en disant : « Quel problème ? Pardonnez-moi, Caroline, mais ce mot me paraît inapproprié. Ma fille n'est pas un problème. Rae est belle, douce et gentille. Son rire vous surprendrait si vous lui laissiez le temps de vous en faire profiter. Elle a survécu à des épreuves plus dures que vous ne pouvez l'imaginer et mérite mieux que ce "problème". »

Mon regard croise celui de ma fille, qui rougit de plaisir. Oh, pauvre Rae. Si seulement elle savait. C'est moi qui ne suis pas appréciée des autres mères – pour une raison que je ne cherche plus à comprendre –, moi qui ai ruiné toutes ses chances d'être invitée à jouer chez ses copines. Et mon haleine qui empeste l'alcool à 17 heures ne risque pas de l'aider. Alors je me mords la langue. Une invitation concédée à contrecœur vaut toujours mieux que pas d'invitation du tout.

— Rae sera ravie de venir, merci.

Caroline tient la porte à Hannah et nous les suivons jusqu'au trottoir, devant l'école.

— Vous trouverez notre adresse sur la liste de classe, m'informe-t-elle avant de s'éloigner.

— Parfait !

Caroline entraîne sa fille en bas de la rue, en la fixant du regard comme si elle tentait de lui transmettre un message codé. Hannah, de son côté, a la présence d'esprit de garder les yeux rivés au sol.

— Je suis invitée ! s'écrie Rae qui saute en l'air et me serre la main très fort.

Ça faisait bien longtemps qu'elle et moi n'avions pas passé une aussi bonne journée. Inutile de la réprimander sur son comportement de ce matin ou de revenir sur la réaction empoisonnante de Caroline, me dis-je.

Nous nous dirigeons vers Churchill Road. Sur le chemin, je repense aux toilettes bouchées de notre appartement vide et à Suzy qui nous attend, de l'autre côté de la rue, comme d'habitude.

Non, pas aujourd'hui. C'est au-dessus de mes forces.

Je m'arrête et sors les pièces de monnaie repêchées au fond de mon sac à l'heure du déjeuner. Au total : six livres et trente pence.

— Rae, Suzy m'a parlé d'un nouveau bar à milk-shakes qui vient d'ouvrir sur le rond-point de Muswell Hill. Et si on l'essayait ?

Rae ne saute plus, elle bondit carrément et lâche un « Youpi ! » Je lui prends la main et nous remontons toutes les deux la côte pour un quart d'heure de marche jusqu'à Broadway. Rae continue à sautiller à mes côtés.

Oh, zut ! J'ai oublié de dire à Caroline de ne pas lâcher la main de ma fille dans la rue en sortant de l'école demain, et de lui laisser mon numéro de portable en cas d'urgence médicale.

Je me retourne, mais elle a déjà disparu en bas de la côte.

Tant pis. Je l'appellerai du boulot demain.

17

Suzy

Que diable fabriquait Jez ?

Suzy tournait en rond dans sa cuisine. Elle ferma les portes des placards et mit en route le lave-vaisselle.

C'était ridicule. Il était presque 19 h 30 et son mari n'était toujours pas sorti de son bureau. Il s'y était enfermé juste après le petit déjeuner et n'en avait pas émergé depuis. En revenant de son expédition shopping de quatre heures au Brent Cross, Suzy avait grimpé l'escalier sur la pointe des pieds et collé son oreille à la porte. Mais elle n'avait rien entendu : ni le son de sa voix au téléphone ni la musique de fond qu'il mettait parfois l'après-midi ou le pianotage de ses doigts sur le clavier. Rien que le silence.

Elle s'empara d'une éponge et la passa sur le plan de travail qu'elle avait déjà nettoyé deux fois aujourd'hui : après le petit déjeuner et après le déjeuner. D'abord pour ramasser les restes de lait et de céréales. Ensuite les éclaboussures de soupe de légumes et les miettes. Maintenant, c'était au tour des morceaux de pommes de terre vapeur et de brocolis d'atterrir dans le creux de sa main. A 18 heures, les enfants s'étaient chamaillés, avaient chanté, crié et Suzy avait hurlé pour demander à Jez à quelle heure il souhaitait dîner. Avec un peu de chance, il l'aiderait peut-être à coucher les petits.

« Plus tard, avait-il braillé en réponse. Laisse le plat au four. »

Une heure et demie s'était écoulée depuis. D'après ce que Jez lui avait marmonné le matin même, il peaufinait la présentation qu'il devait faire jeudi à Birmingham. Résultat, Suzy s'était occupée toute seule des garçons.

Elle brûlait d'envie de faire irruption dans son bureau pour l'interroger sur ce qu'il avait voulu dire à propos de l'école de Henry. Mais ça ne ferait qu'aggraver la situation : son mari se replierait encore plus sur lui-même, elle le savait.

Non. Suzy devait être patiente. Attendre que Monsieur soit de meilleure humeur. Ce matin, elle avait contacté Vondra depuis le centre commercial. Celle-ci lui avait promis de remonter la piste Michael Roachley dès que possible. En attendant, Suzy pourrait toujours tenter deux, trois trucs.

Poussant un long soupir, elle jeta les restes de pommes de terre et de brocolis à la poubelle, rinça l'éponge, passa au salon et referma la porte derrière elle.

Après s'être assurée que Jez n'était pas dans l'escalier, elle se dirigea vers le canapé blanc et le décolla délicatement du mur en veillant à ne pas rayer les lattes du parquet. Un coin de sac en plastique vert apparut. Suzy se pencha pour l'attraper. Son poids la réconforta aussitôt.

— A nous deux, murmura-t-elle en s'asseyant sur le divan.

Elle jeta un petit coup d'œil à la porte avant de poser le sac par terre et de l'ouvrir. Divers tubes et pots de cosmétiques de marque roulèrent sur le sol. La plupart des produits portaient encore l'étiquette du prix : un fond de teint à cinquante-trois livres glissa sur le côté et elle le poussa du bout du pied le long d'une crème hydratante à soixante-dix-sept livres.

Après avoir ramassé un maximum de baumes miracles et de pots chatoyants, elle les aligna près du miroir sur la cheminée, glissa un bandeau rose tout neuf dans ses cheveux et se nettoya le visage avec une lingette tout juste sortie de son paquet. Ensuite, du bout de ses doigts fraîchement manucurés, elle s'appliqua une riche crème hydratante. Et maintenant, la phase maquillage. Oh, elle savait s'y prendre. C'était Marianne, une de ses collègues de travail à Denver, qui lui avait montré comment faire, et elle avait bien retenu la leçon. Puis Suzy avait rencontré Jez, qui partait du principe qu'elle n'avait pas besoin de tout cela. Eh bien, peut-être devait-elle s'y remettre, à présent.

Elle tamponna avec précaution le fond de teint sur ses petites taches de rousseur. Sasha et ses yeux charbonneux, sa moue, son teint pâle revinrent la hanter. Suzy passa un coup de crayon marron sur ses sourcils clairs qu'elle prolongea pour en souligner la courbe et ombra ses paupières d'argenté et de bleu marine étincelant. Ensuite, elle sortit une petite boîte en plastique contenant une paire de faux cils et, d'une main experte, les colla sur ses cils supérieurs. Un trait d'eye-liner bleu marine, quelques petits coups de mascara, et Suzy recula pour apprécier le résultat.

Sa transformation l'ébranla. Ses yeux turquoise aguicheurs brillaient derrière un éventail de cils épais. Il ne manquait plus qu'un peu de blush et du gloss pour parfaire le tableau.

Suzy se raidit, redressa les épaules pour étirer sa nuque et fit une petite moue. Sans réfléchir, elle défit quelques-uns des boutons de sa chemise à carreaux, la laissant flotter sur son jean en découvrant ses épaules. Le caraco en soie rose qu'elle s'était aussi acheté dans l'après-midi apparut en dessous. Suzy l'avait enfilé dans la salle de bains en rentrant.

Si c'était ce qu'il voulait, Jez serait servi.

— Suze ?

Le cri de son mari la prit par surprise.

— Merde, murmura-t-elle.

Dans la panique, elle essaya de balayer les cosmétiques du rebord de la cheminée pour les faire tomber directement dans le sac vert. Si son mari découvrait le coût de sa virée au Brent Cross aujourd'hui, Suzy en prendrait pour son grade. Elle n'était pourtant pas partie avec l'intention d'acheter autant de choses, mais la journée lui avait semblé interminable, sans Callie.

Tandis qu'elle poussait tout dans le sac, le pot d'ombre à paupières argentée se renversa et répandit sa poussière étincelante sur le tapis blanc. Suzy se mit à quatre pattes pour le ramasser.

— T'es là ? s'enquit Jez qui venait d'ouvrir brusquement la porte.

Elle se figea dans sa position accroupie, dos à lui, le sac vert serré contre son ventre, sa chemise tombant sur ses hanches.

Suzy sentit le regard scrutateur de Jez, qui se demandait sûrement ce qu'elle pouvait bien fabriquer.

— Le dîner est dans le four, chéri, déclara-t-elle sur un ton désinvolte. Accorde-moi une minute. J'ai laissé tomber une aiguille sur le tapis.

— Ne t'embête pas, je mangerai là-haut. Je risque de finir tard, répondit-il calmement avant de refermer la porte derrière lui.

Finir tard.

Suzy resta immobile, hocha la tête, soupira, puis se leva pour aller remettre son sac vert derrière le canapé avant de s'installer sur ses coussins compacts. Elle réajusta son chemisier sur ses épaules, et attendit d'entendre le cliquetis de la porte du four, le bruit de ferraille du tiroir à couverts, puis le pas lourd de son mari remontant dans son bureau et enfin le claquement de sa porte. Encore.

Dès qu'elle eut refermé son dernier bouton, Suzy quitta le salon sur les traces de Jez. En haut de l'escalier, elle s'assit à sa place habituelle, dans le silence et l'espace, puis tira sur ses faux cils. Trop vite.

Crac. Déchirure. Ses paupières étaient écorchées.

Elle frotta la peau à vif en soupirant.

La douleur la réconfortait, mais pas assez. Alors elle roula une manche de sa chemise et planta ses ongles manucurés dans la peau de son bras, à un endroit que personne ne voyait jamais. Et elle y enfonça ses griffes.

MERCREDI

18

Callie

Rae est tellement excitée à l'idée d'aller jouer chez Hannah après l'école qu'elle se lève et s'habille en quelques minutes puis rassemble tout un tas de bracelets et d'autocollants à montrer à sa copine.

— Ça ne te dérange pas d'aller à la garderie cet après-midi, donc ? dis-je alors qu'elle enfourne sa dernière cuillerée de porridge.

Tandis que nous filons vers le hall d'entrée, Rae esquisse un sourire qui cède rapidement la place au désarroi.

— Oui… Je ne sais pas.

Son visage s'assombrit brusquement et elle ajoute :

— Tu me manques, quand même.

— Toi aussi, tu me manques, dis-je devant le miroir de l'entrée tout en lui tressant deux nattes dont je sais bien qu'elles ne tiendront pas jusqu'à la fin de la journée. Mais bientôt, nous aurons plein de nouvelles choses à faire. Si tu es sage et si tu obéis bien à la maman de ton amie, on pourra peut-être inviter Hannah à venir à la maison.

— Oui !

— Et tu sais quoi ? J'ai peut-être une nouvelle amie, moi aussi. Une collègue de travail. Elle s'appelle Megan.

Ma fille me regarde sourire dans le miroir.

— De quoi elle a l'air ?

— Gentille. Elle devrait te plaire – elle ressemble à Alice au pays des merveilles. Et elle aime bien mes blagues.

Rae fait les yeux ronds et affiche une expression cynique et comique qu'elle tient de son père.

— Ah… le petit singe ! dis-je en la chatouillant.

Nous franchissons la porte avec beaucoup d'avance.

— Hé, ma belle !

La voix de Suzy me fait aussitôt baisser les yeux. J'ignore pourquoi, mais je me sens paniquée, tout à coup, comme prise au piège. Me forçant à sourire, je lève la tête pour voir ma voisine franchir son portail avec Henry.

— On ne t'a pas vue hier.

— Désolée, dis-je en traversant la rue avec Rae. On est rentrées tard. Mais on passera en fin de journée et on utilisera peut-être tes toilettes, si ça ne t'ennuie pas. Les nôtres ne marchent plus bien et le plombier du propriétaire ne peut pas venir avant demain.

— Aucun problème. Comment vas-tu, ma puce ? demande Suzy en tapotant l'épaule de ma fille tandis que nous nous dirigeons vers Churchill Road. Tu as parlé à maman de la garderie ?

Le visage de Rae se décompose.

Suzy esquisse un geste interrogatif auquel je réponds ainsi :

— Je vais discuter avec Mlle Aldon cette semaine. Je n'en ai pas encore trouvé l'occasion.

— Eh bien, bon courage, ma belle, soupire-t-elle. Cette maîtresse est complètement incohérente. J'ai hâte que Henry quitte sa classe – l'autre jour, une des mamans m'a dit qu'elle…

Tout en levant le coude comme pour boire un verre, elle ajoute :

— Tu ne trouves pas qu'elle a l'air d'être bourrée, parfois ?

Rae intervient avant que j'aie eu le temps de répondre :

— Maman a une nouvelle amie au travail. Elle ressemble à Alice au pays des merveilles et aime bien ses blagues.

Sur ces mots, elle ressort sa moue incrédule et Henry éclate de rire.

Oh, non. Pauvre Suzy. Ça va lui faire de la peine. Je m'écarte un peu de Rae pour lui murmurer à l'oreille :

— Ce n'est pas mon amie, juste une collègue.

Mais Suzy ne semble pas m'écouter. Elle est trop occupée à essayer de fermer le cartable de son fils tout en marchant.

Je l'observe et pense à Megan.

Devrais-je demander à Suzy ? N'est-ce pas hypocrite de ma part ?

En même temps, si je commence à sortir avec d'autres personnes, loin de Churchill Road, Suzy finira par y voir des avantages, me dis-je. Elle n'en a peut-être pas encore conscience, mais une pause nous fera du bien à toutes les deux. Dans un sens, je fais d'une pierre deux coups : je lui rends sa liberté tout en conquérant la mienne.

Lorsque nous atteignons la route principale, je me lance :

— Suze…

— Mouais ?

— J'ai un truc de boulot, jeudi soir. Ça me gêne de te demander ça, mais est-ce que tu pourrais garder Rae quelques heures ? Je ne rentrerai pas tard, dès que les enfants seront couchés.

— Tant que Jez est là, ça ne me pose pas de problème.

— C'est vrai ?

— Bien sûr.

— Merci, lui dis-je en lui prenant le bras. Quand j'aurai repris à plein-temps, j'engagerai une nounou et je ne t'embêterai plus avec ça.

Suzy me dévisage.

— Franchement, Callie, inutile de recruter une nounou. Ça me fait plaisir de te donner un coup de main. Et puis on ne sait jamais sur qui on tombe. D'ailleurs, j'y pense… et si tu filais vers le métro ? Je me charge d'emmener Rae à l'école.

— Vraiment ?

— Mais oui. J'en profiterai pour demander à Mlle Aldon ce qui tracasse Rae, si tu veux. J'essaierai, du moins.

— D'accord, merci.

Je sais que je devrais m'occuper de tout ça moi-même, mais Rae a l'air d'aller mieux, aujourd'hui, et Suzy me fait gagner vingt minutes sur le projet Parker en conduisant ma fille à l'école.

Tandis qu'elle tient fermement les deux enfants par la main pour traverser la rue, j'agite la mienne, articulant silencieusement à l'intention de Rae :

— Je viendrai te chercher chez Hannah.

J'ai failli le crier, mais mon instinct m'a retenue, Rae n'ayant pas parlé de l'invitation à Henry.

Quand j'arrive au studio, je déborde d'idées pour la bande-son de Parker. Il doit passer dans une heure afin d'en discuter, et me laisser ensuite la matinée. Pour diversifier mes inspirations, je vais sur Google chercher le genre de faune qui vit autour des lacs suédois : je n'ai plus qu'à trouver les sons correspondants dans notre énorme banque de données. Quel bruit fait un gardon quand il gobe une minuscule planorbe ? Toute à la question, je ne m'aperçois qu'il est l'heure de déjeuner qu'au moment où Megan vient me proposer d'aller m'acheter un sandwich.

— Alors, tu as réussi à te libérer pour demain soir ? demande-t-elle.

Ma collègue porte un haut léopard et laisse un délicieux parfum dans son sillage.

— Je crois, dis-je avec un sourire. Ça marche toujours ?

— Evidemment ! Ça sera sympa. Donc, je te prends n'importe quel sandwich chez Pret pourvu qu'il soit au fromage ?

Je suis gênée au moment de lui tendre l'argent, mais flattée quand même de pouvoir enfin déléguer une de ces tâches mineures qui ont occupé mes journées pendant si longtemps à quelqu'un qui est payé pour ça et qui le fait avec le sourire. Très vite, je me remets au travail et suis tellement absorbée par la recherche de bruits de construction que la sonnerie de mon portable me fait sursauter.

Le numéro ne me dit rien. Qui est-ce ?

— Callie ? C'est Caroline à l'appareil, la maman de Hannah.

Il me faut quelques secondes pour la remettre.

— Oh, mon Dieu, Caroline, bonjour ! dis-je un peu trop fort.

Un coup d'œil à l'horloge m'indique qu'il est 15 heures. Déjà ? Comment est-ce possible ?

— Ça tombe bien que vous m'appeliez, Caroline. Je comptais justement vous joindre dans l'après-midi pour vous avertir que Rae était un peu difficile dans la rue, ces derniers temps. C'est un peu compliqué, mais elle a manqué d'oxygène au cours d'une lourde opération cardiaque, et elle a des problèmes de coordination. Malheureusement, elle meurt d'envie de courir en ce moment, alors que je…

— Callie, permettez-moi de vous interrompre, intervient Caroline.

— Oui, désolée.

Elle doit croire que je suis encore éméchée ou folle.

— Navrée, mais je vous appelle pour vous dire que je suis obligée d'annuler l'invitation de Rae à la maison.

Je retiens ma respiration. Oh, non ! Pitié, non !

— J'avais complètement oublié que nous avions reprogrammé la leçon de piano de Hannah de la semaine dernière à 17 heures ce soir. Elle n'avait pas pu y aller parce qu'elle était malade, insiste Caroline avant de marquer un temps, dans l'attente de ma réponse.

Comment ose-t-elle ? Qu'ai-je donc fait à cette femme ? Soudain tout devient clair : elle n'a jamais eu l'intention de recevoir Rae chez elle. Hier soir, elle a accepté faute d'avoir trouvé immédiatement une bonne raison de refuser.

La déception me transperce de la tête aux pieds. Et Rae ? Comment va-t-elle prendre la nouvelle ?

— Oh, quel dommage ! Très bien, ne vous inquiétez pas. Vous voulez bien prévenir Rae quand vous irez chercher Hannah à la garderie ?

— Oui, bien sûr. Et toutes mes excuses, Callie, ajoute Caroline. Peut-être une prochaine fois.

— Peut-être, dis-je, sachant pertinemment qu'il n'en sera rien.

— Eh bien, au revoir.

— Au revoir.

Pas le temps de me laisser abattre. Ma tristesse pour Rae me compresse la poitrine, comme une indigestion, mais Guy va et vient dans le studio tout l'après-midi pour voir où j'en suis. Il m'a confié que si le court-métrage de Parker recevait un accueil favorable, la société pourrait se réorienter vers les longs-métrages et travailler avec des artistes tels que Sam Taylor-Wood. En l'impressionnant avec ce projet, nous serions en mesure de décrocher de plus gros contrats de bruitage, à l'avenir.

Parker doit être à New York mercredi prochain, ce qui nous laisse peu de temps. Il repasse au studio en fin d'après-midi pour visionner mon travail. Nous rembobinons tout et, en levant les yeux vers l'horloge, je me fige. Que se passe-t-il ? Il y a une minute, il était 16 h 10 et maintenant, il est 17 h 20.

— Guy, cette horloge est à l'heure ?

Il consulte sa montre.

— Ouais. Un problème ?

— Désolée mais je suis en retard. Faut que je file.

Il fronce les sourcils et je lui murmure du bout des lèvres :

— Nous avions dit 17 heures.

— Peux-tu nous accorder dix minutes de plus, Cal ?

Pas besoin de traduire. La pression est à son comble, là. Hier, il m'a libérée à 16 heures. Un prêté pour un rendu.

— Oui, mais je dois passer un coup de fil.

Je me précipite à la réception et Megan me tend son téléphone. Je compose le numéro en maudissant mon hypocrisie. Après avoir essayé de prendre mes distances, voilà que je compte sur Suzy comme sur ma propre famille.

— Suzy, écoute. Je suis affreusement désolée. On me retient au boulot. Je ne crois pas pouvoir être à la garderie à 18 heures. Y aurait-il moyen que tu ailles récupérer Rae ? Je me charge de les prévenir.

Silence au bout du fil.

— Suze ?

— Oui, chérie, c'est bon, répond-elle dans un souffle.

— Quoi ? Tu as l'air embêtée, lui dis-je.

— Non, non, pas du tout, ma belle. Ce n'est pas toi. Mais… Eh bien, Rae était un peu contrariée, quand je suis allée chercher Henry à 15 h 30.

— Ah bon ?

Ça me laisse perplexe. A 15 h 30, Rae ne savait pas encore que son invitation chez sa copine ne tenait plus. Elle aurait donc dû être tout excitée à la perspective d'aller à la garderie avec Hannah.

— Oui, elle s'est roulée par terre en criant. C'est Mlle Aldon qui a finalement été obligée de la conduire à la garderie, parce qu'elle refusait de suivre Mlle Buck. Alors si en plus elle ne te voit pas à 18 heures… Tu vois ce que je veux dire… Je me demande si c'est une bonne idée ?

Oh, bon sang ! En apprenant que son goûter chez Hannah est annulé, Rae sera encore plus anéantie. Il faudra que Suzy se débrouille. Je ne peux pas m'occuper de ça maintenant. Guy surgit du studio en me faisant signe de l'y rejoindre.

J'ai mal au ventre.

— Je sais, Suze. Mais je t'en prie, peux-tu me rendre ce service, juste pour cette fois ? Je t'expliquerai tout par téléphone dès que je sortirai.

— D'accord, ma belle. Ne t'inquiète pas, répond-elle avant de raccrocher.

Je rends l'appareil à Megan en roulant des yeux.

— Tu trouveras une solution, me rassure ma collègue. Ma sœur a mis des lustres, mais elle y est arrivée.

Pourquoi Suzy ne m'a-t-elle pas dit un truc du même genre ? Comment vais-je réussir à me concentrer en me rongeant les sangs de la sorte ? me dis-je en retournant vers le studio.

Finalement, Guy ne me garda pas dix, mais quarante minutes, au terme desquelles je frôlais l'hyperventilation. Parker ramassa enfin sa veste et le patron me libéra d'un hochement de tête.

— Bon début, commenta-t-il. Nous continuerons demain.

Ayant laissé passer la minute « réglementaire » après la sortie de Parker, je me rue dehors et fonce vers le métro en essayant de joindre Suzy sur son fixe. Pas facile, en talons. Inutile de chercher pourquoi on croise tant de femmes en tailleur et baskets, à Londres.

Le téléphone sonne six fois dans le vide avant de basculer sur le répondeur.

Peut-être sont-ils allés au parc. Et si j'essayais son portable ? Mais là encore, je tombe directement sur la messagerie.

Bizarre.

Je m'arrête à l'entrée de la station d'Oxford Circus en me demandant quoi faire. Une fois dans le métro, mon portable n'aura plus de réseau pendant une bonne demi-heure.

Troublée, je rappelle Suzy à ses deux numéros et lui présente mes plus plates excuses dans un message annonçant mon retour pour 18 h 45.

Au moment où mon pied foule la première marche de la bouche de métro, mon mobile sonne.

Le bruit de la circulation et le vendeur de journaux qui braille « Dernières nouvelles ! » m'obligent à hurler dans le combiné pour me faire entendre :

— Salut, Suze. Tu as eu mon message ?

Soudain, un cri éclate juste à côté de moi. Une grande femme en tailleur, coiffure et maquillage impeccables, descend Oxford Street d'un pas martial. Elle vient dans ma direction et brame en français dans son kit main libre. Cette scène me paraît si incongrue que je me tais un instant pour la regarder lever les jambes bien haut à chaque foulée. Elle hurle avec une telle force contre son interlocuteur qu'une mère écarte ses enfants de son passage. A tous les coups, il s'agit du petit ami qui vient de la larguer. Eh bien, dis donc ! Il aurait mieux fait de ne pas s'embarquer dans une histoire avec elle.

— Cal ? lance Suzy à l'autre bout de la ligne.

— Désolée. Il y a une femme super-bizarre qui…

— Cal, répète-t-elle.

— Quoi ?

Je perçois un bruit inconnu comparable à celui d'une profonde inspiration. Puis plus rien.

— Quoi ? Suze ? Quoi ? Parle plus fort, je ne t'entends pas.

La Française s'arrête devant moi sans cesser de brailler. Je détourne la tête dans un effort désespéré pour entendre Suzy.

— … sur la route…

— Quoi ?

La passante hystérique poursuit son monologue.

— Oh, tu vas te calmer, oui !

Mon cri la réduit au silence et elle s'éloigne en me jetant un regard hautain.

— Bien envoyé, ma jolie ! s'exclame le vendeur de journaux à côté de moi.

— Rae… est tombée sur la route…

— Comment ?

— … blessée à la jambe… Elle va bien…

— Elle va bien, comment ça ?

Ma voix a des ratés comme si elle manquait de carburant.

— … s'est légèrement entaillé la jambe.

— Sa respiration, Suze, comment est sa respiration ?

— Normale. Je crois… Tu veux… l'emmène… urgences ?

— Oui, s'il te plaît. Il faut qu'ils l'examinent. Va à Northmore. Dis-leur d'appeler la cardiologie dès que tu arrives…

Seul le silence me répond. Je fixe mon portable. Suzy a coupé la communication.

Bouleversée, je bouscule le stand du marchand de journaux en me retournant.

— Tout va bien, ma jolie ? tonne-t-il de sa voix rauque.

Je secoue la tête, pivote dans un sens puis dans l'autre.

L'homme me prend par les épaules. Son haleine sent le tabac froid.

— Il faut que j'aille à Northmore… Ma fille est tombée dans la rue, dis-je en me dégageant brutalement, paniquée.

— Pigé, ma jolie. Bougez pas !

Il lève la main en sifflant et arrête un taxi noir, puis il ouvre la portière et me pousse à l'intérieur.

— Aux urgences de Northmore, mon gars ! crie-t-il. C'est pour sa petite fille.

Et le véhicule s'éloigne sans même me laisser le temps de le remercier.

19

Debs

Il ne lui restait qu'une heure pour ôter sa tenue de travail et préparer le dîner avant le retour d'Allen. Elle tournait en rond dans la cuisine, redoublant d'efforts pour se ressaisir et chasser ses idées noires. « Enfermez-les dans une boîte, lui avait conseillé son thérapeute. Imaginez-vous en train de ranger chacune de vos chimères dans un coffret dont vous fermez la serrure à double tour. Ensuite, abreuvez votre esprit d'idées nouvelles, d'idées positives. »

Ce four tout neuf, par exemple. Il semblait très chaud pour 180 °C. Le ragoût de mouton dégageait une odeur de sec et de brûlé. Debs piqua les pommes de terre avec une fourchette. Pas assez cuites. Et Allen détestait les grumeaux. Elle sortit la bouteille de lait du réfrigérateur, en versa dans la cocotte qu'elle remit sur le feu. Ecrase-les, se dit-elle, encore et encore, jusqu'à ce que la purée soit homogène.

Au moment où la clé cliqueta dans la serrure de la porte d'entrée, dix minutes plus tard, les pommes de terre avaient été réduites en bouillie.

Allen entra dans le hall et posa sa serviette.

— Bonjour, pépia-t-elle en tâchant d'avoir une voix détendue. Le dîner est presque prêt.

— D'accord, mon amour.

Une fois qu'elle eut dressé le couvert, Debs alla le rejoindre dans l'entrée.

— Attends, laisse-moi t'aider.

Elle lui prit son manteau tandis qu'il se penchait pour l'embrasser sur la joue.

— Merci.

Debs aurait voulu lui caresser le visage, mais elle redoutait sa réaction depuis que leurs moments d'intimité s'étaient raréfiés. Elle se contenta donc de chasser une poussière imaginaire sur le revers de sa veste et son mari lui serra le bras en guise de remerciement.

— Qu'as-tu prévu pour le dîner ?

— Un ragoût.

— Merveilleux.

Il monta troquer son costume pour une tenue plus confortable qu'elle avait posée sur le lit, ce qui laissa le temps à Debs de mettre le plat sur la table.

Concentre-toi, se dit-elle. Empêche ton esprit de vagabonder. Enferme les idées noires dans leurs boîtes. Malheureusement, le couvercle de l'une d'elles s'obstinait à s'ouvrir.

Ecrase, écrase, écrase. Hache, hache, hache, pensa-t-elle. Scelle cette satanée boîte.

Allen entra dans la pièce et mit son journal de côté pour plus tard.

— Bonne journée ? demanda-t-elle en lui servant une assiette de ragoût, carottes et pommes de terre.

La purée ajoutée à la sauce se transforma en bouillie brune.

— Oui, je crois, répondit-il, l'air satisfait. On dirait que l'idée de l'arrêt de bus a été adoptée.

— Oh, félicitations, mon amour !

Allen sourit, s'assit à table et soupira, ravi :

— Mmm, ça a l'air bon.

Elle s'installa en face de lui et le regarda saisir ses couverts sans toucher aux siens. Debs aimait le voir savourer un plat qu'elle lui avait mijoté. Elle fit semblant de croire, l'espace d'un instant, que la soirée de la veille se répétait, qu'ils avaient pratiquement terminé leur repas et s'apprêtaient à passer quelques heures ensemble dans le canapé, Allen faisant les mots croisés du *Guardian*, Debs lui donnant un coup de main quand il séchait, tout ça devant la série *Coronation Street* puis le journal télévisé de 22 heures.

Mais cette scène ne se reproduirait pas ce soir.

— Et ta journée ? s'enquit-il enfin.

Elle baissa les yeux sur la table.

— Je crains qu'elle ne se soit pas bien passée du tout. Un incident très grave s'est produit.

Allen, qui mâchait le même morceau de viande depuis un moment, la regarda avec inquiétude.

20

Callie

— Elle est là-bas.

Suzy m'accueille derrière les portes de l'hôpital que je franchis à la hâte pour rejoindre Rae, assise devant la télé aux urgences pédiatriques de Northmore. Nous avons vécu ça tant de fois que je sais très bien à quoi m'attendre. Air confiné. Eclairage au néon si violent qu'il vous écorche les yeux. Jouets crasseux éparpillés sur le sol. Odeur de javel. Une femme de ménage en train de nettoyer une flaque de bile jaune.

— Maman, murmure Rae en pointant le téléviseur du doigt. Henry a ce film.

— Coucou, mon cœur.

Je prends fermement son visage entre mes mains et l'étudie dans le détail pour remplir les cases de ma liste de contrôle. Lèvres roses, quoique légèrement pâles. Teint blanc, lui aussi, mais pas plus que d'ordinaire. Les pupilles… D'accord. Trop dilatées. Respiration normale. Sans me préoccuper des regards curieux des autres patients, je me tourne vers Suzy et l'interroge :

— A-t-elle été examinée ?

— Oui, ma belle. Ils ont examiné sa jambe, contrôlé sa tension et son pouls. Le cardiologue nous rejoindra dès que possible.

Je retire la couverture qui recouvre ma fille et lui dis :

— Montre-moi ta jambe, Rae.

Suzy a déjà collé un gros pansement Winnie l'Ourson sur sa plaie. Rae lève les mains pour que je voie les égratignures sanguinolentes sur sa peau.

Ce pansement ridicule me met hors de moi. Un simple bobo prend toujours d'autres proportions chez Rae, et j'en sais quelque chose.

— Comment tu te sens ?

Impossible de faire autrement que d'aboyer. J'avais rappelé à Suzy de bien lui tenir la main, il y a moins de vingt-quatre heures. « Ne la lâche pas quand vous êtes dans la rue. »

Le ton de ma voix, plus brusque que d'habitude, effraie ma fille, qui a un mouvement de recul. Son regard se pose sur Suzy, puis sur moi.

— Bien, hasarde-t-elle.

— Tu n'as pas mal ? Aucun problème pour respirer ?

— Non ! lâche-t-elle, un peu agacée. La dame m'a déjà posé toutes ces questions.

Je reporte mon attention sur Suzy, qui affiche une expression compatissante en me demandant :

— Veux-tu que j'aille chercher l'infirmière ?

— Non.

Elle marque un temps d'hésitation avant de faire une nouvelle tentative.

— Sûre ?

— J'irai lui parler quand je me sentirai prête.

Un silence lourd s'installe une seconde. Rae me dévisage, puis elle regarde Suzy. Elle esquisse un sourire qu'elle ravale nerveusement.

— Fais comme tu le sens, ma belle, dit Suzy en se dirigeant vers la porte. Vous savez quoi, les filles ? Je vais vous laisser quelques minutes en tête à tête.

Hébétée, je hoche la tête et tente d'enlacer Rae, mais celle-ci se lève et va s'asseoir en boitant à côté d'un garçon qui a un pansement à l'œil. Une fois installée, Rae se concentre sur la télé. Un bambin qui tape sur un tambourin passe par là. Chaque son me broie les tempes.

— Rae ? dis-je doucement.

Mais elle garde les yeux rivés sur l'écran.

Combien de fois ai-je parlé du handicap de ma fille à Suzy ? Je me ronge l'ongle de pouce. Elle était censée la tenir par la main.

Les portes coulissantes de l'hôpital s'ouvrent sur une grande silhouette armée de deux tasses de café. Du coin de l'œil, je vois Suzy, debout à côté de moi, avancer son pied près de ma chaise en plastique comme pour prendre la température de l'eau, puis l'autre. Elle s'assied lentement et me tend un gobelet. Le parfum âcre du breuvage chaud me retourne l'estomac. Suzy pose son café par terre, effleure mon petit doigt échoué sur mon genou et laisse sa main là en me regardant. Je le retire machinalement et murmure :

— Suze. Je suis désolée, mais que s'est-il passé ?

Elle me reprend la main en se penchant vers moi et répond d'une voix blessée :

— Ça va, ma belle ?

— Eh bien… je croyais que tu avais compris le danger que représente une chute pour Rae. J'ai l'impression de l'avoir répété cent fois. Je suis désolée. Je sais que tu me dépannais et que je n'étais pas là, mais…

— J'en suis bien consciente.

— Alors comment est-ce arrivé ?

— Eh bien, tu m'as appelée du travail pour que j'aille la chercher, ce qui m'obligeait à quitter la maison vers 17 h 50 pour la garderie. Je venais de mettre les jumeaux dans la poussette et m'apprêtais à franchir la porte quand Peter a commencé à vomir. Je ne t'en ai pas parlé, mais il avait de la fièvre et des boutons sur le bras. Enfin, bref, il a vomi partout. Sur Otto, un peu sur moi. Honnêtement, j'ai craint un instant qu'il ne soit vraiment malade et qu'il ait contracté, tu sais… une méningite…

Avant de lâcher le mot, elle a sondé mon visage. Ma colère s'atténue un peu.

— Pourquoi ne pas me l'avoir dit au téléphone ?

Suzy pousse un profond soupir.

— Ma belle, tu étais si stressée quand j'ai appelé, hier. Et si je t'avais encore dérangée au milieu d'une réunion et mise dans l'embarras ? Je ne savais pas quoi faire. Les jumeaux étaient couverts de vomi. Je ne pouvais pas sortir de la maison comme ça, j'ai donc appelé la garderie pour prévenir la responsable – Mlle Buck ? – que j'aurais vingt minutes de retard. Elle a semblé agacée. Et puis je me suis rappelé que la voisine travaillait là-bas, alors nous sommes convenues qu'elle ramènerait Rae à Churchill Road après la fermeture de la garderie et me la confierait jusqu'à ton retour.

Il me fallut une seconde pour saisir les implications de son récit.

— Rae n'était donc pas avec toi quand c'est arrivé ?

Suzy n'y était pour rien.

Elle secoue la tête en m'attirant contre elle. Un sourire imbécile et confus fend mon visage.

— Mais non, grande bécasse. Tu pensais que je l'accompagnais ? Oh, Seigneur, non, ma belle. Je fais toujours très attention à la petite, tu le sais. Pas étonnant que tu m'en aies voulu. Non, Rae était avec cette femme. Comme je regrette à présent de lui avoir demandé d'amener la petite chez moi. Ça ne m'a pas effleurée une seconde qu'elle puisse… bon sang, il s'agit d'une enseignante. L'état de Peter m'inquiétait, tu avais l'air tellement fâchée au téléphone, je devais prendre une décision.

— Et qu'est-ce qui s'est passé exactement ?

— Je ne sais pas vraiment. Je changeais Peter quand j'ai entendu un cri provenant du bout de la rue. Ça ne m'a pas alarmée plus que ça, jusqu'à ce que je me souvienne que Rae devait rentrer. Alors j'ai couru jusqu'au portail et remarqué un attroupement sur la chaussée. J'ai foncé pour découvrir Rae allongée par terre à côté d'un adolescent à vélo.

— A vélo ?

— Ouais. Il essayait de se relever et gueulait sur Debs. Ensuite il s'est remis en selle et il a filé.

Suzy marque un temps et me dévisage un instant.

— Es-tu en train de me dire que Rae s'est fait renverser par un cycliste ?

— Oui, enfin non… Je ne sais pas, Cal… Il faudra poser la question à la police.

— La police ?

Les autres parents levèrent la tête en m'entendant hausser le ton.

— Je t'en prie, ma belle, essaie de rester calme. Oui, quelqu'un les a appelés, une voisine de notre rue, qui a cru que Rae s'était fait renverser, à mon avis. Ecoute, je ne connais pas le déroulement exact de l'incident, mais d'après moi, ta fille a trébuché sur le trottoir et s'est étalée sur la route au moment où l'adolescent prenait le virage. Je ne pense pas qu'il l'ait percutée. Il a dû perdre l'équilibre en essayant de l'éviter. Maintenant, personne ne sait si elle s'est blessée à la jambe dans sa chute ou en heurtant le vélo. Pas même Rae.

A mesure que je digère les informations, tous les détails se succèdent dans mon esprit, comme sous la lumière d'un stroboscope.

— Le vélo lui a entaillé la jambe ?

— Peut-être, mais écoute, on l'a examinée et les médecins n'ont pas paru inquiets.

— Le cycliste s'est enfui ?

— Je crois bien que oui.

Mon regard se porte vers Rae. Renversée par un cycliste. Et ce par ma faute. J'avais demandé à Suzy d'aller récupérer ma fille alors que son fils était malade. Après mon coup de fil égoïste et odieux, elle n'avait pas osé me rappeler. Ça m'apprendra à vouloir prendre mes distances. Je n'ai que ce que je mérite.

Tout d'un coup, un détail m'intrigue, et je me tourne vers Suzy.

— Où est-elle ?

— Qui ça ?

— Debs.

— Je ne sais pas, ma belle, répond Suzy en baissant les yeux.

— Comment ça, tu ne sais pas ?

— Je l'ignore, Cal. C'était un peu bizarre, en fait. Elle se contentait de fixer Rae. On aurait dit qu'elle était pétrifiée. Je ne sais même pas si elle a remonté la rue derrière nous, j'étais trop préoccupée par l'état de Rae.

— Tu l'avais bien prévenue qu'elle devait surtout tenir Rae par la main dans la rue, n'est-ce pas, Suze ?

— Evidemment. Je le lui ai bien précisé quand je l'ai eue au téléphone. Je… je regrette tellement. Je me sens coupable. Et impuissante. Quand Peter a vomi, j'étais si inquiète…

— Non, tu n'es pas responsable. C'est ma faute. C'est moi qui étais en retard et qui t'ai mise dans cette situation…

Suzy me regarde en se mordant la lèvre.

— Quoi ?

— Eh bien… ça me soulage ce que tu me dis. Mais tu risques de m'en vouloir à mort pour autre chose.

— Quoi ?

— Euh… Tom.

— Comment ça, Tom ?

— Je l'ai appelé.

— Oh, Suze. Mais pourquoi ?

— Je sais, je suis désolée. En voyant que je n'arrivais pas à te joindre, j'ai cédé un instant à la panique. Vous vous inquiétez si facilement, tous les deux.

— Donc, il est au courant ?

Elle hoche la tête, avec une mimique d'excuse.

La porte du service des urgences s'ouvre avec fracas sur la silhouette d'un homme massif. Pendant une seconde, je crois voir Tom, qui n'a pourtant pas pu revenir si vite du Sri Lanka. Je regarde plus attentivement. C'est Jez.

Une gêne s'installe aussitôt. Jez se tient là, près de Henry, fatigué, accroché à la poussette où les jumeaux sont endormis. Il a tout l'air d'un intrus avec son costume parfaitement coupé au milieu de parents épuisés qui ont enfilé ce qui leur tombait sous la main pour conduire leurs mômes à l'hôpital.

— Coucou, mon bébé, lance Suzy. Salut, chéri.

— J'ai envie de faire pipi, gémit Henry en s'approchant de sa mère pour la tirer par la manche.

— Suis-moi, mon petit couineur, dit-elle en emmenant son fils aux toilettes situées au fond de la salle d'attente.

Après avoir garé la poussette, Jez, embarrassé, s'approche de moi. Avec ses sourcils baissés et sa petite moue, on dirait qu'il cherche à me témoigner son empathie.

Cet homme éveille ma curiosité. Par le passé, je me suis souvent demandé comment il réagirait face à une femme en crise. Si son flegme apparent disparaîtrait, s'il vous passerait un bras autour du cou ou pas ? Je me redresse et me force à sourire.

Qu'est-ce que je fabrique ?

Incroyable. Ce n'est pas la première fois qu'il me fait cet effet-là : voilà que j'adopte le comportement qu'il attend de moi. Politesse et impassibilité.

— Comment va-t-elle ? s'enquiert-il en regardant Rae.

A quoi il pense, là, tout de suite ?

— Bien, d'après les médecins. On attend un spécialiste.

Je marque un temps. Et maintenant ? Que va-t-il faire ?

— Mon père connaît le directeur de cet hôpital, déclare-t-il après s'être raclé la gorge. Je vais lui demander de lui en toucher un mot.

— Merci, dis-je en regardant Suzy sortir des toilettes avec son fils.

Jez suit mon regard. Sa réaction ridicule me donne envie de rire. Plutôt que de me tendre les bras en me proposant une aide concrète, il m'offre la possibilité de profiter de son réseau de relations.

— Désolée de t'avoir obligé à sortir si tard avec les enfants.

Je me mords la langue. Mais enfin, qu'est-ce qui me prend ? Pourquoi suis-je en train de me confondre en excuses ?

— Tu veux que je reste, Cal ? me demande Suzy avec son fils somnolent dans ses bras.

Nous savons toutes les deux qu'il s'agit là d'une formule de politesse. Jez se consumerait instantanément s'il devait mettre les trois petits au lit tout seul.

— Non, allez-y. Ils peuvent nous faire poireauter des heures.

— Bon, d'accord. Je t'appelle plus tard.

Elle m'embrasse, son mari me sert un demi-sourire, et les voilà partis, libérés de cette prison.

Je déteste cet hôpital. Je déteste tous les hôpitaux. Ces maudites chaises en plastique dont le dossier s'obstine à s'enfoncer dans votre dos. Les odeurs. La sensation d'abattement. Le goût de chlore qui parfume le café.

Morose, je balaie la salle du regard en repensant à toutes les fois où Tom et moi avons débarqué au service des urgences, à toutes les heures du jour et de la nuit, inquiets au plus petit toussotement ou pour un nez qui coule. Rae était seulement censée naître ici, et nous y rester un jour ou deux avant de rentrer à Tufnell Park pour relever le défi de devenir parents sans l'avoir voulu.

Au départ, nous n'avions à accomplir que des tâches simples, tant la petite était normale : apprendre à nettoyer les plis de ses genoux et à lui essuyer la bouche.

Et puis, au bout de… combien de temps, déjà ? Deux semaines ? On est sortis prendre l'air au café du coin parce qu'on étouffait dans l'appartement de Tom, à Tufnell Park, et, sous la lumière du soleil, la pâleur et la mollesse de Rae nous ont frappés. Nous avons pris conscience qu'elle n'avait pas mangé depuis des heures. Une cliente de l'établissement, mère de trois enfants, nous a conseillé de foncer aux urgences.

« C'est son cœur, a déclaré le médecin sans y mettre les formes. Elle a une coarctation aortique – un rétrécissement de l'aorte. »

Tout s'est enchaîné si vite que je ne pourrais pas dire à quel moment précis je suis tombée amoureuse de Rae. La maintenir en vie : cet impératif écrasant et quasi primitif prévalait sur presque tous mes autres sentiments, entrecoupé de regrets pour ce que ma fille ne vivrait peut-être jamais. Ne pas voir si elle avait hérité de mes boucles folles. Ne pas m'asseoir avec elle dans sa chambre d'adolescente pour parler longuement des garçons en pliant son linge, comme ma mère l'avait fait autrefois avec moi. Allez savoir pourquoi, ce qui me préoccupait le plus, c'était que ma fille n'ait jamais de rapports sexuels.

« Le traitement que nous lui avons administré n'a pas ouvert son artère. Il va donc falloir l'opérer, a expliqué le médecin. Nous allons fixer un petit ballon au bout d'une sonde que nous introduirons dans l'aine puis dans l'artère fémorale et, une fois en place, nous le gonflerons.

— D'accord », avons-nous répondu d'un air hébété.

Aucun de nous deux n'avait contracté d'emprunt ni rédigé de testament. Et voilà qu'on donnait notre avis à un chirurgien.

« A franchement parler, l'intervention ne résoudra pas tous les problèmes, a ajouté le spécialiste. Rae devra être examinée régulièrement et subir une autre opération pour réparer l'artère avant d'aller à l'école.

— Et les bonnes nouvelles, dans tout ça ? » s'est enquis Tom, la voix brisée.

Je me rappelle avoir fermé les yeux en rêvant une seconde que rien de tout ça n'était arrivé. Que j'étais encore assise devant la télé, dans mon vieil appartement d'Islington, hésitant à rejoindre Sophie au pub. Que je n'avais jamais rencontré Tom.

En les rouvrant, j'ai vu la façon dont il regardait Rae, allongée dans la couveuse avec un cathéter dans le nez. L'enfant miracle qu'il pensait ne jamais pouvoir avoir. Les battements de son cœur résonnaient dans la chambre d'hôpital. Ils n'étaient pas forts et sourds comme dans mes rêves, mais se réduisaient à un bip ténu et fragile. J'ai rejoint Tom et l'ai serré dans mes bras.

Le Dr Khatam nous fait patienter deux heures avant d'apparaître et d'examiner Rae. Au fil des années, j'ai appris à décrypter les expressions de son visage. Lorsqu'une mauvaise nouvelle s'annonce, la partie haute de sa pommette se tend, comme lors de notre première rencontre. Le bruissement de sa blouse blanche est également un indicateur : si elle vole derrière lui, je sais qu'il est pressé, qu'il prendra le temps de communiquer les informations cruciales, mais pas de me rassurer. Aujourd'hui, pourtant, la blouse encadre sagement ses genoux. Il se tient à l'écart de Rae et m'adresse un de ses rares sourires qui exhibent ses dents d'enfant sous son épaisse moustache. Ces quenottes semblent tellement incongrues dans ce portrait que je dois me forcer à en détourner les yeux.

— Elle a l'air en forme, me confirme-t-il. On va l'envoyer faire une IRM et un électrocardiogramme, par mesure de précaution, et ensuite, elle pourra rentrer à la maison.

Son visage se contracte légèrement. Lui et moi avons déjà vécu cette scène. Je sais donc ce qui va suivre.

— Hmm, lui dis-je, mais ce qui m'inquiète…

Sa bouche se crispe : « Et c'est reparti », suggère-t-elle. Le Dr Khatam consacre beaucoup de son temps à rassurer les parents d'un enfant victime d'une coarctation de l'aorte, à leur répéter que dans la plupart des cas le patient ira bien toute sa vie.

Il hoche la tête.

— Et si on attendait les résultats des examens ?

— Mais…

J'ai horreur de ce genre de situation, de voir mon angoisse l'emporter sur tout le reste, échapper à mon contrôle.

— Excusez-moi. Pourrait-elle juste rester en observation ? Jusqu'à demain, au cas où ? J'ai tellement peur que…

Il hésite une seconde puis me tapote l'épaule.

— Trouvons-lui un lit.

Honteuse, je hoche la tête en me retenant de lui sauter au cou.

Après les examens, Rae a tellement sommeil qu'elle s'endort dans une chambre que les infirmières lui ont dégottée dans le service de pédiatrie. Elle se pelotonne contre son oreiller tandis que je lui caresse les cheveux, allongée à ses côtés dans un lit pliant. Les radiateurs diffusent de la chaleur dans la pièce malgré la douce température de cette soirée. En fixant le plafond, on pourrait se croire à l'hôtel, dans une petite chambre confortable, si on faisait abstraction des cathéters et des masques à oxygène fixés aux murs pour les cas d'urgence, des hurlements furieux de deux bébés provenant du bout du couloir où j'ai croisé une femme en larmes tout à l'heure. Elle m'avait semblé avoir besoin d'aide.

Une infirmière entre, une couverture sous le bras.

— Bonsoir ! murmure-t-elle en esquissant un geste joyeux de la main. Comment va-t-elle ? Vous vous souvenez de moi… Kaye ?

Je hoche la tête et tâche de sourire, comme si ça me faisait plaisir de voir un visage amical. Les infirmières ont fait beaucoup d'efforts pour nous soutenir moralement, Rae, Tom et moi, pendant la lourde opération de Rae, ce que je reconnais volontiers. Mais nous nous en sommes sortis, désormais. J'aimerais oublier leurs noms, leurs visages.

— Et vous, ça va ? demande-t-elle gentiment en me touchant l'épaule.

J'acquiesce, soudain écrasée de fatigue. Un frémissement me parcourt.

— Votre mari est là ? s'enquiert Kaye en balayant la pièce du regard.

Tom était la coqueluche des infirmières. Il les connaissait toutes par leur prénom et les taquinait sans arrêt.

— Nous ne sommes pas mariés.

— Eh bien, ma chère, vous avez intérêt à lui passer la corde au cou avant que l'une d'entre nous n'essaie de lui mettre le grappin dessus, glousse-t-elle.

Elle veut juste me faire sourire, et je le sais. Il n'empêche que je suis soulagée de la voir disparaître dans le couloir pour aller nous chercher de l'eau. Après avoir passé un moment à regarder Rae, je me redresse et sors de la chambre. Ne pouvant pas repousser cet instant indéfiniment, je pénètre sur la pointe des pieds dans la salle réservée au personnel médical et demande un téléphone.

Dans l'espoir de retarder l'inévitable, j'envisage une seconde d'appeler papa, puis décide de m'abstenir. Ça ne servira qu'à l'alarmer : il me proposera de venir et je ne pourrai pas accepter. Tous les enfants qui ont grandi dans les fermes du Lincolnshire savent qu'il n'y a pas de couche rocheuse sous la terre. Si papa ne récolte pas ses pommes de terre cette semaine, les pluies d'été risquent de gorger les sols d'eau et de les rendre impraticables, et son tracteur pourrait s'y enliser.

Au lieu de ça, je laisse un message à Tom en le rassurant sur l'état de Rae, qui ne nécessite pas son retour. La seule chose à laquelle je ne peux pas faire face en ce moment, c'est de le voir débarquer pour me passer un savon. Et, finalement, je m'attelle à la tâche sans cesse reportée.

— Guy, dis-je lorsque je tombe sur son répondeur. J'espère que tu auras ce message ce soir… C'est Callie. Ma petite fille a eu un accident aujourd'hui. Je pense qu'elle s'en remettra, mais il va tout de même me falloir prendre la journée de demain pour m'en assurer. J'en suis vraiment désolée. Avec un peu de chance, je serai revenue vendredi. Mais je t'appelle demain dès que j'en sais plus.

Après une seconde d'interruption, j'ajoute :

— Euh, Guy, c'est une tuile, je l'admets, mais comprends-moi. Je vais m'arranger pour rattraper la journée perdue ce week-end. Et présente mes excuses à Loll. J'ai vraiment très, très envie de faire ce film. J'ai passé une semaine extraordinaire. Alors…

Alors quoi ? Ne me sentant pas capable de le supplier, je raccroche.

De retour dans la chambre de Rae, je me rallonge à côté d'elle et gémis doucement en m'imaginant la tête que feront Tom et Guy en écoutant mes messages.

Si près du but et pourtant si loin. Tout est foutu, maintenant.

Pourquoi cette Debs ne m'a-t-elle pas appelée ?

JEUDI

21

Debs

Boum. Boum. Boum.

Réveillée par les trois coups frappés à sa porte d'entrée, Debs roula sur le côté en grognant et essaya de s'asseoir.

Boum. Boum. Boum.

La porte trembla à nouveau. Ses yeux semblaient collés, sa tête penchait sur la gauche. Elle se força à quitter son lit et d'un pas titubant alla tirer les rideaux et regarder dehors.

— Vous vous foutez de la gueule du monde ? lui hurla la silhouette incertaine d'un homme.

— Pardon ? répondit-elle en tâtonnant à la recherche de ses lunettes.

— J'ai failli me bousiller le dos ! s'écria-t-il, le poing brandi, en repartant vers la grille.

Quoi ?

Debs resserra sa robe de chambre autour d'elle et jeta un autre coup d'œil par la fenêtre. Un camion-poubelle s'éloignait en marche arrière, son avertisseur de recul résonnant dans la rue. Jeudi matin, le jour du passage des éboueurs. Trois hommes, dont le colérique qui secouait toujours la tête, étaient en train de vider les conteneurs destinés au recyclage. Debs remarqua alors qu'ils avaient laissé un de ses cartons à moitié ouvert, à côté de la benne.

En enfilant ses chaussons pour se rendre dans la salle de bains, elle eut l'impression d'obliger son corps à traverser un cours d'eau. Se rafraîchir le visage lui ferait du bien. Il faudrait demander au médecin de modifier son traitement. Ses yeux ouverts lui disaient qu'elle était réveillée, pourtant son esprit paraissait toujours pris au piège du sommeil. Sonnée, Debs descendit l'escalier en s'appuyant au mur.

Quand elle ouvrit enfin la porte et sentit l'air frais s'engouffrer dans la maison, le camion des ordures avait déjà remonté la rue et regagné l'avenue principale. Une fois sûre que personne ne la verrait en robe de chambre, Debs alla chercher le carton abandonné et souleva le couvercle.

Ses pupilles mirent un certain temps à en enregistrer l'étrange contenu : une centaine de gros galets ronds et lourds formant une petite plage artificielle. Elle poussa le carton du bout du pied. Autant essayer de déplacer un mur de briques.

— Bonté divine ! s'exclama-t-elle en s'empressant de passer la tête par la grille, dans l'espoir de voir l'éboueur mécontent.

Trop tard, il était parti. Debs fit un effort pour réfléchir posément. Hier soir, elle avait rempli la benne avec tous les cartons vides. D'où pouvaient bien provenir ces galets ? Une large bande de terre vierge attira son regard vers la droite, celle qui marquait le seuil du n° 17, la maison voisine dont elle n'avait pas encore rencontré la propriétaire, une femme écrivain qui passait le plus clair de son temps dans son cottage du

Suffolk. Debs se souvenait vaguement avoir repéré une aire de galets joliment arrangés dans son jardin entre trois arbres en pots – un travail de professionnel.

Qui avait bien pu les déplacer ?

Debs baissa les yeux. Encore un détail étrange : il y avait des marques de craie verte sous un coin du carton. On aurait dit des lettres.

Elle s'agenouilla et extirpa du carton une dizaine de galets qu'elle plaça sur le côté. Puis elle rassembla toutes ses forces pour le dégager du trottoir.

Les mots commencèrent à apparaître dans le désordre : TÊTE, TA, FOND. Bon sang, qu'est-ce que c'était ?

Haletant sous l'effort, Debs parvint enfin à déplacer le carton, qui s'inclina de quelques centimètres sur un parterre de fleurs, le fond se soulevant des pavés. Elle s'accroupit sur le sol pour essayer d'examiner le reste du message.

On avait écrit chaque mot en lettres épaisses à la craie verte. L'écriture méticuleuse et soignée rendait le texte encore plus sournois :

FAIS TRÈS ATTENTION, SALOPE,
OU JE T'ENFONCERAI LES DENTS
AU FOND DE TA SALE TÊTE.

— Oh ! lâcha Debs en sursautant comme si un insecte venait de la piquer.

Paniquée, elle observa les environs, sonda la haie, puis la ruelle au-delà. Le garçon à vélo. Il avait dû la suivre jusque chez elle. La guettait-il en ce moment même ? Debs cacha son visage dans ses mains en secouant la tête de désespoir. Elle avait vu juste. Les Poplar l'avaient retrouvée.

Ils ne laissaient pas tomber.

Dix minutes plus tard, ses mains tremblaient toujours. Son corps, branché sur pilotage automatique, tournait en rond dans la cuisine. Des fragments d'images de la veille défilaient dans son esprit et elle essayait de les recomposer. A quoi ressemblait le cycliste ? Etait-ce le frère ?

La mémoire lui revenait par bribes. Il y avait eu le claquement du métal – celui du dérailleur du vélo, peut-être ? –, puis le crissement d'un pneu sur le bitume mouillé, et enfin la sensation d'une présence menaçante derrière elle, qui se rapprochait sans pour autant la dépasser.

Elle s'était retournée, oui. Mais ensuite, tout devenait confus. Elle ne parvenait à se souvenir que d'une silhouette de garçon, d'un brouillard gris en guise de visage. Et de son envie pressante de lever la main.

Et du corps de Rae gisant au milieu de la rue.

Oh, Seigneur. Que s'était-il passé ?

Debs prit sa tasse de thé et s'assit. Comment les Poplar l'avaient-ils retrouvée ?

Elle eut étrangement froid tout d'un coup, et resserra sa robe de chambre. Allen l'avait obligée à prendre un somnifère après l'avoir écoutée raconter l'incident et s'était ensuite entretenu avec Jez sur le seuil de la porte.

« Elle s'est entaillé la jambe, mais elle va bien », lui avait annoncé son mari en revenant.

Assis à côté d'elle, il avait posé la main sur son bras.

« D'après ce que j'ai compris, avait-il ajouté, elle a un problème de coordination. Par mesure de précaution, ils la gardent en observation cette nuit. Alors essaie de ne pas trop t'inquiéter, mon amour. Nous en saurons davantage demain.

— Hmm », avait murmuré Debs pour toute réponse.

Il lui avait parlé d'une voix calme, mais la patience de son mari atteignait ses limites, elle le savait. Et comment lui en vouloir ? Aussi, aujourd'hui, bien qu'elle brûlât d'envie de l'appeler, elle s'en abstint. Au lieu de ça, elle composa un autre numéro, le regrettant presque aussitôt.

— Service comptabilité, répondit une voix forte.

— Alison, c'est moi, déclara Debs, certaine que sa sœur allait tout de suite changer de ton.

— Ah, bonjour, répondit platement celle-ci. Qu'est-ce qui t'arrive ?

— Euh…

— J'ai une réunion avec le directeur financier dans une seconde, alors dépêche-toi.

Alison avait toujours quelque chose de très important à faire.

— On recommence à me harceler, lâcha Debs.

Silence à l'autre bout de la ligne. Puis :

— Qu'est-ce qu'ils ont fait ?

— Je crois que l'un d'entre eux a essayé de m'effrayer dans la rue, hier soir. Le frère, à vélo. C'est sûrement lui aussi qui a rempli notre poubelle de galets et laissé un très vilain message.

Alison se tut un moment.

— Qu'en dit Allen ? demanda-t-elle finalement.

Debs grinça des dents. Sa sœur la perçait toujours très vite à jour.

— Je ne lui en ai pas parlé.

Son interlocutrice marqua une nouvelle pause, ayant enfin trouvé le point faible qu'elle espérait.

— Oh, je vois ! Tu as préféré appeler une bonne poire !

Debs se mordit la langue.

— Ecoute, je voulais juste te prévenir. Ne t'inquiète pas. Je… je contacterai la police s'il le faut.

— C'est à ton petit mari de parler avec eux, affirma sa sœur.

Un conseil au petit ton sarcastique.

— Il faut que je file. Je prépare un dîner spécial pour Allen, ce soir. Nous fêtons notre sixième mois de mariage.

Debs n'avait pas pu s'en empêcher.

— Je te laisse, dans ce cas, rétorqua sa sœur après un temps.

Le plus ironique dans cette histoire, c'est que Debs n'aurait jamais rencontré Allen sans Alison. Et ses ennuis n'auraient donc jamais commencé. Peut-être Debs ne devait-elle s'en prendre qu'à elle-même. Après tout, elle avait rompu le statu quo sur lequel reposait sa relation avec sa sœur. Autrefois, Alison s'était donné pour règle de la dominer, ayant un meilleur salaire dans sa société de comptabilité et des passe-temps plus intéressants. Debs, elle, n'avait pas trouvé mieux que de chanter dans une chorale féminine. Alison, de son côté, avait appris à naviguer et participé à une croisière pour célibataires jusqu'en Turquie pendant ses congés. Elle avait montré à sa sœur les photos d'un flirt de vacances, Graham, qui, pour reprendre ses termes, l'« adulait littéralement ». Cet homme avait le visage rougeaud, la chemise déboutonnée sur un torse couvert de coups de soleil et d'une toison grise assortie à ses cheveux, une bouteille de bière dans une main et l'autre sur la cuisse d'Alison. Elle avait passé tout un week-end à torturer sa sœur avec force détails sur Peterborough, où Graham avait proposé de l'emmener. Le jour du départ arriva puis s'en fut et le nom de cet homme ne fut plus jamais prononcé. Debs s'était bien gardée de poser des questions, mais c'est bizarrement cette aventure qui la poussa à consulter les annonces matrimoniales du *Guardian*.

Elle avait ensuite emmené Allen voir sa sœur dans sa maison toute neuve de Palmers Green.

« Plus petit que toi », lui avait chuchoté Alison, profitant d'un passage aux toilettes du prétendant.

En accueillant le couple sur le pas de sa porte, elle avait paru surexcitée, hyperactive – sa façon à elle de se protéger dès qu'elle se sentait menacée.

« Tu as toujours mauvaise mine, Debs… Est-ce le même mauvais rhume que la dernière fois ? » s'était exclamée Alison en prenant, sans autre remerciement qu'un signe de tête, la bouteille de chianti qu'Allen avait apportée.

Ayant appris que Debs allait se marier, sa sœur ne lui avait plus adressé la parole pendant deux mois.

Alison s'était peut-être réjouie de ce qui s'était produit le jour de ses noces, se disait parfois Debs.

L'esprit de Debs était si saturé de sombres pensées que, pour y échapper, elle finit par éprouver le besoin de quitter la maison et de monter la côte jusqu'à l'Ally Pally. En chemin, elle n'arrêta pas de jeter des coups d'œil par-dessus son épaule pour s'assurer que le cycliste ne la suivait pas.

Le calme régnait aujourd'hui. Il était encore trop tôt pour les groupes d'adolescents qui se retrouvaient là à la pause déjeuner et faisaient en beuglant étalage de leurs connaissances en matière de grossièretés ; trop tard pour les mamans qui avaient déjà ramené leurs bambins chez eux pour la sieste.

Dans l'espoir que la brise légère lui éclaircirait les idées, elle fit trois fois le tour de l'étang d'un pas soutenu puis observa les oies, pigeons et canards qui se battaient pour les miettes de pain que leur avait jetées un retraité. Une cliente assise à la terrasse du café sourit à Debs, qui s'aperçut trop tard qu'elle la connaissait : c'était une des mères de l'école. Baissant les yeux, elle feignit de ne pas l'avoir reconnue. Que diraient-ils, tous ? Lisa Buck avait paru hésitante, le matin même, au téléphone. « Non, ça ira, Debs. Rappelez-nous dès que vous vous sentirez mieux – à votre retour, le directeur voudra certainement vous parler de ce qui est arrivé à Rae, mais rien ne presse. » Inutile de lui traduire ce que ça signifiait : prenez la semaine, l'équipe et moi en profiterons pour nous réunir, discuter de l'accident et fouiller dans votre passé en quête d'éléments inquiétants. Et s'ils découvraient l'incident survenu avec Daisy Poplar ? Cette simple éventualité déterra des images si terrifiantes que Debs se mit à chantonner pour les combattre.

Il lui fallut attendre d'être rentrée chez elle et d'avoir rangé ses derniers livres sur l'étagère pour finalement réussir à enfermer ses idées noires dans leurs boîtes.

Ses livres. Heureusement qu'elle les avait. Ils l'apaisaient toujours. Debs regarda les ouvrages qui étaient restés par terre et se demanda lesquels il lui faudrait extirper des rayons pleins à craquer afin de leur faire une place. Après en avoir sélectionné quelques-uns, elle soupesa leur charge affective dans sa main. Alors que Debs n'avait que sept ans, Mme Shaw, sa maîtresse d'école, lui avait offert un exemplaire en cuir relié d'*Oliver Twist*. Depuis lors, et grâce à cette femme, elle adorait les livres. Pour leur beauté extérieure et leur poids, mais aussi pour le pouvoir d'évasion qu'ils représentaient, notamment celui de l'éloigner du petit appartement étouffant de sa mère sur Walthamstow, avec ses figurines de ballet sans âme et ses programmes de télé.

Debs possédait deux exemplaires de *Tess d'Urberville* – l'un d'eux serait donc sacrifié. Le premier avait une couverture verte, rigide, avec un lettrage doré. Debs l'avait acheté par un après-midi de promenade solitaire à Oxford, avant de connaître Allen, chez un vieux bouquiniste dont la boutique sentait la poussière et le renfermé. Le second était une édition de poche toute cornée qui, en tombant, s'ouvrit sur la page de garde où figuraient son nom et celui de l'université où elle avait préparé son diplôme de professeur des écoles, deux décennies plus tôt. Cette image la ramena aussitôt au cercueil qui lui avait servi de chambre universitaire et à Bruno, un correspondant allemand auquel elle avait cédé sa virginité après une soirée bien arrosée – le vin ayant coulé à flots gratuitement – organisée par leur maître de conférences. Après deux jours passés à espérer, Debs avait ensuite compris que Bruno ne sortirait jamais avec elle, et ne lui adresserait plus la parole.

Elle jeta le livre de poche sur la pile de romans qu'elle donnerait à Oxfam.

Debs ne pouvait pas laisser les Poplar gagner. Ni perdre Allen. Pas question.

Il l'avait appelée pour la prévenir qu'il rentrerait plus tôt pour voir comment elle allait. Debs lui préparait donc un sandwich thon et maïs, son préféré. Elle avait essayé de se familiariser avec ses goûts. Pas d'adoucissant pour les chemises : « Je ne veux pas sentir la fleur au bureau, mon amour. » Une remarque qui, contre toute attente, l'avait fait glousser. Il aimait la bière brune bien fraîche. Et les bons mots croisés.

Il lui fallut une seconde avant de s'apercevoir que son mari, qui venait de franchir le seuil, discutait avec quelqu'un. Elle le rejoignit dans l'entrée et découvrit derrière Allen un jeune officier de police.

— Chérie, détends-toi, lança-t-il en voyant son expression paniquée. Cet agent est simplement venu te poser quelques questions au sujet de la petite fille d'en face. Pas de quoi t'inquiéter.

— Ah, bien sûr, marmonna-t-elle avant de les inviter à entrer dans le salon.

Pour son âge, la vingtaine sans doute, ce policier affichait une assurance étonnante.

— Hier, un témoin nous a appelés pour nous signaler qu'une fillette de cinq ans sous votre responsabilité était tombée dans la rue devant un cycliste, sur Churchill Road. Pourriez-vous me raconter ce qui s'est passé ? Vous êtes sa maîtresse d'école, d'après ce que j'ai compris ?

Le sous-entendu de sa déclaration flotta dans l'air.

— Monsieur l'agent, il paraît que cette enfant a un problème de coordination, probablement à l'origine de sa chute d'hier, intervint Allen, sévère. Pourrions-nous partir de cette hypothèse, je vous prie ? Ma femme n'était pas dans l'exercice de ses fonctions au moment de l'accident. Elle dépannait une voisine qui devait elle-même gérer une urgence médicale. Cet incident l'a bouleversée, ébranlée même, comme vous pouvez le constater. Elle n'a rien à cacher.

Debs observa son mari. Elle ne l'avait encore jamais vu se comporter de la sorte. Voilà comment il avait réussi à faire installer des arrêts d'autobus pour les personnes âgées à des endroits inhabituels !

— D'accord, convint le policier. Voudriez-vous me donner votre version des faits ?

— Oui, répondit Debs en cherchant désespérément quoi dire. Pour être honnête, je ne sais pas vraiment ce qui s'est passé. La petite marchait sagement à côté de moi quand un vélo a déboulé derrière nous, et la minute d'après, elle tombait à mes pieds, dans la rue.

L'officier la dévisagea comme s'il examinait les taches de rousseur sur ses joues. Elle baissa les yeux.

— Avez-vous vu le visage du cycliste ?

— Je… je n'en suis pas sûre.

— Et teniez-vous l'enfant par la main ?

— Je ne m'en souviens pas… Non, je ne crois pas, admit-elle. La petite marchait sagement à mes côtés. C'était inutile.

— Sa mère prétend pourtant que vous étiez bien prévenue qu'il fallait la tenir par la main dans la rue.

De quoi parlait-il ? Debs secoua la tête en regardant Allen.

— Vraiment ? Je sais qu'elle s'inquiète pour la santé de sa fille, comme tout le personnel de la garderie, mais je ne me rappelle pas avoir reçu cette recommandation.

Debs se tortilla pour lutter contre l'étau qui lui enserrait la poitrine, et précisa :

— Il m'arrive d'avoir des absences.

L'officier de police consulta ses notes.

— Votre nom de jeune fille est bien Deborah Jurdon, originaire de Hackney, plus précisément de Weir Close ?

Oh, non ! Elle savait ce qui allait suivre.

— Oui, répondit faiblement Debs.

— Avez-vous été impliquée dans l'agression d'un enfant à l'académie Queenstock ?

Debs baissa les yeux sur le sol. Ses mains tremblaient tellement qu'elle pouvait à peine s'en servir pour remonter ses lunettes.

Allen sauta de son fauteuil.

— Ecoutez, cette histoire n'a aucun rapport avec l'incident, s'emporta-t-il. A présent, veuillez laisser ma femme tranquille. Vous voyez bien qu'elle est bouleversée.

Maintiens les couvercles fermés, maintiens-les fermés, criait-elle dans sa tête. En vain. Toutes les boîtes commençaient à s'ouvrir. Prise de panique, elle laissa échapper :

— Pour en revenir à l'incident survenu avec Daisy Poplar, et pendant que vous êtes là, je crois que je suis harcelée par sa famille. Je sais que tu n'aimes pas que j'en parle, Allen, mais hier soir… sur le vélo… il m'a semblé reconnaître le fils Poplar, son frère, surgissant dans mon dos pour m'effrayer. Voilà pourquoi je ne me rappelle rien de ce qui s'est passé avec la fillette. J'étais terrifiée. Ils n'arrêtent pas de m'appeler pendant la journée. Et… et… ce matin, quelqu'un a rempli notre poubelle de galets et laissé un message sur le sol, écrit à la craie. Un horrible message.

Allen secoua la tête.

— Non, Debs. Arrête, mon amour.

— Mais c'est la vérité. Il faut que tu me croies. Je ne voulais pas t'inquiéter, Allen, mais ça recommence. Ils ont dû me retrouver…

Son mari paraissait tourmenté, perturbé.

— Je t'en prie, mon amour. N'ennuie pas la police avec ces histoires… Elle a des crises d'angoisse depuis l'incident de l'académie Queenstock, expliqua-t-il à l'agent. Elle voit un thérapeute.

Debs le fusilla du regard. Comment osait-il ?

— Je n'invente rien, Allen ! cria-t-elle. Arrête avec ça. Si tu ne me crois pas, viens donc le constater par toi-même.

— Madame Ribwell, intervint le policier, l'air inquiet. Permettez-moi de vous dire qu'il y a peu de chances que vous soyez harcelée par la famille Poplar. D'après le dossier, ils se sont installés sur la côte espagnole pour échapper aux sollicitations malsaines de la presse. Mme Poplar travaille dans un bar, là-bas, dont son frère, je crois, est propriétaire.

Debs le toisa, furieuse. Mais pourquoi tout le monde refusait donc de la croire ?

— Alors comment expliquez-vous ça ? hurla-t-elle en quittant la pièce.

Elle ouvrit la porte d'entrée, suivie par Allen et l'officier. En soulevant le couvercle de la benne, Debs sut tout de suite que quelque chose avait changé. Elle avait mal refermé le couvercle, un peu plus tôt, et quelqu'un était visiblement passé le remettre en place.

Lorsqu'elle ôta le couvercle, son mari et l'agent regardèrent à l'intérieur par-dessus son épaule… et découvrirent un grand vide vert maculé de petites taches de poussière noire, avec, au fond, de fines bandelettes de carton.

— Les pierres étaient là, affirma Debs en montrant la benne. Quelqu'un les a remises là-bas, ajouta-t-elle en pointant du doigt le jardin de la voisine.

Les imposants galets avaient en effet retrouvé leur place, bien alignés, sur la bande de terre de la voisine. Inutile de se retourner pour savoir que le message à la craie verte avait été effacé.

— Elles étaient là, répéta-t-elle. Enfin, je crois.

22

Suzy

Suzy mit sa voiture au point mort, serra le frein à main et coupa le contact. D'une pichenette, elle enfonça un bouton qui referma le toit dans un doux ronronnement, défit sa ceinture et s'enfonça dans son siège. Cinq minutes pour rassembler ses idées avant de pénétrer dans l'hôpital. Comment interpréter la réaction qu'avait eue Callie la veille ? Elle qui était si douce, si passive, l'avait fusillée du regard à maintes reprises, en parlant fort, d'une voix plus assurée que d'habitude.

Suzy regarda dans son rétroviseur le bâtiment victorien de briques rouges qui abritait l'hôpital. Hier, elle y était retournée pour la première fois depuis la naissance des jumeaux. Elle n'oublierait jamais le choc éprouvé à son arrivée en ambulance aux urgences. Ce vieil édifice lugubre, avec ses papiers peints imprimés de magnolias fatigués et ses soûlards belliqueux, ses sols tachés de sang séché et de vomi, semblait à des années-lumière des cliniques immaculées du Colorado, à tel point que Suzy avait demandé à un médecin si c'était la bonne adresse. Heureusement que Callie, sa nouvelle voisine, l'avait rassurée en lui disant que tout irait bien, que l'équipe médicale était formidable, qu'elle avait accouché de sa fille ici et qu'elle remplacerait Jez à ses côtés pendant les cinq longues heures de contractions qui précéderaient l'arrivée des jumeaux dans la salle de travail, avec gorge serrée et halètements désespérés…

Les regards des deux femmes s'étaient alors rencontrés, leurs mâchoires détendues, et leurs rires joyeux avaient résonné dans la pièce en cet instant de vie partagé. Les joues ruisselantes de larmes, Suzy avait agrippé la main de Callie et sut qu'elle avait trouvé une véritable amie. Après tout, cette femme avait vu son corps complètement exposé, vulnérable, honteux, sans pour autant l'abandonner.

Et les vrais amis pardonnent, pensa-t-elle en s'observant dans le rétroviseur.

Callie souffrait et s'en prenait logiquement à Suzy. Il fallait lui laisser du temps, de l'espace, de façon à regagner sa confiance. Elle ne pouvait rien faire d'autre que de rester à ses côtés.

Suzy se retourna et suivit des yeux une silhouette familière qui, en passant devant sa voiture, l'avait tirée de ses pensées. Cette femme avait dans les soixante-dix ans, ou peut-être simplement connu une existence difficile. Elle semblait sortir de l'hôpital et remontait vers Northmore Hill. De taille moyenne mais corpulente – son imperméable bleu ciel peinait à contenir son corps –, elle portait une jupe plissée bleu marine. Suzy ne put s'empêcher de s'attarder sur ses jambes. Elles n'avaient rien à voir avec celles qu'on voyait dans les magazines, ni avec les mollets secs des enfants qui leur permettaient de grimper aux poteaux dans les aires de jeux ou de courir après un ballon de foot, et encore moins avec ceux des citadines en sandales, collants noirs ou bottes de cuir.

Suzy n'avait vu des jambes pareilles qu'une seule fois. Ces mollets presque aussi hauts que larges étaient gras, de la même couleur que de la chair à saucisse. Des varices zébraient la peau flasque aux pores bouchés. Des bourrelets surgissaient çà et là, semblables aux ressorts d'un matelas fatigué. Les chevilles avaient tout bonnement disparu sous la graisse, comprimées dans de grosses chaussures marron que leur propriétaire essayait de déplacer le plus vite possible. Elle fournissait visiblement pour cela de gros efforts, forcée d'incliner son corps à quarante-cinq degrés pour hisser son enveloppe massive en haut de la côte.

Pourquoi un tel empressement ?

Suzy regarda autour d'elle. Un jeune agent de la circulation courait après la marcheuse sur le trottoir d'en face, cinquante mètres en contrebas. Ses longues jambes le transportaient à toute vitesse. La vieille dame jetait des coups d'œil nerveux dans son dos. Le policier sait que son ticket de parking a expiré, songea Suzy, alors il la poursuit. Le guépard et le phacochère.

— Allez, ma grande, tu peux y arriver, murmura Suzy.

Le contractuel bondit entre deux voitures, se réceptionna sur la plante des pieds et attendit de pouvoir traverser, tel un athlète sur la ligne de départ. Des camions descendaient Northmore Hill en trombe, lui barrant le passage. Suzy reporta son attention sur la proie du policier. La vieille dame ralentissait de plus en plus, désormais. Sa poitrine se soulevait pour absorber davantage d'oxygène, ses jambes s'épuisaient à devoir propulser son quintal de graisse sur la pente implacable.

Elle s'appuya sur une Ford Fiesta bleue et se pencha en avant pour prendre trois profondes inspirations. Son visage était celui d'une bête traquée. En se retournant, elle constata qu'il lui restait un peu d'avance.

Suzy vérifia à son tour. La circulation s'interrompit deux secondes à peine au moment où un bus freinait puis s'arrêtait. Sautant sur l'occasion, l'agent piqua un sprint pour traverser la route. A le voir bondir ainsi, on aurait cru que le macadam s'était transformé en trampoline. Cinq grandes foulées plus tard, il avait passé l'artère et fonçait droit sur la vieille dame.

La septuagénaire rassembla ses dernières forces et se glissa entre l'avant de sa voiture et l'arrière de celle qui était garée devant. Son corps flageolait et elle grimaça de douleur en se cognant contre la tôle. Sa clé à la main, elle tentait de l'introduire dans la serrure tout en cherchant son poursuivant du regard. Il approchait. Seulement vingt pas les séparaient. La vieille dame ouvrit la bouche, l'air de grogner, parvint à ouvrir la portière et hissa sa carcasse à l'intérieur du véhicule. Ses mains larges comme des battoirs se chargèrent d'y faire entrer ses gigantesques jambes.

Lorsque le contractuel atteignit l'arrière de sa voiture, il avait les yeux exorbités et luisants d'excitation.

— Tu y es presque, chuchota Suzy.

Dans un effort désespéré, la conductrice claqua sa portière et démarra au moment où l'agent atteignait le trottoir pour vérifier son ticket de stationnement. La vieille dame mit son clignotant et s'inséra dans la circulation alors que l'agent arrivait à hauteur du pare-brise.

Trop tard. La voiture roulait déjà.

Un camion blanc fit des appels de phares en la voyant déboîter, et le contractuel leva la main comme pour lui dire au revoir. Ses lèvres s'ouvrirent sur un sourire éclatant. Il avait perdu la partie, mais la prochaine fois il l'aurait.

Suzy soupira. Le moment était venu d'aller affronter Callie.

Callie regardait par la fenêtre, assise sur une chaise près du lit de Rae, et elle leva la tête lorsque Suzy entra avec un sourire. Cette dernière en espérait un en retour. La bouche de son amie se déforma un peu. Sa moue ne voulait pas dire grand-chose, mais c'était mieux que rien et en tout cas mieux qu'hier, quand Callie évitait délibérément son regard.

— Où est Rae ? s'enquit Suzy.

— Dans la salle de jeux avec un autre gamin.

Suzy se pencha pour déposer un baiser sur la joue de son amie et lui trouva la mine pâlichonne. Callie portait les mêmes vêtements que la veille et du maquillage avait coulé sous ses yeux. Les cheveux qui encadraient son front étaient dressés, comme si elle avait dormi à même le sol.

— Eh bien, c'est plutôt bon signe, soupira Suzy.

— Ils l'ont mise sous antibiotiques pour sa jambe, poursuivit Callie. Son cœur va bien, mais ils la gardent jusqu'au goûter.

— Au fait, j'ai utilisé le double de tes clés pour ouvrir au plombier. Il a dit qu'une poupée s'était retrouvée coincée dans un tuyau qui devait être remplacé. Ça ne sera pas long.

— Merci, répondit-elle distraitement.

Quelque chose dans son expression échappait à Suzy. Une tension au niveau de la mâchoire.

— Qu'est-ce qui ne va pas, ma belle ?

Suzy pouvait voir dans les yeux de Callie la bataille qui se livrait dans son esprit.

— Je ne sais plus où j'en suis, Suze. Un policier vient de passer au sujet de l'accident de Rae. Il a interrogé Debs ce matin, qui prétend que tu ne lui as jamais dit de tenir la main de la petite. Personne ne l'aurait prévenue que Rae ne devait pas courir.

Suzy ne cacha pas sa surprise.

— Quoi ? C'est invraisemblable. Je lui avais spécifié que Rae avait tendance à tomber facilement et qu'elle t'avait échappé en courant lundi soir. Je te jure que j'en ai parlé, Callie. Nom de Dieu ! Pourquoi a-t-elle menti ? Demande à Mlle Buck. En voilà une qui a sûrement entendu notre conversation.

— Apparemment, non. Ils l'ont interrogée. Le policier est parti chercher du thé à la cafétéria. Peux-tu lui en toucher un mot ?

— Bien sûr, répondit Suzy en posant la main sur son épaule.

Callie se leva pour se dégager et se frotta les paupières.

— Désolée. Ecoute, je suis fatiguée. Et cet endroit, je le déteste. Je ne sais plus quoi penser. Enfin, pourquoi n'aurait-elle tenu aucun compte de tes recommandations ?

— Aucune idée.

— C'est juste… Oh, je ne sais pas. Si seulement tu ne lui avais pas demandé de raccompagner Rae à la maison.

Son accusation flotta dans la pièce. Suzy attendit. Il fallait prendre des gants : Callie n'avait manifestement pas fermé l'œil de la nuit.

— Ecoute-moi, ma belle. Je sais que tu es fâchée et très inquiète. Mais comprends bien que je ferais tout mon possible pour Rae, comme pour mes propres enfants. Ta fille fait partie de la famille, et toi aussi. Tu penses bien que je n'ai pas pu dormir de la nuit, me reprochant de l'avoir confiée à cette femme. Je l'ai fait parce qu'il s'agissait d'une enseignante. Et, désolée de te le rappeler, Callie, mais tu lui avais demandé de veiller sur Rae, à la garderie. C'était ta décision. Tout s'est enchaîné si vite… J'ai juste essayé de faire au mieux. Toi absente, il fallait que je trouve le moyen de ramener Rae…

Callie la regarda en roulant des yeux puis secoua la tête.

— Je sais… murmura-t-elle. Mais… cet appartement me rend dingue. Tu n'imagines pas à quel point les choses vont mal, depuis longtemps. Et quand, enfin, j'essaie de m'en sortir, je la laisse à peine trois jours, et voilà. On se retrouve dans ce maudit endroit.

Callie devait entendre ce que Suzy avait à lui dire. C'était important.

— Tu n'as pas à t'en vouloir, ma belle. Je n'aurais pas dû faire confiance à cette enseignante. Nom de Dieu, ça prouve simplement qu'on ne peut confier ses enfants à personne. Je pense sérieusement à retirer Peter et Otto de la crèche, depuis ce qui s'est passé.

Sur ces mots, elle attendit une réaction qui ne vint pas. L'expression de Callie avait changé : elle était ailleurs, le regard dirigé vers un point derrière Suzy, dans le hall.

— Oh, génial. C'est reparti ! dit-elle calmement.

Suzy se tourna pour voir de quoi son amie parlait.

Un homme fort et très bronzé, des boucles blondes de Viking lui fouettant les joues, arrivait dans le couloir à grandes enjambées, accompagné d'une grande brune aux épaules larges et aux cheveux longs. Ils portaient tous les deux une veste kaki et un sac en toile sur l'épaule.

Le visage de Tom lui avait toujours paru avenant, mais l'expression qu'on y lisait en ce moment était aux antipodes de la première impression que Suzy s'en était faite. Il manquait de sommeil après sa nuit en avion et avait les yeux injectés de sang, dangereusement scintillants. Callie se ratatina à son approche et Suzy s'avança vers elle comme pour la protéger.

— Où est-elle ? demanda-t-il.

De près, on remarquait un duvet blond naissant sur ses joues, signe qu'il ne s'était pas rasé. Callie grinça des dents et lui indiqua d'un geste la salle de jeux au fond du service.

Elle retient ses larmes, se dit Suzy. Elle est terrorisée.

— Je veux parler au médecin, gronda Tom en passant devant Callie.

En entendant sa voix, Rae sortit la tête dans le couloir et vint à sa rencontre en boitant. Il s'agenouilla pour lui permettre de jeter ses bras autour de son cou. Kate caressa le bras de Rae.

— Salut, ma puce, dit-elle de sa voix confiante et posée.

Debout, Callie les regarda sans bouger. Voilà ce que ça faisait de voir son mari avec sa nouvelle compagne et son enfant, comprit Suzy en frissonnant. Elle passa son bras autour de Callie, qui sembla se détendre d'un coup et se laissa enlacer.

Ça s'arrangeait. Il lui faudrait du temps, mais les amis pardonnent.

— Il n'a pas le droit de te parler sur ce ton, lui glissa-t-elle. Ne t'inquiète pas, je resterai jusqu'à son départ. Je vais aller chercher le policier et t'apporter ton thé.

Sur ces mots, Suzy abandonna Callie dans le couloir et se dirigea vers la cafétéria. Elle repéra un homme en uniforme en quête d'un sachet de sucre près des caisses.

— Hé ! l'interpella-t-elle. Je suis Suzy Howard, l'amie de Callie Roberts… Vous vouliez me parler ?

— Oui, répondit-il d'un air surpris en lui désignant une table libre. Je vais poser ça pour revenir avec vous sur quelques détails.

Une fois qu'elle eut répondu à ses questions, Suzy aborda sa conversation téléphonique avec Lisa Buck et Debs.

— Donc, vous soutenez avoir prévenu Mme Ribwell que Rae devait être surveillée de près dans la rue à cause de son état ? s'enquit-il, le stylo au-dessus de son bloc.

— Absolument.

— Et voyez-vous une raison qui la pousserait à le nier ?

Suzy se suça la lèvre comme s'il s'agissait de prendre une décision importante.

— Entre nous, et pour être honnête, je trouve cette femme un peu bizarre. Elle m'a paru perturbée, ailleurs. Peut-être est-ce là l'explication ?

— D'accord, dit-il en refermant son bloc. Merci pour votre aide. Nous vous contacterons si nous avons besoin d'autre chose.

— Pas de problème.

Suzy se leva et, alors qu'elle récupérait le thé de Callie, ses doigts effleurèrent par mégarde ceux de l'officier. L'homme lui décocha un sourire enjôleur qu'elle connaissait bien, trop large. Un regard trop pressant.

C'est ça, andouille, pensa-t-elle. Au boulot, maintenant.

Après lui avoir rendu son sourire, Suzy hocha la tête et retourna dans le couloir en direction de la chambre de Rae.

Elle entendit Tom avant de l'apercevoir.

A l'angle, Callie était effondrée contre le mur. Son ex-mari la sermonnait dans le couloir, et Kate, l'air solennelle, gardait le silence à ses côtés. La nouvelle compagne de Tom était juge et partie, faisant comprendre qu'elle connaissait tous les pires défauts de Callie, que dans tous les refuges de montagne et sous toutes les tentes où il leur était arrivé de dormir ensemble, Tom et elle avaient passé des nuits à éplucher son personnage et ses compétences de mère.

Deux contre un ? songea Suzy en posant le gobelet. C'est ce qu'on va voir.

— Il fallait s'y attendre, s'exclamait Tom. On ne peut pas encore la confier à quelqu'un, dans son état. C'est trop tôt. Ce n'est pas parce que tu as envie de reprendre un travail que tu peux le faire. Les choses ne se passent pas toujours comme tu le veux.

Callie courba l'échine et, le regard empli de crainte, se tourna vers Suzy qui s'approchait.

— Hé, je vous défends de lui parler sur ce ton, intervint celle-ci en faisant barrage de son corps entre son amie et Tom.

La surprise le raidit mais ne chassa pas l'éclat menaçant de ses yeux.

— Cette affaire ne vous concerne pas. C'est entre Callie et moi.

— Oui, et votre petite amie ? ajouta-t-elle en désignant Kate. Bien sûr que ça me concerne. Callie est mon amie. Elle est bouleversée et épuisée. Et, pour votre gouverne, j'ai passé plus de temps que vous avec Rae et suis bien placée pour savoir que vous laissez votre ex-femme se coltiner tout le boulot. Et c'est une mère géniale – tout le temps. Alors que vous, vous vous absentez quoi… huit, neuf mois par an ? Et même quand vous rentrez et que vous prenez votre fille un week-end, vous n'arrêtez pas d'appeler Callie pour lui poser des questions idiotes. Si la petite vous dit qu'elle a sommeil, vous vous jetez sur votre portable. Puis, pirouette arrière, vous vous éclipsez avec votre copine ici présente pour aller vous vautrer sur des plages avec vos putains de babouins ou que sais-je encore. Ensuite, vous remettez tout sur le dos de Callie. Si vous la soulagiez un peu, peut-être ne se sentirait-elle pas obligée de retourner travailler pour se donner l'impression de vivre sa vie.

Tom ne répondit pas sur le moment, puis un sourire suffisant joua sur ses lèvres et il lança :

— C'est comme ça que tu vois les choses, n'est-ce pas, Callie ?

Celle-ci garda les yeux rivés sur le sol. Il pivota vers Suzy et poursuivit :

— Je ne vais pas vous faire l'insulte de démonter une explication à laquelle vous croyez sûrement dur comme fer.

Puis il se retourna vers Callie pour ajouter :

— Tu t'es bien débrouillée, sur ce coup-là, Callie.

Cette pique ne la fit pas réagir.

L'air dégoûté, Tom secoua la tête et alla dans la chambre de Rae avec Kate. Suzy se pencha et attira son amie contre elle.

— Allez, viens. Prenons une heure pour faire un saut chez toi. Tu en profiteras pour te changer.

Callie n'ouvrit pas la bouche et se contenta de se laisser guider.

— Tu vaux tellement mieux que tout ça, Callie. C'est scandaleux, la façon dont il te parle.

— Vraiment ? rétorqua calmement son amie.

Suzy passa un bras protecteur autour de sa taille et resserra son étreinte.

23

Callie

Il faut absolument que je parle à Debs. Et vite. Je n'ai pas éprouvé un tel sentiment d'urgence depuis le matin où papa m'a appelée, en butant sur les mots, la voix rauque, pour m'annoncer que maman s'était sentie patraque en rentrant de son club de poésie la veille au soir et qu'il l'avait retrouvée couverte d'un purpura à méningocoque au beau milieu de la nuit. Quelques heures plus tard, malgré tous les antibiotiques qu'on lui avait administrés, ma mère mourait à l'hôpital.

Dans le train qui me ramena alors de Londres à la maison, je comptai les minutes. Je refusais d'admettre la réalité tant que je ne l'aurais pas vue de mes propres yeux. Tant que je ne me serais pas promenée dans la ferme, un peu hébétée, et que je ne serais pas tombée sur ses lunettes abandonnées sur le plan de travail de la cuisine, sans visage pour les porter, sur ses bottes en caoutchouc rangées sous le porche, sans pieds pour les chausser et aller ramasser des carottes pour le dîner. Tant que je n'aurais pas profité de l'absence de papa, parti voir le directeur des pompes funèbres, pour crier : « Maman ? Maman ! Tu peux déplacer ta voiture ?

Maman ! Qu'est-ce qu'il y a pour le dîner ? Maman ! Tu sais où j'ai mis mon haut bleu ? » Parce que, pendant la milliseconde entre mon cri et le silence de la maison qui me reviendrait en écho, une partie de mon cerveau s'attendrait à entendre sa réponse.

Suzy s'engouffre dans Churchill Road. Personne ne pourrait imaginer qu'il s'est passé quelque chose ici hier soir. L'espace d'une seconde, je déteste Londres, cette ville où on peut se faire poignarder dans un parc sans même apparaître aux infos régionales. Nos voisins du village parlaient toujours de maman un an après sa mort. Ils apportaient des petits plats ou des fleurs à papa, lui proposaient leur aide, et ce bien longtemps après l'anniversaire de son décès.

Suzy se gare devant chez elle et nous descendons sur le trottoir. Le soleil brille, aujourd'hui, me brûlant les yeux ; mes yeux qui ont déjà souffert vingt-quatre heures sous les néons de l'hôpital.

— Viens voir, lance-t-elle.

Elle glisse son bras sous le mien et nous allons jusqu'au bout de la rue, croisant en chemin un couple de quinquagénaires que j'avais reconnus de loin. J'essaie d'accrocher leur regard. Ils doivent être au courant de ce qui est arrivé à Rae. L'histoire de l'accident de ma fille a sûrement fait le tour de la rue, non ?

Le couple traverse la route en discutant. Triste pour ma petite Rae, je marmonne entre mes dents :

— Oui, merci, elle va bien.

Suzy m'adresse un coup d'œil compatissant.

— A quoi tu t'attendais, dans ce quartier ? demande-t-elle.

On s'arrête au bout de la rue et Suzy pointe du doigt le caniveau.

— A mon avis, Rae a dû se mettre à courir et trébucher ou glisser dans ce coin-là, dit-elle en désignant le rebord du trottoir. L'adolescent a pris ce virage.

Il ne reste aucune trace. Qu'est-ce que j'espérais, au juste ? Je ne sais pas vraiment. Un pavé fendu, ou le couvercle d'une canalisation qui aurait sauté et rappellerait aux gens que ce genre d'accident peut arriver à n'importe quel enfant, pas uniquement au mien. C'est alors qu'un bout de plastique jaune attire mon attention. Je me penche pour le ramasser. On dirait un morceau du crâne chevelu de la petite poupée que Rae garde toujours dans sa poche. Les rainures des pneus du vélo ont sans doute emporté le reste.

— Bon, je vais rentrer, maintenant, dis-je à Suzy en dégageant lentement mon bras du sien.

— Ça va, ma belle ? Qu'y a-t-il ?

L'expression « ma belle » m'écorche les oreilles et me fait tressaillir.

— Rien. J'aimerais juste rentrer prendre une douche.

Elle me regarde attentivement et répond, blessée :

— D'accord.

Je fronce les sourcils.

— Ça ira, Suze. Je suis seulement fatiguée, et j'en ai marre. On discutera plus tard.

Suzy hoche la tête, loin d'être convaincue.

— Veux-tu que j'aille parler à cette femme ?

— Non, je m'en charge. Merci de m'avoir déposée.

Pour éviter qu'elle ne me prenne encore dans ses bras, je m'empresse de traverser la rue jusqu'à mon appartement. C'est plus fort que moi : il faut que je m'éloigne d'elle.

J'ouvre ma porte et tombe sur un homme dans le vestibule. Il porte une salopette blanche ; ses cheveux gris coupés ras mettent en évidence son front large et une strie sur le haut de son crâne.

— Bonjour. Vous êtes le plombier, je suppose ?

— Exact, ma jolie. Entrez. J'ai presque fini. Le coude a dû être remplacé, il faut que je nettoie un peu. J'ai été aussi obligé de retirer quelques carreaux dans le fond, mais un petit coup de plâtre et on n'en parlera plus.

— Super, dis-je en le suivant sans vraiment faire attention.

Son odeur et celle des produits chimiques ont envahi l'appartement, parfum de déodorant bon marché qui flotte toujours dans les vestiaires des hommes. Tom, lui, avait une odeur corporelle particulière qui se mêlait à celle du savon.

— Au fait, maintenant que j'y pense… Je peux prendre une douche ou est-ce que vous avez coupé l'eau ? Désolée, mais comme j'ai passé la nuit à l'hôpital…

— Bien sûr que j'ai remis l'eau, ma jolie. Et vous savez quoi ? Je vais vous laisser une petite demi-heure, le temps de faire un saut au café.

Reconnaissante, j'approuve d'un hochement de tête.

— Comment va votre petite, au fait ? Votre copine a parlé d'un accident ?

Sa question me surprend. Suzy a dû tout lui raconter.

— Elle n'a pas été renversée ni percutée, dis-je avant de m'interrompre, ne souhaitant pas rentrer dans les détails. Tout va bien, je crois, merci. Ils la gardent en observation jusqu'à ce soir.

— Moi aussi, j'ai un gosse de cet âge-là, reprend-il. Il faut toujours les surveiller comme du lait sur le feu, pas vrai ?

Si, j'imagine, me dis-je, un peu irritée. Et c'est ce que je fais. Qui s'occupe de votre enfant en ce moment même ?

Il ramasse sa veste et se dirige vers la sortie en criant dans son portable :

— J'y serai à 5 heures, mon pote !

Après avoir refermé la porte derrière lui, je me retrouve enfin seule.

La douche me fait du bien, le jet d'eau chaude nettoie ma peau de l'odeur d'hôpital. Je reste dessous un moment sans bouger, laissant l'eau couler sur ma tête, mes cheveux trempés se séparent en mèches lourdes qui pèsent sur mes épaules et devant mes yeux.

Le fait est que je sais pertinemment ce qui m'attend. Mais pour l'instant, j'arrive à me persuader du contraire, à demeurer plantée là, à me dire que tout va bien se passer.

Le téléphone a vibré dans ma poche toute la matinée, à partir de 10 heures. Et je sais qui cherche à me joindre. Ce n'est pas mon père, parce que je ne l'ai appelé que ce matin pour lui assurer que Rae allait bien. Il n'a donc pas insisté pour venir. Il ne s'agit pas non plus de Tom.

Je ne vois donc qu'une possibilité.

Après m'être enroulée dans la première serviette propre qui m'est tombée sous la main, je m'assieds sur mon lit pour me brosser les cheveux. La robe que je portais lundi au boulot traîne dans un coin ; le pouvoir de ses sequins argentés s'est envolé et ce n'est plus qu'un petit tas mou de tissu gris. Une jupe propre et un tee-shirt m'attendent dans le panier de linge à repasser. Après les en avoir sortis, je me lève et soupire.

Mon portable, sur la commode, émet un bip intermittent. Je le déplie, appuie sur la touche « message vocal », et la voix de Guy se fait aussitôt entendre.

« Bonjour, Callie. Ça alors ! Désolé de ce qui t'arrive. J'espère que tout va bien. Appelle-nous pour nous tenir au courant. »

Il marque un temps, un silence prévisible, puis reprend :

« Ça alors ! Bon, écoute, tu sais ce que c'est, j'imagine. Malheureusement, Loll ne peut pas reporter son voyage à New York, ce qui nous oblige à mettre la gomme. Je vais probablement confier le tout à Jérôme en attendant. Loll était très déçu, évidemment, tes idées lui plaisaient beaucoup. Mais, écoute… prends tout le temps nécessaire pour régler tes problèmes et passe-nous un coup de fil dès que les choses se seront arrangées. Alors, on discutera. »

— Non, je murmure.

Oh, non. Il a confié le projet à Jérôme. Jérôme, la vingtaine, sans enfants. Jérôme, qui ne sera jamais appelé à rentrer chez lui d'urgence pour s'occuper d'un gosse malade, ni obligé de prendre ses vacances en plein été.

Qu'est-ce que j'espérais ? C'est fini.

La frustration me fait ouvrir la bouche.

— Aaaaaaahhhhh !

Ce hurlement me vient de si loin que quand il sort on croirait entendre un rugissement.

Puis je m'écrie :

— Merde !

Tout est fichu, si près du but.

Coup de sonnette. Ma tête se redresse brusquement. Je respire un grand coup et vais ouvrir. Le plombier se tient sur le seuil, l'œil curieux.

— Tout va bien ?

— Vous avez le champ libre, lui dis-je en attrapant mon sac.

— Très bien. Et, ma jolie, pourriez-vous me donner les détails pour la facture, avant de partir ?

La facture ? J'essaie de rassembler mes esprits.

— Vous devez… en fait, pourriez-vous l'établir au nom du père de ma fille ? dis-je en prenant son stylo.

— Vous avez bien raison, ma jolie. Ne le laissez pas se défiler sans lui faire cracher sa part. L'ex de ma sœur a des oursins dans les poches, ce fumier. Il paye jamais rien. Excusez le vocabulaire.

Je lui note les détails, et chaque lettre de chaque mot que j'écris me déplaît. Le message de Guy me revient par vagues, avec tout ce qu'il implique. J'ai planté le projet de Loll Parker et le patron va en déduire que je ne suis plus fiable. Je ne gagnerai plus ma vie, finalement. Il ne me sera même pas possible de régler cette facture, me dis-je en la regardant. En comptant mes dépenses de fringues au Brent Cross, il ne me restera presque rien de mes trois jours de travail.

— Si elle rentre à temps, ma voisine d'en face récupérera le jeu de clés qu'on vous a confié. Sinon, laissez-le dans la boîte aux lettres, d'accord ?

Le plombier n'y est pour rien, mais en quittant la maison, je claque la porte derrière moi et file vers la grille. En face se dresse la maison de Debs.

Une journée. Une journée entière s'est écoulée depuis l'accident et elle n'a même pas daigné m'écrire un mot, passer un coup de fil ou même présenter ses excuses. La négligence de cette femme a envoyé ma fille à l'hôpital et m'a arraché tout ce qui me rendait heureuse, en dehors de Rae.

Venue de je ne sais où, une colère de mère déferle en moi comme un raz-de-marée et je me surprends à foncer de l'autre côté de la rue.

24

Debs

Debs observait la scène derrière ses voilages.

Elle avait vu Callie et Suzy arriver puis rentrer chez elles et maintenant, elle attendait la suite. Ranger ses livres par ordre alphabétique l'occupait : monter Dickens d'un cran, descendre Hardy, ça l'aidait bien à se calmer. Caresser les ouvrages, humer le parfum rassurant de leurs couvertures poussiéreuses. Remettre de l'ordre. Essayer d'oublier les paroles du jeune policier. Si les Poplar avaient quitté le pays, ils la harcelaient encore par procuration. Eux ou certains de leurs partisans, qui avaient appris l'affaire par la presse. Elle n'inventait rien, c'était certain. Pourquoi refusait-on de l'écouter ?

Alors que Debs se détournait de la fenêtre, un mouvement attira son attention. Callie sortait de sa maison. Curieusement, sa voisine d'en face n'avait pas pris la peine de verrouiller sa porte et avait franchi son portail à toute vitesse, les sourcils froncés. Ses cheveux étaient sombres et plats, comme si elle venait de les laver.

Brusquement, Callie s'arrêta et fixa son regard sur la maison de Debs, qui en eut le souffle coupé et s'écarta de sa fenêtre. L'avait-elle repérée ? Relevant légèrement la tête, Debs la vit, l'air furieuse, traverser la rue dans sa direction.

— Au secours, dit-elle en se tapissant sous le rebord de la fenêtre.

Boum. Boum. Boum.

La porte trembla puis la sonnette retentit à deux reprises. Debs retenait son souffle et se faisait aussi petite que possible. Lorsqu'elle leva les yeux, la silhouette de la voisine se dessinait dans l'encadrement de la fenêtre.

— Ohé ! lança-t-elle tout en inspectant l'intérieur.

Son filet de voix nerveux des premiers jours avait laissé place à un ton hardi. Debs tremblait, mais elle resta immobile. Que pourrait lui faire cette fille ? A moins de briser la vitre, cette furie ne pourrait pas entrer. Tant que Debs demeurait cachée là, il n'y avait aucun danger.

Elle compta jusqu'à dix, entendit sa grille claquer, puis le bruit d'une voiture qui démarrait. Quand Debs risqua de nouveau un œil par la fenêtre, la vieille Renault rouge de Callie quittait la rue en trombe.

Elle se sentait à l'abri sous la fenêtre. De petits moutons de poussière étaient coincés entre les lattes tachées du plancher. Debs passa sa main au-dessus et sentit un léger courant d'air chargé d'humidité monter de la cave et lui caresser les doigts. La théière n'était pas loin, se dit-elle. A quelques pas d'Allen, qui n'en savait toujours rien.

Le claquement de la porte de la voisine la fit tressaillir. Debs vit l'Américaine sortir de chez elle chargée de sacs de courses et partir en voiture. Par mesure de précaution, elle patienta dix minutes allongée par terre et en profita pour trier les ouvrages de Whitman et d'Evtouchenko, sur l'étagère du bas. Maintenant que tout danger était probablement écarté, elle rampa jusqu'au hall, ramassa le paquet enrobé dans du papier cadeau décoré de fées et posé à côté de la poupée écrasée de la petite fille, puis mit ses chaussures. On ne pouvait pas lui en demander plus pour l'instant. Toujours à quatre pattes, elle s'approcha de la porte d'entrée. La voie était libre. Sans attendre, Debs traversa la rue. L'allée de Callie ne ressemblait pas tout à fait à ce qu'elle s'était imaginé. La peinture de la grille s'écaillait. Il y avait deux poubelles à l'entrée au lieu d'une ; des bouts de cartons traînaient derrière l'une d'elles et le jardin était envahi de mauvaises herbes. Bizarre. Debs n'aurait jamais pensé qu'une jeune femme aussi élégante que Callie puisse habiter un endroit pareil.

Mieux valait laisser le cadeau sur le pas de la porte, décida-t-elle. Il serait caché par les poubelles et donc invisible de la rue, mais sa voisine tomberait dessus en rentrant chez elle.

Debs s'apprêtait à mettre son projet à exécution quand elle perçut du bruit venant de l'intérieur et avisa deux sonnettes dans l'encadrement de la porte d'entrée. Oh. La maison était-elle divisée en appartements ?

Elle recula d'un bond au moment où une jeune Noire voilée surgit du bâtiment, tout aussi surprise qu'elle. Debs montra son paquet pour lui expliquer sa présence et l'inconnue lui répondit avec un sourire radieux, l'invitant d'un geste à entrer.

— Oh non, objecta Debs. Je venais simplement…

Son interlocutrice haussa les épaules sans se départir de son sourire pour lui faire comprendre qu'elle ne parlait pas anglais.

— Oui, oui, insista la jeune femme.

Bon, d'accord. Peut-être serait-il plus sûr de déposer le paquet dans le hall commun, après tout. Elle hocha la tête, entra, et l'inconnue l'abandonna en refermant la porte d'entrée.

Le hall sentait le renfermé. Une volée de marches tapissées de moquette grise usée menait à l'étage supérieur.

Bien. Et maintenant, où placer son cadeau ? Sur l'étagère où s'entassait le courrier ? Ça devrait faire l'affaire.

Elle était en train de poser son paquet à côté d'un tas de prospectus quand la porte de l'appartement du rez-de-chaussée s'ouvrit sur un homme chauve et costaud porteur d'une trousse à outils.

— Oh !

— Oh, tout va bien, ma jolie ? Vous êtes la voisine d'en face ?

Debs hocha la tête.

— J'allais justement vous laisser ça, grommela-t-il en lui confiant un trousseau de clés. Dites-lui que tout est réparé et que je souhaite un prompt rétablissement à sa fille. J'ai un gamin du même âge, moi aussi. Salut !

— Oh… non… bredouilla-t-elle dans une vaine tentative pour le retenir au moment où il refermait la porte d'entrée derrière lui.

Debs demeura dans le hall silencieux, les clés à la main. Oh, mon Dieu. Et maintenant, que faire ?

Elle préférait vraiment éviter de parler à Callie tant qu'elle ne se souviendrait pas précisément de l'incident de la veille. Pour l'instant, peut-être valait-il mieux fermer la porte à clé et attendre le retour de l'Africaine sur le trottoir ? Cette dernière récupérerait le trousseau. Elle était sans doute allée à l'épicerie du coin.

Convaincue qu'il s'agissait là de la meilleure option, Debs s'avança pour fermer la porte de chez Callie, et aperçut alors une partie de son entrée.

Curieux. Non, décidément, cet appartement ne ressemblait pas du tout à l'idée qu'elle s'en était faite. Elle regarda de plus près les murs couverts d'un lambris qui avait dû, il y a longtemps, être peint en beige. La peinture s'écaillait, sans doute grattée par un enfant, et les nœuds du bois avaient retrouvé leur couleur naturelle. Du lino imitant le carrelage recouvrait le sol. Les crochets croulaient sous des manteaux trop nombreux. Une multitude de paires de chaussures étaient éparpillées en dessous, des talons pointant dans tous les sens. Quelques parapluies, dont un aux baleines cassées. Une pile de chapeaux et des gants débordaient d'un sac en plastique accroché par une pince à linge. Un cartable d'enfant était appuyé contre le mur.

La curiosité poussa Debs à s'enfoncer dans l'appartement. Le mode de vie de Callie la surprenait beaucoup. Cet appartement paraissait délaissé, sans âme. Dans le salon, on avait jeté un plaid n'importe comment sur un vieux canapé. Les étagères qui encadraient la cheminée ne contenaient pas un seul livre mais des dossiers en vrac, des piles de dessins d'enfant dont deux étaient collés au mur avec de la pâte adhésive. Un des rayonnages était posé dans un coin ; il s'était certainement décroché du mur et personne ne l'avait remis en place. Plusieurs photos sans cadre étaient disséminées sur la cheminée : une de Callie et Rae, une autre d'un homme qui semblait être le père de la petite, une de Rae déguisée en compagnie des garçons d'à côté pour Halloween et un autre cliché des mêmes, pris sous un autre angle. Où qu'elle se tournât, Debs repérait davantage de signes trahissant le découragement de

Callie. Un pot de fleurs vide. Une table basse disparaissant sous des factures encore dans leurs enveloppes cachetées, et des vieilles lettres de l'école.

Quel dommage ! se dit Debs en pénétrant dans la cuisine.

Là encore, tout était usé et défraîchi. Des feutres et des feuilles jonchaient la toile cirée de la table. Une vieille liste de « courses de Noël » était rédigée à l'encre bleue délavée sur un tableau Velleda.

Une tasse sale avait été posée près de l'évier, sans doute par le plombier. Debs chercha un lave-vaisselle, mais il n'y avait qu'un vieux lave-linge au hublot fendu sur lequel trônait un sèche-linge. Sans réfléchir, Debs attrapa le liquide vaisselle, dénicha une brosse et nettoya la tasse avant de la ranger sur l'égouttoir. Une fine couche de tartre blanc nappait l'évier. L'eau calcaire de Londres en laissait toujours partout. Ce n'était pas sale, mais pas entretenu.

Ahurie, Debs ne parvenait pas à comprendre comment Callie pouvait accepter de vivre dans un tel capharnaüm. Elle jeta un coup d'œil sous l'évier, trouva de l'eau de Javel, un tampon à récurer, puis se figea brusquement.

Que fabriquait-elle, au juste ?

Eh bien, rien de mal, si ?

Debs vaporisa du détergent sur l'évier, le robinet, sous l'égouttoir et commença à frotter.

Frotter, frotter, frotter.

Cinq minutes plus tard, l'évier étincelait.

Bien, pensa-t-elle.

En rangeant les produits, elle s'aperçut que du liquide vaisselle avait coulé dans le placard. Une épaisse traînée verte et sèche serpentait entre les bouteilles de produits ménagers et sous des sacs-poubelle humides qu'on avait poussés au fond.

Je vais juste passer un petit coup là aussi, se dit-elle.

C'est en récurant le placard à genoux par terre, essuyant les bouteilles et retirant de vieux torchons, que Debs examina le lino du sol. De toute évidence, on n'y passait la serpillière qu'à la va-vite et pas plus d'une ou deux fois par semaine. Cela n'avait pas suffi à faire disparaître le filet de crasse marron qui cernait le bas des placards et s'incrustait entre les flancs des éléments de cuisine.

Debs se releva. Ça ne lui prendrait rien qu'une minute de plus. Et maintenant, où était donc rangé le balai-éponge de Callie ?

Debs n'eut pas conscience du temps qui passait. De 14 heures, l'horloge était d'un coup passée à 18 heures.

L'appartement sentait le propre et le frais. Debs recula, satisfaite. Elle avait pris quelques secondes pour aller récupérer deux ou trois choses chez elle, et le trois-pièces avait été récuré et astiqué de fond en comble. Les vitres scintillaient. Après un détartrage complet, la cuvette des toilettes était désormais immaculée. Elle avait passé l'aspirateur et saupoudré la moquette du salon avec du Febreze, lancé une nouvelle machine après avoir transvasé le contenu de la première dans le sèche-linge, jeté les vieux tubes de dentifrice, les rouleaux de papier-toilette vides et les bouts de savon de la salle de bains. Un tas d'enveloppes vides et de prospectus était posé à côté de la porte d'entrée, pour le recyclage. Tout le reste avait été trié et classé dans des dossiers, selon la méthode de rangement par couleurs d'Allen. Debs avait accroché le courrier urgent à un vieux panneau avec des punaises rouges apportées de chez elle. Toutes les chaussures orphelines ou de pointure inférieure au 28 avaient été mises dans un sac à recycler avec quelques manteaux taille trois ans et une pile de vieux magazines et de quotidiens régionaux qui traînaient à côté du canapé.

Il ne lui restait désormais qu'une seule tâche à accomplir.

Les lieux ayant été suffisamment aérés, c'est en montant sur une chaise dans le salon pour fermer les fenêtres que Debs aperçut Suzy. L'Américaine était rentrée chez elle. Les vitraux de sa porte d'entrée avaient été remplacés par des vitres transparentes, laissant voir la jeune femme assise à mi-étage, dans l'escalier, un combiné rivé à l'oreille.

Debs l'observa attentivement. Sa voisine lui avait-elle bien spécifié de tenir la main de Rae ? Cette question l'avait hantée toute la journée.

Il lui fallut un certain temps pour s'apercevoir qu'il y avait du bruit derrière la fenêtre ouverte. Un son familier. Une sonnerie de téléphone dans le lointain. Le monde sembla fonctionner au ralenti pendant que le cerveau de Debs essayait d'en déterminer la provenance. Il ne pouvait s'agir du fixe de Suzy, puisqu'elle l'utilisait.

C'était donc forcément… le téléphone de Debs, de l'autre côté de la rue.

Elle reporta son regard sur la voisine. Ses yeux et ses oreilles tentaient désespérément de collationner l'ensemble des informations recueillies pour leur donner un sens.

Debs constata visuellement la suite.

Suzy raccrocha le combiné.

L'image fut alors confrontée au son.

Le poste fixe de Debs arrêta simultanément de sonner.

Tiens, tiens. Pourquoi cette femme chercherait-elle à la joindre ?

Une forme en mouvement sur la droite attira l'attention de Debs. C'était Allen qui remontait la rue, vêtu de l'imperméable élégant qu'elle lui avait offert pour Noël. Et zut ! Etait-il si tard ? se demanda-t-elle en consultant sa montre. Il fallait finir ici au plus vite pour aller préparer le dîner.

Son mari ralentit en s'approchant de leur grille, remarqua-t-elle avant de s'éloigner de la fenêtre. Il avait les paupières lourdes derrière ses lunettes, qu'il remplacerait peut-être bientôt par des lentilles – c'est du moins ce que Debs espérait secrètement. Allen avait de beaux yeux, oui, d'un brun clair éclaboussé de jaune, encadrés de longs cils couleur sable. Mais les verres épais de ses lunettes démodées les rendaient un peu globuleux. Ses sourcils broussailleux, qui poussaient comme bon leur semblait, étaient soulignés et densifiés par une épaisse monture noire. Debs était la seule à l'avoir déjà vu sans ses lunettes. La première fois qu'il les avait ôtées, la beauté de ses iris mis à nu l'avait ébranlée au point de la faire rougir et détourner le regard. Cette scène lui avait paru si intime.

Son mari savait composer avec le physique dont il avait hérité, et ne s'en plaignait pas, songea-t-elle avec un soubresaut d'amour pour lui. Sa terrible mère n'avait jamais cherché à le mettre en valeur. Par peur de le perdre, sans doute, d'après Debs. Eh bien, elle-même était à présent là pour l'aider.

Debs regarda Allen ouvrir la porte et ses épaules s'affaisser à la perspective du drame qui pourrait l'attendre chez lui. Pas ce soir, lui promit-elle en silence. Ce soir, sourire et optimisme. Pas un mot sur les Poplar, les avions, ou les enfants d'à côté. Debs se contenterait de l'interroger sur sa journée en lui prodiguant l'attention qu'il méritait. Cette journée, au moins, se finirait correctement.

Un bruit attira de nouveau son attention au moment où elle s'apprêtait à tourner les talons. Son téléphone avait recommencé à sonner, plus fort, cette fois, maintenant qu'Allen avait ouvert la porte d'entrée. Il posa son attaché-case, un autre cadeau de sa femme, acheté en solde chez Debenhams. Au même moment, Suzy sortait sa poussette, à laquelle s'agrippait son aîné, sur le perron.

Curieux.

L'Américaine avait toujours le combiné collé à l'oreille.

Debs fut littéralement hypnotisée par la scène qui s'ensuivit : Allen se raidit en foulant le plancher de leur hall d'entrée pour aller décrocher. Et sa femme sut alors avec certitude ce qui allait se produire. Elle fusilla Suzy du regard, qui éloigna le téléphone sans fil de son oreille et pressa un bouton.

La sonnerie de celui de la maison s'interrompit aussitôt.

Debs fut clouée sur place. Elle vit son mari, une expression perplexe sur le visage, retourner à la porte et la refermer doucement, inconscient de la présence de Suzy à quelques mètres à peine.

Après avoir reposé son téléphone à l'intérieur, Suzy s'éloigna de chez elle avec ses trois enfants.

Un frisson parcourut le corps de Debs. Les bruits des enfants, leurs pas sur le parquet et dans les escaliers l'avaient dérangée toute la semaine. Et si Suzy l'entendait aussi se déplacer ? Et si elle savait exactement quand Debs s'apprêtait à décrocher ?

25

Suzy

Le parc était très calme quand Suzy y pénétra avec les enfants.

Ils y avaient déjà passé un moment après la garderie, mais Henry était si agité – il sautait devant les jumeaux en lançant des cris perçants pour les effrayer – qu'elle avait décidé d'y retourner.

En arrivant à l'aire de jeux, tout au fond du parc, Suzy reconnut à ses longs cheveux roux la petite fille qui jouait dans la cage à écureuils. Rien à voir avec la chevelure de Nora, qui tirerait plutôt vers le blond vénitien, ou avec son visage constellé de taches de rousseur et sa peau qui serait aussi laiteuse que celle de Suzy.

La petite voulait grimper en haut des barres et s'étirait afin d'attraper la première. Elle avait la bouche ouverte sous l'effet de la concentration et sa robe d'été remontait, exhibant sa petite culotte parsemée de marguerites.

Suzy fit un tour d'horizon. Le café avait fermé à 17 h 30, les écoliers étaient rentrés chez eux pour le goûter. Seuls quelques promeneurs sortaient leur chien sur le terrain de foot. L'un d'entre eux envoya une balle rouge à son lévrier qui traversa le parc à toute vitesse. Henry se rua vers le faux tracteur situé au bout de l'aire de jeux et émit des grondements de moteur en tournant le volant. Rae lui manquait : avec elle, il n'aurait pas été aussi énervé en sortant de l'école. Cette petite lui faisait un bien fou, elle avait le don de l'apaiser.

Les jumeaux dormaient dans leur poussette, la tête penchée comme des vieillards, bouche ouverte, joues douces et tombantes. Suzy enclencha le frein de la poussette et les embrassa tous les deux sur le crâne tout en gardant un œil sur la petite.

Où diable était passée sa mère ?

— Vous pouvez m'aider ? lança l'enfant.

— Moi ? fit Suzy.

— J'arrive pas à l'attraper, expliqua la petite fille en faisant une nouvelle tentative pour saisir la barre.

— Tu t'appelles Hannah, c'est ça ?

Celle-ci hocha la tête.

— Où est ta mère, ma puce ?

— Elle fait son jogging, répondit Hannah en désignant l'autre bout du parc. Pour maigrir. Elle va aux réunions Weight Watchers, aussi.

Suzy aperçut une femme potelée en leggings noires et tee-shirt blanc qui, s'éloignant d'eux en courant, était hors de portée de voix.

— Ta maman t'a laissée toute seule ? demanda-t-elle, incrédule.

Il suffirait d'une seconde pour enlever la petite. Même si cette femme apercevait le ravisseur, elle n'aurait jamais le temps de traverser le parc pour l'arrêter. Une poignée de secondes. Il n'en fallait pas plus pour qu'une enfant se blesse gravement.

— Ça va. Je suis une grande fille, maintenant.

Suzy soupira.

— Je suis désolée, ma puce, je ne peux pas t'aider à monter là-dessus sans la permission de ta maman. Si tu tombais, elle risquerait de m'en vouloir. Mais on lui demandera la permission dès son retour.

— D'accord, concéda la fillette en sautant à terre.

Passant en trombe devant Suzy, Hannah commença à grimper le long d'un mât de trois mètres de haut en s'aidant de ses pieds nus.

— Elle est où, Rae ? s'enquit-elle en posant ses innocents yeux noisette sur Suzy.

— Ah ! Eh bien… chez le médecin, en ce moment, ma puce. Elle a eu un petit accident.

— Est-ce qu'elle va revenir dans notre école ?

Suzy marqua une pause avant de répondre.

— Euh, oui. Mais il faudra la laisser tranquille pendant quelque temps. Rae est malade, tu comprends. Ce serait dangereux pour elle de grimper comme tu le fais, dans son état. Alors, à l'école, tu devras être gentille avec elle. La laisser s'asseoir pendant la récréation pendant que tu joueras avec quelqu'un d'autre.

La joggeuse en tee-shirt blanc bifurquait et passait de l'autre côté, continuant à s'éloigner de sa petite fille. C'était ridicule. Tout le monde avait dû entendre parler de ce qui était arrivé à Rae, non ? se demanda Suzy en regardant autour d'elle. La mère de Hannah faisait preuve d'une irresponsabilité totale. Suzy déplaça doucement la poussette derrière un buisson, près de la maison en bois du café qui avait fermé ses portes.

— Hannah, tu veux venir voir les petits frères de Henry ? Ils dorment, là. Ils sont adorables.

Avec un grand sourire, la fillette sauta de son perchoir et la rejoignit à l'arrière du bâtiment. Suzy repoussa les couvertures.

— Oh, comme ils sont mignons, murmura-t-elle. Bonjour, les bébés…

A travers le buisson, Suzy vit la femme en tee-shirt en train de courir de l'autre côté du parc tout en jetant des coups d'œil inquiets vers la cage à écureuils. Son rythme s'était accéléré.

Eh oui, madame, pensa-t-elle. Voilà exactement ce qui peut arriver quand on expose son enfant à des risques pareils.

— Hannah ! appela la joggeuse de loin, puis elle recommença un peu plus fort, avec de la panique dans la voix : Hannah !

La fillette esquissa un mouvement mais fut retenue par Suzy.

— Tout va bien, ma puce, je suis là. Ta maman nous rejoindra dans une minute et s'apercevra que tu ne crains rien, avec moi.

Sa mère l'appela de nouveau, en criant presque cette fois, puis coupa à travers le parc en piquant un sprint.

Bien, ça devrait suffire.

Tandis que, effrayée, le visage rouge, la joggeuse courait maladroitement dans leur direction, Suzy sortit de sa cachette et poussa doucement Hannah devant elle en la tenant par les épaules.

— Par ici, lança-t-elle avec un signe de la main. Je lui montrais juste les frères de Henry.

On aurait dit que Caroline ne pouvait plus s'arrêter de courir, malgré son souffle court.

— Oh, merci, Seigneur, haleta-t-elle. J'ai cru que Hannah était partie en vadrouille. Désolée… C'est la seule occasion que j'aie de courir… John travaille tard… Ma fille se débrouille bien, d'habitude…

— Eh bien, c'est vrai, il faut faire attention, approuva Suzy tandis que la joggeuse cherchait à reprendre son souffle. Il a suffi que la maîtresse tourne la tête une seconde pour que Rae…

— Ah oui, comment va-t-elle ? s'enquit Caroline. La nouvelle nous a beaucoup inquiétés. Je comptais justement aller voir Callie. Mais peut-être le moment est-il mal choisi ?

— Elle passe beaucoup de temps à l'hôpital. Ça l'épuise.

Callie n'avait vraiment pas besoin de ça en ce moment. Recevoir des appels de ces femmes qui feraient semblant de se soucier de son sort alors qu'elles voulaient simplement profiter de l'occasion pour cancaner sur Callie et sa vie.

Caroline la dévisagea un instant, hocha la tête et répondit :

— Très bien. Bon, nous ferions mieux de rentrer. Viens, Hannah.

Elle s'éloigna de quelques pas, puis se retourna pour ajouter :

— Je sais que je m'y prends un peu tard, mais nous organisons une fête à la patinoire pour l'anniversaire de Hannah, samedi, à 16 heures. Si Rae est rétablie, nous serions ravis de la voir, même si ce n'est que pour regarder et ensuite partager le goûter d'anniversaire avec nous. Elle sera la bienvenue.

Henry s'approcha de Suzy et lui pinça le bras, le regard suppliant. Caroline prit conscience de son impair.

— Oh, Henry aussi, évidemment.

— Oh, oui, maman ! Je veux aller à la fête ! cria-t-il en lui tirant le bras.

Hannah regarda sa mère avec une moue désapprobatrice.

— Merci, répondit Suzy sur un ton neutre.

Incroyable ! Inviter Henry et Rae à la dernière minute, comme ça, par pitié. A croire qu'ils étaient des cas sociaux. Et maintenant que son fils avait appris l'existence de cette fête, il lui serait impossible d'y échapper.

— Je déposerai les invitations dans votre boîte, dans ce cas, conclut la joggeuse souriante avant de s'en aller avec Hannah.

Suzy la regarda partir. Il y avait fort à parier que Caroline ne laisserait plus de sitôt sa fille sans surveillance dans le parc.

26

Callie

Quand j'arrive à l'hôpital vêtue de frais, Rae a l'air de s'ennuyer. Elle a repris des couleurs, ses joues ont légèrement rosi.

Vers 17 heures, Kaye fait mine de lui voler son nez, ce qui la fait éclater de rire. Rae essaie ensuite ce nouveau tour sur Tom et moi. A 17 h 45, le Dr Khatam, estimant que la petite va très bien, signe son autorisation de sortie. Elle me fait plaisir en ajoutant qu'elle aurait « peut-être besoin d'un ou deux jours de repos supplémentaires ». D'accord. Je regarde Tom, soulagée. Ce n'était pas grave. On peut y aller.

Mais Tom n'en a pas terminé. Il cuisine le médecin pour savoir quels types de symptômes doivent nous alerter une fois de retour à la maison. Enfin, m'alerter serait plus juste. « Espèce de mère indigne, semble proclamer son comportement. Tu écoutes, oui ? »

Grâce au ciel, Kate et son air hautain étaient partis avant que je sois de retour à l'hôpital. Comme l'état de Rae est bien moins critique que ne le laissait supposer l'appel paniqué de Suzy, ils ont décidé que Kate pouvait repartir au Sri Lanka, m'informe-t-il d'un ton bourru. Elle s'est rendue au bureau de production dans Soho pour voir comment reprogrammer le tournage et poursuivre les prises de vues sans Tom. Ça donnera au père de Rae quelques jours pour s'assurer que sa fille est complètement rétablie avant d'y retourner.

Rae insiste pour sortir de l'hôpital en marchant.

— Je n'ai pas mal, maman ! gémit-elle, en boitant.

— Non, évidemment, grogne Tom qui, se faisant bien remarquer, la prend dans ses bras pour traverser le couloir, aller jusqu'à ma voiture et l'y installer.

Eh ! D'après lui, comment fera-t-elle quand il ne sera plus là, la semaine prochaine ? me dis-je en attachant la ceinture de Rae pendant que Tom grimpe dans sa jeep.

Sur le trajet du retour, en passant par le nord de Londres, Rae fait des signes à son père, qui roule juste derrière nous. Je l'ai surprise en train de nous regarder tous les deux, aujourd'hui, dans la chambre d'hôpital. Son visage trahissait le film qui défilait dans sa petite tête : elle nous revoyait nous remettre ensemble.

— Tout va bien, ma puce ? dis-je en m'engageant dans Churchill Road.

— Hmm, répond Rae qui s'enfonce dans son siège.

Je me gare sur la dernière place libre, obligeant Tom à aller plus loin et à emprunter la ruelle parallèle à droite, pleine de garages, qui longe l'arrière de la maison. Rae et moi nous descendons de voiture et marchons vers l'angle de la rue.

— Où est-ce que ça s'est produit ? demande Tom en nous rejoignant, ses clés de voiture à la main.

Je lui indique l'endroit où est survenu l'accident, juste au coin, avant d'interroger Rae.

— Rae, te souviens-tu de ce qui s'est passé le soir de ta chute ? Etais-tu contrariée parce que Hannah avait annulé son invitation, dis ?

Maligne, elle prétend avoir glissé. Je la soupçonne de ne pas vouloir admettre qu'elle s'est mise à courir alors que je le lui avais interdit deux jours plus tôt.

— Cal, laisse tomber. Pas maintenant. Rae nous expliquera tout quand elle sera prête.

Cette façon qu'a Tom d'affirmer son autorité sur notre fille et moi, comme si notre monde s'arrêtait dès qu'il a le dos tourné, comme si nous attendions ses retours de voyage pour penser et aller de l'avant, j'adore.

Il porte Rae jusqu'à chez nous. Ah ! les clés. J'ai laissé mon sac dans la voiture. Je m'apprête à traverser la rue pour aller le chercher quand je vois Tom franchir la porte d'entrée.

— Tu avais laissé ouvert ? lance-t-il.

— Non.

C'est bizarre. Je les rattrape, les devance et découvre que la porte de l'appartement n'est pas verrouillée non plus. Je fronce les sourcils. Tom pose Rae sur les marches de l'escalier et passe devant moi, protecteur.

— Impossible que le plombier soit encore là, dis-je.

— Ne bouge pas, m'ordonne-t-il avant de pénétrer à l'intérieur.

Après avoir articulé le même ordre silencieux à Rae pour qu'elle attende dans l'escalier, je lui emboîte le pas. Une odeur étrange flotte dans l'appartement, un mélange de produits ménagers et d'humidité, comme si on avait nettoyé les moisissures nauséabondes incrustées dans les fissures de cette vieille maison mal entretenue. Il me faut une seconde pour me rendre compte que ce n'est pas tout. Seuls deux manteaux sont suspendus aux crochets, et les chaussures ont été alignées.

— C'est quoi, ce… ?

Ce serait Suzy qui aurait tout rangé pour nous ?

Tom jette un coup d'œil dans la cuisine, secoue la tête, va dans le salon tandis que de mon côté je me rends dans ma chambre.

Derrière la porte, je tombe sur Debs qui chantonne en secouant un drap au-dessus de mon matelas. Cette vision me surprend tellement que je suis obligée de me pincer pour m'assurer que je ne rêve pas.

— Euh… qu'est-ce qui se passe ? dis-je, perplexe. Que faites-vous ici, Debs ?

Ce n'est quand même pas Suzy qui lui a ouvert ?

Elle lève les yeux, complètement déroutée, et balbutie en remontant ses lunettes sur son nez :

— Oh…

Je sens la chaleur de Tom dans mon dos.

— Qu'est-ce qui se passe ? s'enquiert-il à son tour.

Debs lui jette un regard terrifié. Je vois ses mains trembler.

— Euh, Tom, peux-tu faire entrer Rae dans le salon ?

— Debs ? N'est-ce pas la femme qui… ? dit-il, le regard furibard.

— Contente-toi d'installer Rae dans le salon. Je vais régler ça, dis-je en le poussant doucement dehors, avant de refermer la porte derrière lui. Debs ? Qu'est-ce que vous foutez dans ma chambre, enfin ? Et qu'est-ce que vous avez fait dans mon appartement ? C'est Suzy qui… ?

Je m'arrête en constatant l'ordre qui règne dans la chambre. Elle est si bien rangée qu'on dirait celle de quelqu'un d'autre, et ça me coupe le sifflet. Les vieilles photos de Rae et moi trônent sur la commode dans deux nouveaux cadres. Une des anciennes nappes en dentelle de maman recouvre la coiffeuse. Ma pile de foulards, mes bandeaux et mes colliers ont été triés et rangés par catégories dans des boîtes différentes. Les cosmétiques que j'ai achetés au Brent Cross et que, dans ma hâte, j'ai laissés traîner hier matin ont regagné le sac, les bâtonnets rouge et blanc bien parallèles.

— Euh… Oh… bégaie Debs. J'ignore ce qui s'est produit. Je suis passée déposer une nouvelle poupée pour votre fille afin de remplacer celle qui s'est cassée dans sa chute. J'ai alors remarqué le léger désordre qui… et… Seigneur. Je suis tellement navrée…

— Vous avez tout nettoyé toute seule ?

Le regard fixe, elle acquiesce.

— Euh, Debs ? Il faut que vous partiez.

— Oui. Oui, bien sûr.

Elle lâche le drap et s'achemine vers la porte. Tout ça est abracadabrantesque ! J'essaie de rassembler mes esprits.

— Je ne comprends pas. Vous n'êtes pas venue la voir, à l'hôpital.

Debs se fige, secoue la tête et répond, les yeux baissés :

— J'en avais l'intention. Je cherchais juste à me souvenir de ce qui s'est produit hier avant de vous parler. Et je n'y arrive pas. Rae était à côté de moi et une minute plus tard, elle gisait sur la route. Il y avait ce jeune cycliste, vous voyez, et…

— Mais Suzy vous avait prévenue qu'il fallait lui tenir la main.

Elle a un air abruti qui commence à me porter sur les nerfs.

— Je crains de ne pas l'avoir entendue.

— Enfin, vous, une *institutrice* !

— Une institutrice, oui, mais pas une mère, j'en ai peur, réplique-t-elle. En général, quand nous sortons avec un groupe d'enfants, nous ne pouvons pas tous les tenir par la main.

Je secoue la tête. Peut-être est-ce la fatigue, mais cette femme m'inspire de la pitié. De près, sa peau rose paraît douce et recouverte d'un voile brillant de vaseline, comme celle de maman. Sous ses sourcils grisonnants et fournis, ses yeux sont ternes, avec de grosses poches naissantes.

— Debs. Nous avons vécu un cauchemar. Rae était en grand danger, hier soir. Par chance, elle va bien… mais imaginez qu'une voiture ait déboîté à la place du vélo ! Ecoutez, je suis à bout de forces et contrariée. Merci pour la poupée, mais vous n'auriez pas dû faire tout ce ménage. Je dois dire que je trouve votre réaction très bizarre, d'ailleurs, et j'aimerais que vous partiez, maintenant.

Sa lèvre inférieure se met à trembler au moment où Tom pénètre dans la pièce.

— Elle a raison, venez, dit-il. Tout le monde est fatigué et nous ne souhaitons pas vous reparler avant d'avoir discuté avec la police, d'accord ?

Debs n'oppose aucune résistance quand il l'entraîne dans le couloir puis hors de l'appartement. En passant par le salon, je surprends son sourire en coin à Rae qui l'observe, les yeux ronds.

— Tout va bien, Rae, dis-je en lui caressant les cheveux. Maman revient dans une minute.

Je m'effondre sur le lit défait, la tête lourde. La porte d'entrée claque et Tom, tout raide, fait irruption dans la pièce en levant les bras, comme pour dire : « C'est quoi, ce bordel ? »

— Oh, la ferme, Tom ! Je sais. Je sais. Je sais. C'est la merde. Ma vie est un désastre, d'accord ? Je n'assure pas, je suis une mère indigne qui confie sa fille à des cinglés. Tu as raison. Quelle personne épouvantable je fais !

Il tourne les talons et quitte la chambre. Je soupire, attendant le claquement de la porte d'entrée.

Au lieu de ça, je l'entends qui murmure quelque chose à Rae et lui met un DVD. De mon côté, je ramasse le drap que Debs a jeté par terre, le déplie sur le lit et le borde dans l'intention de m'allonger. Au même moment, la poignée cliquette. Tom réapparaît, un verre de vin dans chaque main, et m'en tend un avant d'aller s'asseoir sur la chaise, de se frotter le visage avec sa grosse paluche et d'étirer ses longues jambes.

— Tu as fait réparer les toilettes ? demande-t-il.

— Oui, dis-je, hésitante, en me redressant en position assise.

Il hoche la tête.

J'essaie de ne pas le regarder pour me soustraire à la douleur du souvenir. Ne pas me rappeler la liberté avec laquelle j'allais, après une journée harassante, m'installer sur ses genoux et me réfugier dans ses gros bras de fermier qui me faisaient penser à papa et me protégeaient comme le harnais de sécurité des montagnes russes.

Il boit une gorgée. Puis une seconde.

Je sonde son visage en me demandant si je peux me permettre de m'épancher.

— Je sais que tu me détestes, Tom, mais… mais c'est si dur, parfois. Je n'ai jamais été sûre de pouvoir assumer le rôle de mère correctement. Et voilà que je me retrouve avec un enfant malade, et puis tout s'effondre. Je fais de mon mieux, tu sais. Vraiment. Mais rester coincée ici toute la journée… dans ce pétrin où je me suis fourrée… sans argent… sans voir personne. Je tâche juste de trouver une solution.

C'est plus fort que moi. Des larmes, venues de je ne sais où, ruissellent sur mes joues.

Un silence me répond. « Tu ne peux t'en prendre qu'à toi-même », va-t-il sûrement me dire. Mais non. Il évite mon regard, se lève et vide son verre de vin d'un trait.

— Tu veux que je la mette au lit ?

J'accepte, reconnaissante, en essuyant mes larmes. Quand il m'amène Rae pour que je lui souhaite bonne nuit, je me force à lui faire un grand sourire et plein de bisous, sur la bouche, les joues, les cheveux. Ses yeux brillent de nous voir, Tom et moi, réunis au moment d'aller se coucher.

— La maison sent trop bon, gazouille-t-elle. Et tous mes ours sont bien alignés.

Je ne vais rester assise sur le lit qu'une minute, me dis-je. Mais je suis incapable de bouger. Ça me fait du bien de sentir mes bras lourds et immobiles, de profiter d'un instant de repos pendant que Tom s'occupe de Rae. En dehors des pas du couple qu'on entend au-dessus et des murmures de Tom qui lit une histoire du Dr Seuss à Rae, le silence règne. Encore une minute et je me lève.

Vingt minutes plus tard, j'entends Tom promettre à notre fille :

— Je passerai te voir demain, ma puce.

En m'apercevant que le sommeil a failli m'emporter, je me redresse brusquement et vais dans la chambre de Rae, où Tom l'embrasse pour lui souhaiter bonne nuit. On dirait un géant dans cette pièce minuscule, un géant qui nous protégeait autrefois, mais plus maintenant. Aujourd'hui, il veille sur Kate.

Lorsqu'il se tourne vers moi, les lueurs de la guirlande électrique me renvoient à la première fois que je l'ai vu, à l'anniversaire de Sophie que nous avions organisé dans le jardin de notre appartement d'Islington. Il était arrivé au crépuscule avec une des anciennes amies de lycée de ma coloc, s'était assis devant le feu de joie qu'on avait allumé dans une poubelle, et avait discuté avec la mère de Sophie, de passage en ville, que tous les autres invités avaient poliment ignorée. Ce week-end marquait la fin d'une très mauvaise semaine pour moi. Je me souviens qu'il avait passé la soirée à me suivre du regard, en me faisant des grimaces, de l'autre bout du jardin, pour me remonter le moral. Plus tard, il m'avait suivie dans la cuisine pour me trouver les fesses en l'air, penchée au-dessus du radiateur, dans l'espoir d'atteindre le portable que j'avais laissé tomber derrière.

« Attends, je m'en occupe, avait-il déclaré avec un sourire avant de le ramasser.

— Merci, avais-je dit timidement en tendant la main pour le récupérer.

— Ouais, ouais. »

Sur ces mots, Tom avait brandi mon téléphone au-dessus de sa tête et s'était éloigné, me laissant bien embarrassée.

« Euh, tu peux me rendre mon portable, s'il te plaît ? lui avais-je demandé plus tard alors que, allongé dans l'herbe, il fumait un joint à la belle étoile.

— Il faudra d'abord m'expliquer ce qui te rend si triste », avait-il murmuré en gardant mon téléphone.

Sa fumée blanche fendait l'obscurité en y dessinant des cercles chaotiques. Ses boucles blond platine indisciplinées et ses yeux bleus me défiaient. Lorsque j'avais tenté de récupérer mon bien, j'avais senti la chaleur savonneuse de sa peau et le souffle de son rire à mon oreille.

« Je vais épouser ce John, avais-je annoncé à Sophie alors que j'étais pompette et vautrée sur son lit.

— Tom », m'avait-elle corrigée dans un murmure en se démaquillant.

Et c'est exactement ce que je fis, six mois plus tard, lors de ce sublime week-end à New York, au City Hall, une main sur mon ventre avec Rae à l'intérieur.

— Il faut que nous parlions de cette femme à la police, me lance Tom, sortant de la chambre de notre fille derrière moi, d'une humeur bien différente de celle de la soirée d'Islington, il y a bien longtemps. Où en sont-ils ?

— J'irai à la pêche aux infos demain. J'y ai bien réfléchi, tu sais. Ça n'a peut-être été qu'un simple accident. Rae était sûrement contrariée par l'annulation du goûter chez sa copine. Ça aurait tout aussi bien pu se produire avec moi. Nous devons en discuter avec elle.

Il secoue la tête.

— Attendons qu'elle soit prête. Mais il y a quelque chose qui cloche chez cette femme. Je veux en avoir le cœur net.

Tom se tourne pour me dire au revoir. La lumière vive de l'entrée éclaire son visage triste, las et épuisé. Je prends alors conscience qu'il partage le même sentiment que moi. Lui aussi s'en veut de ce qui est arrivé à Rae. Parce qu'il n'était pas là non plus pour l'empêcher.

Tom sort dans notre petit jardin en friche par la porte de derrière, celle de la cuisine, afin d'emprunter le portail qui donne dans la ruelle où sa voiture est garée. Je referme derrière lui et reste plantée là, guettant le bruit du moteur.

J'attends un moment.

Puis il me revient à l'esprit que je dois aller verrouiller la grille du jardin derrière lui, mais on frappe à la porte de la cuisine avant que j'aie eu le temps de bouger.

J'ouvre, et mon visage me trahit.

Ça arrive de temps en temps. Des mois durant, notre relation est purement courtoise, normale, pratique et pragmatique, comme il se doit. Et puis parfois, il y a ce regard.

Sa large silhouette emplit le cadre de la porte. Sans un mot, il vient vers moi en claquant le battant derrière lui.

La suite est prévisible.

Je me dirige vers l'entrée, au cas où je me tromperais, mais il me retient par la main, me forçant à me retourner. Je prends une longue et profonde inspiration, puis une autre. Il me déshabille du regard sous ses paupières lourdes, me pousse contre le mur et relève ma jupe. Sa main remonte le long de ma cuisse, glisse sous l'élastique de ma culotte et tire dessus, les yeux déjà dans le vague.

— Enlève-la.

Nous savons tous les deux que ce sera vite fait. Pas de scène d'amour romantique, floutée, à l'eau de rose pour nous. Il est question d'autre chose.

Je lui obéis.

— Et ça, murmure-t-il en montrant mon soutien-gorge.

Je glisse la main dans mon dos pour défaire l'agrafe et ma poitrine se soulève tandis qu'il retire mon haut puis mon soutien-gorge d'un seul doigt. Mon souffle s'est tellement accéléré que je crains de défaillir. Il soupire, me caresse du plat de la main jusqu'à m'arracher un gémissement et me hisse sur la table avant de m'écarter les jambes du genou.

Le son qui s'échappe de mes lèvres ensuite… il est le seul à l'entendre.

Je sais qu'une autre l'attend, là-bas. Mais il s'agit du père de mon enfant. C'est terrible, oui. Pourtant, et je sais que c'est épouvantable, quelquefois, quand je me sens dépassée, incapable d'assumer toutes ces responsabilités, toutes les erreurs que j'ai commises, toute cette culpabilité, j'ai besoin de me décharger sur quelqu'un, ne serait-ce qu'un moment.

27

Suzy

Toujours aucun signe de Jez.

Juste avant 19 heures, Suzy était rentrée du parc avec les enfants pour trouver la maison vide. Avait-elle pris la bonne décision ?

Il était parti à 7 heures du matin pour sa conférence sur les technologies digitales à Birmingham. Une seconde après son départ, elle s'était ruée sur le téléphone pour appeler Vondra et lui demander de se précipiter à la gare d'Euston. Chargée d'une mission, Vondra, en femme héroïque, avait réussi à prendre le train suivant pour le suivre dans le Nord.

Son premier rapport tomba trois heures après : Jez assistait bien à la conférence. Sasha aussi. Son deuxième compte rendu était plus rassurant. Il avait déjeuné dans un bistrot italien à deux pas de là avec deux collègues masculins, sans Sasha, et était retourné à sa conférence à 15 heures. Jusque-là, rien de suspect.

« Il vaut mieux que tu rentres, dans ce cas », avait déclaré Suzy.

Les services de Vondra étaient plutôt onéreux. De nouvelles chaussures pour les enfants ou des frais de garagiste ne pourraient pas couvrir ces dépenses éternellement, et Jez finirait par se demander où passait tout cet argent.

Cependant, maintenant qu'elle donnait le bain aux garçons, Suzy craignait d'avoir commis une erreur. D'après les informations de Vondra, la conférence se terminait à 16 heures. Jez aurait donc dû être de retour vers 18 heures à la gare d'Euston. Pourtant, il était 19 heures et il ne répondait pas au téléphone.

Vondra avait raison. Il valait mieux savoir que son mari mentait plutôt que de souffrir mille morts en s'imaginant le pire. Non seulement ça la rassurait sur sa santé mentale et justifiait ses heures d'insomnie, mais ça étoffait le dossier qui lui permettrait de mettre ses enfants à l'abri s'il la traînait au tribunal pour divorcer. Combien de fois s'était-elle figuré le visage de son mari au moment où son avocat apporterait la preuve de son infidélité ?

Quant à la douleur que tout cela lui causait, eh bien, Suzy avait appris à faire avec. S'il lui venait, l'espace d'une seconde, l'image de Jez, la tête renversée, le souffle lourd, la longue chevelure brillante de Sasha sur les cuisses, elle bondissait et s'empressait de trouver une occupation pour dissiper la nausée qui lui remontait de l'estomac.

Son plus gros problème à l'heure actuelle consistait à lui cacher les pièces de son dossier. Par moments, Suzy brûlait d'envie de tout lui cracher à la figure pour voir sa réaction.

Comme la nuit précédente, lorsqu'ils s'étaient enfin assis à table après leur retour de l'hôpital.

« Alors, à quoi ressemble la maison du banquier ? » s'était-elle enquise.

Jez regardait les informations à la télévision accrochée au mur.

« Hmm ?

— Dans le Hertfordshire. Est-il riche ? S'agissait-il d'un manoir ?

— C'était pas mal… Grand.

— Y avait-il une piscine ?

— Euh… oui, je crois.

— Intérieure ou extérieure ?

— Je ne m'en souviens pas. Pourquoi ? »

Suzy aurait pu continuer longtemps. Quels plats avait-on servis aux invités ? Un traiteur les avait-il préparés ? Quel âge avait l'épouse du banquier ?

Mais Jez était plus malin que ça. Suzy, c'est sûr, ne renoncerait pas tant qu'il resterait peut-être une chance de faire un autre enfant. Alors, sous le prétexte de remplir la carafe d'eau, elle s'était forcée à retourner dans la cuisine pour y consulter le calendrier. Quinzième jour. Peut-être ovulait-elle encore. La veille au soir, en rentrant de l'hôpital, Suzy avait fait une nouvelle tentative de séduction après son échec cuisant du mardi précédent, mais Jez avait profité de ce que sa femme prenait son bain pour aller se coucher. A sa sortie de la salle de bains, vêtue de son nouveau caraco, elle l'avait trouvé visiblement endormi. Certes, cela l'autorisait à se coller à lui, à sentir sa chaleur tout contre elle. Mieux que rien, même si ça ne lui suffisait pas. Ce soir, Suzy devrait la jouer plus fine.

Après avoir pendu les manteaux des petits dans l'entrée, Suzy leur mit un DVD dans la cuisine en se jurant d'appliquer ses propres règles dès la semaine suivante, quand elle aurait l'esprit clair ; elle ôta ses chaussures et, assise par terre devant la télévision, installa Peter sur ses genoux en calant ses mains sur le ventre mou et chaud du petit garçon. Henry remua légèrement pour nicher sa tête au creux de l'épaule maternelle, la main posée sur la sienne. Otto les rejoignit, prit place sur le canapé derrière sa maman, ses pieds grassouillets pendouillant de chaque côté de sa tête, et commença à sucer son pouce.

Ainsi douillettement protégée par ses fils, Suzy se détendit enfin. Le soleil de la journée avait réchauffé la pièce, la rendant chaleureuse. Non, ce n'était pas terminé. Si elle restait forte, la situation avec Jez finirait par s'arranger.

« Beaucoup d'hommes traversent ce genre de mauvaise passe quand les enfants sont petits, lui avait expliqué Vondra à leur première rencontre. Je suis restée en contact avec plusieurs de mes clientes. Vous seriez surprise de savoir combien m'ont dit que ça n'avait été qu'une aventure, une simple passade. Leurs maris avaient besoin d'une épouse et étaient jaloux de leurs gamins. »

Alors, qui sait ? Le train de Jez avait peut-être du retard. Suzy entendit la porte des voisins claquer. C'était sûrement le petit mari bizarre de Debs. Pas étonnant qu'il se tire.

Une image de Callie et de Rae lui traversa l'esprit. La voisine s'était-elle enfin décidée à aller lui parler ?

Après avoir embrassé les garçons, Suzy se leva et sortit de la cuisine. Elle prit le téléphone, grimpa les quatre premières marches de l'escalier, s'assit, composa un numéro et attendit. Une seconde plus tard, une sonnerie étouffée lui parvint de la maison d'à côté.

Le téléphone de son interlocuteur sonna quatre, cinq fois dans le vide.

Et soudain, la boîte aux lettres de Suzy s'ouvrit.

— Je vous vois ! Je vous vois ! s'écria une femme portant des lunettes à monture noire de l'autre côté du clapet en métal.

Il lui fallut une seconde pour reconnaître la voisine.

— Hé ! Qu'est-ce que vous fabriquez ? hurla Suzy en raccrochant brutalement le combiné.

Les garçons apparurent dans l'entrée, l'un derrière l'autre, les yeux écarquillés.

— Qu'est-ce qui se passe, maman ? demanda Henry.

— Vous n'arrêtez pas de m'appeler ! bégaya Debs. Encore et encore. Vous essayez de m'intimider. Mais je tiendrai bon. J'ai déjà beaucoup enduré à Hackney, et ce n'est pas maintenant que je vais craquer.

— Quoi ? Mais de quoi parlez-vous, à la fin ? Je téléphone à mon mari. Vous êtes dingue. Et vous faites peur à mes enfants.

— Je vois clair dans votre jeu ! lança Debs, au bord des larmes. Vous m'appelez et vous raccrochez dès que vous entendez mes pas en bas de l'escalier. Pourquoi me torturer ainsi ? Le fils Poplar vous a-t-il mandatée pour m'infliger ça ?

Sa voix dérapait dans les aigus.

— Je suis désolée, madame, mais il y a manifestement quelque chose qui ne tourne pas rond chez vous, dit Suzy en ouvrant de grands yeux. J'ai en effet essayé de vous joindre dans la journée pour vous prier d'appeler Callie. Ça la perturbait que vous ne l'ayez pas contactée – ce qui se comprend. Et maintenant, je vous le répète, vous effrayez mes enfants… après ce que vous avez fait à la fille de Callie ! Bon sang ! Maintenant, allez-vous-en ou j'appelle la police. Et je ne plaisante pas.

La voisine, tétanisée, lâcha un hoquet étouffé.

— Je ne plaisante pas ! répéta Suzy en s'élançant vers la porte pour l'ouvrir. Eloignez-vous de mes enfants ! Tout de suite !

Debs resta plantée devant elle.

— Je n'ai rien fait à la fille Poplar ! gémit-elle. Cette gamine a déformé les faits pour faire croire aux gens que…

A cette seconde précise, son mari sortit de la maison d'à côté, un combiné à la main.

— Te voilà, mon amour. La compagnie du gaz nous appelle au sujet de notre nouvel abonnement, lui dit-il.

Suzy secoua lentement la tête et Debs se tut, comme abasourdie.

— Mais je sais que c'était elle, reprit-elle en pleurnichant. J'en suis sûre. Si le garçon ne lui a rien dit, cette Américaine l'aura lu dans les journaux !

Suzy porta son regard vers le voisin, qui serrait les dents.

— Il faut que vous fassiez rentrer votre femme, monsieur, déclara-t-elle aussi calmement que possible, de façon à ne pas faire peur aux enfants. Elle a manifestement besoin d'aide.

Vingt minutes plus tard, l'adrénaline fusait toujours dans ses veines. Suzy se brancha sur pilote automatique et mit les enfants au lit sans même leur donner leur bain. Elle brûlait d'envie de traverser la rue pour raconter la scène à Callie.

— Est-ce que cette dame te voulait du mal, maman ? demanda Henry en se pelotonnant dans son lit.

— Non, mon chéri. Elle ne va pas très bien, c'est tout. Rae s'est blessée au genou, tu vois ? Eh bien, cette dame s'est blessée aussi, mais dans sa tête. Alors, ne t'inquiète pas. Maman l'a chassée et elle ne reviendra plus. Elle ne vous fera rien, ni à toi ni à Rae.

Dès que les petits furent endormis, Suzy fit le tour de la maison pour s'assurer que tout était éteint puis jeta un coup d'œil à l'horloge : 19 h 50. Jez pouvait rentrer à tout moment, désormais. Tant pis, il fallait prendre le risque. Suzy se mordit les lèvres. Elle détestait l'idée de laisser ses enfants seuls, mais elle n'avait pas le choix. Et puis, ça n'était pas comme les abandonner dans le parc. Elle ne ferait qu'aller de l'autre côté de la rue, d'où elle entendrait tout.

Après avoir appelé sa ligne fixe de son portable, Suzy décrocha le combiné qu'elle laissa dans le couloir du premier, devant les portes ouvertes des chambres de ses enfants. Puis elle sortit avec son portable, refermant doucement la porte d'entrée derrière elle.

Une fois sûre que les voisins étaient bien rentrés chez eux, Suzy traversa en courant et frappa chez Callie. Personne ne vint lui ouvrir. Il lui restait la sonnette. Elle sonna deux fois avant de se dire qu'elle risquait de réveiller Rae.

— Et merde ! murmura-t-elle.

Callie apparut enfin, en peignoir, dans un état second, les joues toutes rouges, les yeux brillants comme si elle venait juste de sortir de son bain. Devant le visage défait de Suzy, elle lança :

— Quoi ?

28

Callie

Oh, zut ! Qu'est-ce qu'elle fait là ?

Suzy se tient sur le pas de ma porte, très agitée. Je tire sur mon peignoir pour couvrir mon corps à moitié nu en espérant que mes yeux brillants ne trahiront pas ce que je viens de faire dans la cuisine. Pourquoi ne peut-elle pas me laisser tranquille, aujourd'hui ?

— Je peux entrer, ma belle ?

— Suzy, euh, désolée… Rae dort, dis-je en jetant un coup d'œil à l'intérieur.

La porte de la cuisine se referme tout doucement, et je me décale pour empêcher que Suzy le voie.

— J'oubliais, pardon, s'excuse-t-elle en baissant d'un ton. Ecoute… Nom de Dieu ! Elle m'a tellement foutu les jetons…

— Suze, je m'apprêtais à aller me coucher. On pourrait en parler demain ? dis-je, en tâchant de ravaler mon agacement.

— Je t'en prie. Il faut que tu entendes ça. Cette femme, Debs… Tu ne vas pas me croire. Elle est venue me hurler dessus à travers ma boîte aux lettres.

Mes épaules s'affaissent.

— Qu'est-ce que tu veux dire ?

— J'étais en train d'appeler Jez pour lui demander s'il voulait dîner à son retour de Birmingham et elle a brusquement poussé le clapet de ma boîte aux lettres et m'a reproché, en hurlant, de la harceler à cause d'une fille qu'elle connaissait.

L'espace d'un instant, je me laisse fléchir.

— Quoi ? C'est dingue !

— Je sais. Regarde, ajoute-t-elle en tendant les mains. Je tremble. A mon avis, elle est cinglée. Ce sont des choses qui arrivent, je sais. J'ai hésité à t'en parler, mais l'autre jour, dans le jardin, j'ai entendu son mari lui conseiller de ne plus travailler avec des enfants.

Comment ? Je sens mon visage s'assombrir.

— Oui, j'aurais dû te le dire, mais ça m'était sorti de la tête. J'ai d'abord pensé que son mari estimait que ce boulot la fatiguait trop. Mais maintenant, je me demande si elle n'est pas folle. Imagine qu'elle l'ait fait exprès, tu vois ce que je veux dire ? Que Debs ait poussé Rae sur la route ?

— Oh, mon Dieu !

Je regarde vers l'appartement, mourant d'envie que Suzy dégage, mais c'est plus fort que moi. Je lâche :

— Elle s'est introduite chez moi tout à l'heure en se servant des clés que le plombier lui avait laissées. Elle a fait le ménage ici pendant des heures.

— Quoi ? chuchote Suzy.

— Je sais. J'ai pensé que c'était sa façon à elle, un peu bizarre, certes, mais bon, de s'excuser. Mais maintenant… Le plus déplaisant dans tout ça, c'est que je suis certaine qu'il manque un truc. Elle a déplacé tellement de choses que je n'arrive pas à savoir quoi exactement. Et si elle avait emporté une photo de Rae ? Oh, mon Dieu. Devrais-je en informer la police ?

Suzy plaque une main sur sa bouche, les yeux exorbités.

— Oui, je crois. Pour l'amour du ciel, elle travaille à l'école. Il faut les mettre au courant. Peut-être a-t-elle fait quelque chose qu'elle a volontairement omis dans son CV. Je suis tellement navrée. J'aurais dû me rendre compte qu'elle n'était pas nette. Je m'étais dit qu'en tant qu'institutrice…

— Ne t'en fais pas. Tu n'étais pas censée deviner. Bon… eh bien, je leur passerai un coup de fil.

J'attends impatiemment qu'elle s'en aille mais elle reste plantée là, le regard inquiet.

— Eh bien, vas-y, m'encourage Suzy. Je ne bouge pas. Va prendre ton téléphone.

Tout cela devient ridicule.

— Très bien, j'y vais.

Je disparais dans l'entrée pour récupérer le combiné et un morceau de papier sur lequel est griffonné le numéro de l'inspecteur, puis retourne à la porte en levant les yeux vers Suzy.

— Allô ? me répond-il au bout de trois sonneries.

— Bonsoir, dis-je en hochant la tête à l'intention de Suzy. Callie Roberts à l'appareil. Ma fille Rae a eu un accident hier sur Churchill Road.

— Bonsoir, madame Roberts. Que puis-je faire pour vous ?

— Euh, eh bien, à vrai dire, j'ai un peu peur. C'est au sujet de la dame qui accompagnait ma fille lors de l'accident, l'institutrice, eh bien… Il se pourrait que ce ne soit pas la première fois qu'un enfant sous sa garde se retrouve blessé…

Suzy ne me quitte pas des yeux et retient son souffle. L'officier de police, de son côté, prend une profonde inspiration avant de poursuivre sur un ton bizarre, comme s'il ne savait pas quoi répondre :

— Je crains de ne pas être autorisé à vous en dire plus. Les différentes dépositions, y compris celle de votre fille, ne nous permettent pas de conclure à autre chose qu'à un accident.

— Comment ça, vous n'êtes pas « autorisé » ? Dois-je comprendre que vous savez quelque chose ?

— Veuillez ne pas quitter, s'il vous plaît.

L'inspecteur me fait patienter le temps d'en discuter avec un collègue. Pendant ce temps, Suzy ne cesse de consulter son portable. Qu'est-ce qu'elle fiche ? Puis je perçois des pleurs étouffés, provenant de je ne sais où. Pas de la chambre de Rae, en tout cas. C'est vraiment bizarre. On dirait que ça vient du téléphone de Suzy…

— Ecoutez, je suis au tribunal cette semaine pour une affaire, m'informe l'inspecteur en reprenant la ligne. Puis-je vous rappeler demain ? Il faut que je repasse au poste pour une vérification avant de vous parler.

— Demain ? D'accord, merci, dis-je avant de raccrocher.

— Alors ? s'enquiert Suzy.

— C'était curieux.

— Comment ça ?

— Je ne sais pas. Il m'a paru hésitant, comme s'il voulait me dire quelque chose sans y être autorisé.

Nous échangeons un regard incrédule. Je ris malgré moi en m'exclamant :

— Et merde ! C'est dingue.

Suzy fait une grimace et m'attire dans ses bras. Avant que je m'en rende compte, mon corps se raidit à l'idée qu'elle puisse deviner ce que je viens de faire, et je la repousse, me dégageant de son étreinte. Elle m'observe, de toute évidence peinée, mais je n'y peux rien.

— Oh, d'accord, ma belle. Tu es fatiguée, je sais.

— Non… enfin, oui. Excuse-moi.

— Ecoute, on saura le fin mot de l'histoire. Ne t'inquiète pas. Bon, il faut que je file maintenant. Ça ira ? Veux-tu que je te donne un coup de main cette semaine quand tu retourneras bosser ?

Je hausse les épaules. Autant lui apprendre la nouvelle.

— J'ai perdu mon boulot sur le film, Suze.

— Oh, ma belle, compatit-elle en me prenant les mains. Je suis vraiment désolée. Mais peut-être est-ce préférable pour le moment ?

Je lui jette un regard incrédule. Et maintenant, je sais ce qui me chiffonne avec son téléphone. On croirait entendre pleurer Otto et Peter à l'autre bout de la ligne.

— Qui est-ce qui garde les enfants ?

— Pardon ? demande-t-elle.

— Si Jez est à Birmingham, qui garde tes enfants ?

— Si Jez est à Birmingham… ? répète lentement Suzy avant de rougir et de déglutir.

Chercherait-elle à me mentir ? me dis-je en la regardant fixement.

— Non, non, reprend-elle, nerveuse. Il vient de rentrer. D'ailleurs, je ferais mieux de faire demi-tour avant qu'il ne se brûle en préparant le dîner. Je t'appelle demain. Embrasse bien Rae de la part de tante Suze.

— D'accord… A demain, dis-je en réprimant un sentiment mitigé.

VENDREDI

29

Debs

Il régnait dans le parc un tel calme qu'on se serait cru dans celui d'Ally Pally, avec son chemin serpentant entre les hautes fougères et les orties le long duquel Debs s'était promenée la veille. Si proche de la ville et pourtant si désert, si paisible.

Elle suivit le sentier en tâchant de se rappeler où elle allait.

Le bruit enfla brusquement dans son dos, un hurlement assourdissant, comme un cri de fille. Pas un cri de douleur, non, plutôt une sorte de ricanement. Debs se retourna d'un bloc vers le massif de chênes et de sycomores qu'elle venait de traverser et ne vit rien d'autre qu'écorce, coins sombres et verdure.

Puis un rugissement fendit le silence du parc.

Debs sursauta et fit volte-face. Qu'est-ce que c'était ? Un moteur de voiture ? Mais ce chemin était interdit à la circulation, non ?

Elle pivota sur elle-même, cherchant la provenance du bruit à travers les arbres qui entouraient la clairière. Il semblait venir de partout, se déplaçant dans le bois. Son rythme grondant et vibrant lui parut un instant familier. Mais oui. Une moto. Voilà à quoi ressemblait ce son. A une moto.

Au moment où Debs se retournait à nouveau, deux motos tout-terrain émergèrent du couvert et foncèrent droit sur elle en cahotant à travers la clairière accidentée. Deux jeunes hommes sans casque les pilotaient. Une adolescente tout sourire, avec une queue-de-cheval bien serrée, était assise à l'arrière de l'une d'elles.

Debs regarda autour d'elle, le souffle coupé. Il n'y avait pas un seul promeneur de chien, pas le moindre joggeur en vue.

— Hé, mamie, t'as l'heure ? hurla l'un des motards.

Ses copains se tordaient de rire.

— Oh, doux Jésus, murmura Debs.

Sachant pertinemment qu'ils n'étaient pas venus là pour lui demander l'heure, Debs chercha un moyen de quitter le chemin. Elle reconnaissait leurs cris sauvages, stridents. La première fois qu'elle en avait entendu, c'était le jour où, en entrant dans sa classe, elle avait découvert ses élèves le dos tourné, chacun face à son écran d'ordinateur. Debs avait assez d'expérience dans l'enseignement pour interpréter ce glapissement : c'était le signe d'une blague qui dégénérait, que toute responsabilité individuelle était dissoute et que, donc, tout pouvait arriver.

Debs hâta le pas en espérant qu'un coureur ou un promeneur surgirait des arbres et la protégerait. Les vrombissements de moteur s'arrêtèrent derrière elle. Je vous en prie, Seigneur, pensa-t-elle un instant. Avaient-ils décampé ? Un coup d'œil par-dessus son épaule l'informa que les adolescents avaient couché leurs motos sur le sol et la suivaient, un rictus aux lèvres.

Oh non. Ils ne partaient pas, ils la pourchassaient. Debs se mit alors à courir aveuglément hors du sentier, vers les arbres.

— Allez, mamie, on veut juste savoir l'heure, brailla l'adolescente, soutenue par des rires.

Les brindilles craquaient et les graviers crissaient sous leurs pas lourds qui se rapprochaient.

— Oh, haleta Debs en essayant de se frayer un chemin à travers les branches qui semblaient s'être densifiées exprès pour lui barrer la route.

Terrifiée, elle regarda derrière elle et crut voir le reflet d'une lame dans la lumière déclinante. Oh, Seigneur. Le garçon avait un couteau.

Luttant contre une épouvantable paralysie qui menaçait de gagner ses jambes, elle continua sa course malgré les branches qui lui fouettaient le visage et les épines qui lui lacéraient les mains.

Soudain, une clôture de barbelés l'arrêta : Debs était coincée. Inutile d'insister, le sort s'acharnait contre elle.

Les adolescents s'approchaient avec des regards sournois. Pendant une seconde, elle envisagea de capituler. Mais son corps parut s'y refuser ; soudain, elle fut saisie de l'instinct qu'elle avait vu chez des renards ou des chats se tordant dans tous les sens pour se dégager d'un piège. Désespérée, Debs posa le pied sur la branche la plus basse d'un vieux chêne et se hissa sur la suivante. Ses assaillants l'observèrent, perplexes.

— Putain, elle grimpe à l'arbre ! s'écria la fille en riant.

En effet, Debs n'y croyait pas elle-même. Son genou ne l'élançait plus, ni sa nuque. Ses mains et ses pieds travaillaient de concert pour tirer son corps de plus en plus haut sans difficulté. L'adrénaline, pensa-t-elle. C'étaient sûrement les effets de l'adrénaline. Les adolescents se rassemblèrent au pied de l'arbre et se mirent à rire comme des hystériques et à sauter comme des babouins tout en la narguant avec leur couteau.

— Ça va prendre plus de temps que prévu, c'est tout, hurla l'un d'entre eux.

Peut-être, se dit-elle. Mais au moins ne pourraient-ils pas l'attraper sans risquer de tomber. Debs gagnerait quelques secondes en restant perchée.

C'est alors qu'elle entendit de nouveau le bruit, le ronronnement aigu du trial.

Comment diable… ? D'autres membres de leur gang venaient-ils grossir les rangs ? Impuissante, elle regarda vers le bas.

La fille ouvrait un grand sac noir et en extrayait quelque chose.

Quelque chose qui émettait le son strident d'un moteur.

— Non ! supplia Debs. Je vous en prie !

Je veux vivre, pensa-t-elle, les yeux rivés sur la tronçonneuse. Je veux vivre.

Ses yeux s'ouvrirent d'un coup. La chambre apparut, tellement embrumée que Debs n'arrivait pas à tout distinguer.

— Aïe, gémit-elle.

Son corps était bouillant, sa tête prise dans un étau. Un cauchemar. Debs avait fait un cauchemar. Alors pourquoi le bruit strident n'avait-il pas cessé ?

— Oh ! Seigneur, se plaignit-elle en essayant de s'asseoir.

Souffrait-elle d'un de ces troubles du sommeil qui maintiennent certaines personnes au sein de leur rêve même à l'état d'éveil ? Il paraît que cela rend les gens fous au point qu'ils n'en dorment plus.

Ses membres étaient tout ankylosés. Et si elle n'arrivait pas à se réveiller pour de bon ? Si la terreur la poursuivait inlassablement, même éveillée ?

Debs se força à ouvrir les yeux et à se ressaisir malgré le flou ambiant. Les objets commencèrent à se dessiner peu à peu. Elle tendit la main pour attraper ses lunettes. Le moindre mouvement de tête la mettait au supplice, comme si son liquide céphalo-rachidien lui rongeait les nerfs.

— Ouille, grogna-t-elle en s'asseyant avec difficulté.

La lumière rosée de la chambre entra dans son champ de vision, puis ses vêtements pliés sur une chaise, la pendule qui indiquait 9 h 40, son tube de somnifères. Elle avait pris deux comprimés la veille au soir, pour garder toutes les boîtes noires fermées. Cela lui avait évité de s'agiter indéfiniment dans son lit, et avait permis à Allen de se reposer.

Elle secoua la tête. C'était grotesque. Il faudrait demander à son médecin de changer sa prescription. Les mains tremblantes, elle fournit un effort colossal pour repousser ses couvertures, dégager ses jambes ; puis, en se cramponnant à une chaise, elle se leva, chancelante, avec l'impression d'avoir trop bu.

Debs mit une minute avant de s'apercevoir que le gémissement aigu continuait. Elle ne rêvait pas. Ça provenait vraiment du mur mitoyen, de chez l'Américaine.

S'appuyant au cadre de lit puis à l'armoire, Debs traversa la chambre en titubant, s'agenouilla avec lenteur le long de la cloison, grimaça de douleur quand son genou toucha le sol, et colla sa tête brûlante contre le papier peint.

L'intensité sonore redoubla, malgré l'épaisseur des briques.

Qu'est-ce que c'était… une douche ? Une douche électrique ?

Non.

Non. Elle identifia enfin le vrombissement.

C'était celui d'un aspirateur.

Ah. Le soulagement la fit se relâcher vers l'avant jusqu'à ce que sa tête entre en contact avec le sol. Elle ne risquait rien ! C'était juste un aspirateur. Son cauchemar était terminé. Elle était en sécurité, désormais, de retour dans sa maison, la maison qu'elle partageait avec Allen. Les Poplar ne pourraient pas l'atteindre ici, au moins.

Le tic-tac hypnotisant de la vieille pendule de sa belle-mère, poussée dans un coin, faillit la renvoyer dans les bras de Morphée. Il faudrait se débarrasser de cet objet. Elle pouvait à la rigueur tolérer les meubles de la mère d'Allen un peu partout dans la maison, mais pas dans sa chambre. La présence de cette femme dans cette pièce, en plus de tout le reste, n'arrangerait pas sa relation avec son mari.

Luttant contre l'épuisement de ses os, elle se mit lentement debout et enfila sa robe de chambre. Son ventre gargouilla. Un peu de nourriture et une tasse de thé lui feraient du bien.

En descendant les marches avec prudence, elle se sentit prise d'un léger vertige, s'agrippa à la rampe jusque dans l'entrée puis se tint au mur pour atteindre la cuisine à l'arrière de la maison.

Un bol, une cuillère et une tasse à thé l'attendaient sur la table, avec une note d'Allen écrite de sa belle et large écriture : N'AI PAS TROUVÉ LA THÉIÈRE DE MAMAN, CE MATIN. UNE IDÉE ?

Elle venait juste de prendre place devant le bol de porridge qu'elle s'était préparé quand le bruit perçant reprit, derrière le mur de la salle à manger cette fois.

Debs soupira. Encore l'aspirateur, et au rez-de-chaussée maintenant. Ces murs commençaient à lui faire horreur. Ils convenaient sans doute très bien à des riverains du siècle dernier, avant l'invention des appareils électriques, et à l'époque où les enfants avaient intérêt à se tenir à carreau. Mais aujourd'hui, les défauts d'isolation combinés à un voisinage aussi bruyant lui donnaient l'impression de vivre dans une boîte en carton. Et cette femme, surtout, cette femme qui l'épiait, l'écoutait, et qui le niait, en plus.

Debs s'efforça de ne prêter aucune attention au vacarme ambiant en sirotant son thé, mais ça continuait, encore et encore. A croire qu'ils passaient l'aspirateur sur les murs, le long des plinthes. En avant, en arrière. En arrière, en avant.

Debs pesta : ses nerfs n'y résisteraient pas, aujourd'hui. Il lui fallait du calme et de la tranquillité. Elle se resservit une tasse de thé puis se traîna jusqu'à sa chambre, au premier, s'allongea sur le lit, cala l'oreiller d'Allen sous sa tête et tira la couverture sous son cou. Sa robe de chambre confortable, un cadeau d'Allen, lui tenait chaud.

Elle ne s'était pas encore habituée à ce que quelqu'un se soucie de savoir si elle avait froid ou bien dormi. Avant sa rencontre avec Allen, Debs avait vu un reportage sur un garçon de seize ans qui avait grandi dans un orphelinat et qu'on avait hospitalisé à cause d'une péritonite. « Le plus dur, avait-il reconnu, c'est que les gens qui me rendent visite sont payés pour le faire. »

Assise dans son appartement de Weir Close, Debs avait serré avec force sa tasse de thé et des larmes avaient ruisselé sur ses joues alors que, dehors, les camions grondaient dans sa rue. Elle avait très bien compris ce que voulait dire l'adolescent avec cette remarque.

Debs s'adossa à son oreiller, porta la tasse à ses lèvres et…

Vooooouuuuummmm !

Le vrombissement était sorti de nulle part. Encore l'aspirateur, de retour dans la chambre voisine. Le bruit lui fit tellement peur qu'elle sursauta et renversa son thé sur sa robe de chambre. Que se passait-il donc ?

Elle resta assise un moment et se servit d'un mouchoir en papier rangé dans le tiroir de la table de nuit pour s'essuyer. Le vacarme ne cessait pas, allant et venant comme un peu plus tôt, au rez-de-chaussée. Pendant une longue minute, puis une autre, puis encore une autre.

— Oh, non, souffla Debs.

Ce n'était pas le produit de son imagination. La voisine d'à côté la harcelait, comme les gens qui avaient appris dans les journaux ce qu'elle avait fait et avaient glissé une crotte de chien dans sa boîte aux lettres, à Hackney, l'obligeant à tout nettoyer pour éliminer ces traces nauséabondes.

Elle bondit de son lit et cogna contre le mur.

— Arrêtez ça !

Son cri restant sans effet, elle dévala l'escalier et se rua sur le téléphone.

— Allen ! s'écria-t-elle. C'est la voisine. Elle passe l'aspirateur dans toute sa maison. Elle entend à travers la cloison dans quelle pièce je suis et ensuite elle passe l'aspirateur sur le mur pour mieux me harceler !

Un long silence lui répondit, puis :

— Je suis en réunion.

Debs ne reconnaissait pas le ton de son mari, las et monocorde.

— Oh, mais pourquoi refuse-t-on toujours de me croire ! hurla-t-elle avant de raccrocher violemment.

Son mari avait eu beau tomber sur la compagnie du gaz au téléphone, la veille au soir, Debs savait que cette femme l'avait appelée. Et ça ne pouvait plus durer. Impossible de s'arrêter, désormais, même si elle l'avait voulu. On l'aurait crue animée par la force d'une météorite sur le point de percuter la Terre. Elle resserra la ceinture de sa robe de chambre, ouvrit la porte d'entrée, et franchit son portail puis celui de Suzy.

Une fois sur le pas de la porte, elle frappa trois coups agressifs sur le battant.

Suzy ouvrit et la regarda d'un air interrogateur.

— Arrêtez ça ! vociféra Debs. Je sais que c'est vous ! Je vois clair dans votre jeu ! Laissez-moi tranquille !

Au même moment, derrière l'Américaine, une jeune femme à chignon noir descendait l'escalier avec un aspirateur.

— J'ai repassé un coup sur les plinthes comme vous me l'avez demandé, madame Howard. Que dois-je faire maintenant ?

Debs vacilla, prise de vertige.

Suzy s'avança d'un grand pas. Ses yeux aigue-marine semblaient taillés dans la glace. Se penchant en avant, elle attrapa les revers du peignoir de Debs et l'attira contre elle. Son haleine sentait le café.

— Maintenant, vous allez m'écouter, madame. Vous réagissez un peu comme une dingue, là ! Je ne sais pas ce qui ne tourne pas rond chez vous, mais je vous préviens : la prochaine fois que vous approchez de ma maison, j'appelle la police. Et ça vaut aussi pour Callie. Rôdez encore autour de son appartement et on appelle les flics. Nous détenons des informations compromettantes sur vous, vous comprenez ? Et nous allons les communiquer à l'école. Alors je vous suggère de dégager de mon perron et de rentrer chez vous, tout de suite.

Sur ces mots, Suzy lui claqua la porte au nez.

Debs repassa sa grille avec une curieuse impression. D'une certaine façon, les menaces de cette femme l'avaient calmée. Pour la première fois depuis des mois, elle se sentait même sereine, comme lorsque sa mère la grondait et la giflait pour la punir d'une bêtise. En ce temps-là, Debs savait où était sa place, connaissait les limites, les règles. Le cadre établi par sa mère la sécurisait. Debs dessinait sur la table : maman hurlait et l'enfermait dans les cabinets. Elle refusait d'aller se coucher : maman criait et lui tapait sur les jambes. Alison et elle se disputaient une poupée : maman les envoyait passer des heures dehors, sous la pluie, en leur disant de « continuer ». Simple. Tout le monde restait à sa place.

Les réprimandes de la voisine la rassuraient, lui enseignaient quelles étaient les nouvelles règles.

Cette femme l'avait traitée de folle. C'était son opinion.

Comment savoir ? Entre les boîtes qui ne cessaient de s'ouvrir, leur contenu qui volait dans tous les sens, les trous de mémoire et les vertiges, son esprit ne fonctionnait plus très bien.

Hum.

Debs décrocha son téléphone et composa un numéro.

— Alison ?

— Quoi ? rétorqua sa sœur sans aménité. Mon stage de formation commence dans deux minutes, alors fais vite.

— Alison, je crois que je me suis un peu mise dans le pétrin.

Alison ne répondit pas.

— Je crois que je fais des choses bizarres. J'ignore comment y remédier, dans la mesure où mes réactions me paraissent normales ; mais les autres me soutiennent le contraire. Et Allen ne supportera plus cette situation très longtemps. Qu'en penses-tu ?

Il y eut un silence encore plus long que le précédent.

— Et ce psy ? Tu ne le vois plus ? demanda sa sœur sur un ton qui trahissait son mépris pour cette profession.

Debs secoua la tête.

— J'ai dû arrêter ma thérapie. Ça me coûtait cinquante livres par semaine. J'espérais pouvoir plutôt discuter avec toi. C'est que… il n'y a personne d'autre à qui je puisse m'adresser, et j'aimerais juste me confier à quelqu'un sans être obligée de le payer pour qu'il m'écoute…

Sa voix n'était soudain plus qu'un petit gémissement larmoyant.

Le sous-entendu plana un instant sur la ligne.

— Il faut que j'y aille. Je te rappelle après mon rendez-vous. Quoique je risque de rentrer tard. Le président veut mon avis sur les nouvelles séances de formation.

— Merci, dit Debs en sortant un mouchoir de sa poche pour essuyer les larmes qui s'annonçaient. Et, Alison, toutes mes félicitations, et je pense ce que je dis. Tu as l'air de bien réussir dans ton travail.

— Mouais, concéda-t-elle avec hésitation et méfiance. Bon.

— Je crois… je crois que maman aurait été fière de toi.

Cette formule étrange lui brûla la bouche comme de la nourriture épicée.

— Hmm, marmonna Alison.

Elles savaient toutes les deux que ce n'était pas vrai. Mais c'était peut-être mieux que rien.

Alison la rappela une heure plus tard et elles discutèrent une vingtaine de minutes.

— Tu es en train de me dire que ce Poplar te harcèle à cause de sa sœur et qu'il a forcé ta voisine à se rallier à sa cause ?

Debs s'efforça de ne pas relever le ton moqueur de sa sœur. Celle-ci ne pouvait pas s'en empêcher.

— Elle l'a peut-être lu dans les journaux, Alison. Tu te souviens de la première semaine ? Les gens m'injuriaient dans la rue.

Debs ravala son sanglot, sachant pertinemment que ses pleurs n'avaient jamais attendri sa sœur.

— D'accord. Mais ça ne tient pas debout une seconde, à mon avis. Tout le monde s'en fiche, aujourd'hui. Tes angoisses doivent te faire imaginer des choses. Mais peut-être n'as-tu pas tout à fait tort concernant ce garçon. Alors voici ce que tu devrais faire, selon moi…

Dix minutes plus tard, Debs se retrouvait avec une liste. Eh bien ! Qui aurait deviné que sa sœur avait un tel esprit d'organisation ? Pas étonnant qu'elle ait tellement de succès dans son métier d'assistante comptable.

Ses mots résonnaient dans sa tête. Debs devait dresser une liste de toutes ses contrariétés et chercher une solution à chacune d'entre elles. Voici les tâches qui l'attendaient :

1. Appeler la compagnie du téléphone pour obtenir des factures détaillées portant les numéros des appels entrants. Elle saurait ainsi qui l'appelait.

2. Si ça ne venait pas de la voisine, passer la voir avec un bouquet de fleurs et lui présenter des excuses. Lui expliquer qu'elle était sujette au stress et ferait de son mieux pour se rattraper. « Vous resterez peut-être voisines des années, avait expliqué Alison en haussant le ton, comme investie d'une responsabilité. Tu dois régler le problème sans attendre. »

3. Selon l'identité de ses harceleurs, contacter la police et déposer une plainte officielle, au cas où ce seraient des partisans de la famille Poplar.

4. Consulter un généraliste pour lui expliquer ses symptômes et lui demander de changer ses somnifères, afin de soigner ses crises d'angoisse et pour ne plus réagir de manière excessive au moindre bruit de voisinage ou au moindre passage d'avion.

5. Se montrer honnête envers Allen et lui confier ses sentiments profonds.

6. Bien réfléchir à ce qui s'était produit sur la route avec la fillette mercredi soir, puis en discuter tranquillement avec sa mère et Mlle Buck.

Debs reposa le combiné du téléphone le cœur plus léger. Oui, tous les conseils d'Alison étaient frappés au coin du bon sens. Elle contacta sans attendre la compagnie du téléphone, qui lui promit de la rappeler, puis elle s'attaqua au point suivant.

Après avoir ouvert la porte de la cave, descendu l'escalier et baissé la tête pour éviter les solives, elle récupéra le sac en plastique qu'elle avait caché là, le souleva par un coin puis le laissa retomber. La porcelaine était trop lourde. Debs en parlerait à son mari le soir même et en profiterait pour lui expliquer l'importance qu'elle attachait à leur nouvelle maison, leur premier foyer en tant que couple marié, et à quel point ce qui avait appartenu à la mère d'Allen la mettait mal à l'aise.

Maintenant, elle allait se préparer une tasse de thé et réfléchir au déroulement des événements survenus sur la route, en rentrant de l'école.

Alors qu'elle remontait lentement de la cave pour aller faire chauffer de l'eau dans la cuisine, une image de la garderie lui apparut comme par magie. Que s'était-il passé ce mercredi-là ?

La journée avait été surchargée, avec trente enfants tous plus fatigués et agités que d'habitude d'avoir été coincés à l'intérieur à cause de la pluie, même pendant la récréation, se rappela-t-elle. La cour devant la garderie était elle aussi mouillée, ce qui les avait obligés à rester cloîtrés deux heures et demie de plus. Résultat : une frénésie aussi générale qu'inhabituelle. Avec l'aide d'Anne, l'autre institutrice, Debs avait préparé trente assiettes de pâtes avant d'installer une table pour le dessin, une pour les travaux manuels et une pour faire les devoirs. Elles s'étaient assurées que les garçons jouaient au baby-foot à tour de rôle et avaient choisi un DVD pour ceux qui souhaitaient s'affaler sur les coussins.

Avait-elle vu Rae cet après-midi-là ?

Rae. Oui. En effet, Debs l'avait repérée. Elle avait remarqué combien cette fillette semblait petite à côté de ses camarades, dans son uniforme bleu trop grand. L'enfant avait été sage, détail surprenant après l'incident survenu dans son entrée avec la marionnette, qui lui avait laissé l'impression d'une petite fille plutôt agitée. Alors que les autres enfants couraient partout en criant et en se taquinant jusqu'aux larmes, Rae et sa copine, Hannah, bavardaient à voix basse et gloussaient en se tenant gentiment par la main. Elles s'étaient installées à la table de travaux manuels de Debs et avaient dessiné des fleurs pour leurs mères. Debs les avait ensuite aidées à y coller des gommettes. Puis la mère de Hannah était arrivée tôt et avait annoncé à Rae qu'elle viendrait jouer un autre jour parce que sa fille avait une leçon de piano. Cependant, c'était Hannah qui avait piqué une grosse colère en apprenant la nouvelle. Rae avait eu simplement l'air triste en regardant Caroline entraîner dehors la petite qui tapait des pieds.

Et ensuite ?

Une tasse de thé. Très bien. Après cette journée harassante, Anne et elle avaient levé les yeux au ciel en voyant partir la majorité des enfants et avaient mis la bouilloire en marche. Elles étaient dans la cuisine, à profiter d'une pause bien méritée, quand Mlle Buck lui avait tendu le téléphone : Suzy la priait de ramener Rae chez elle. Debs avait boutonné jusqu'en haut l'imperméable de la petite, qui lui avait paru bien silencieuse lorsqu'elles avaient foulé le pavé trempé.

Puis le garçon à vélo avait surgi derrière elles et… et… non, son trou de mémoire subsistait. Debs s'assit dans la cuisine avec son thé, à la recherche d'un détail, n'importe quoi.

Alors qu'elle allait se lever pour reprendre du lait, une image l'abasourdit. Elle se souvenait effectivement de quelque chose d'autre, de quelque chose d'un peu étrange.

30

Callie

Qu'est-ce que cette femme a fait à mon appartement ?

Depuis ce matin, les découvertes se succèdent à la lumière du jour. Hier soir, j'étais trop occupée dans la cuisine pour bien inspecter toutes les pièces. J'avais vaguement remarqué l'odeur différente qui imprégnait mes draps au moment où je m'étais effondrée sur mon oreiller, avant de sombrer dans un profond sommeil pour la première fois depuis des semaines. Mais aujourd'hui, tout me saute aux yeux.

Quand j'ai vu la photo de Rae sur la porte immaculée du réfrigérateur, le choc m'a presque fait bondir. J'ai toujours évité de poser les yeux sur ce cliché. Tom l'a pris quand Rae n'avait que quelques semaines, juste après sa première opération. Elle avait perdu tellement de poids qu'avec sa peau rose et fripée, son corps menu, elle évoquait un bébé rat. Son thorax était si étroit qu'il paraissait concave. Debs a plaqué d'autres photos sur la porte, avec des aimants qu'elle a dû apporter. Celle de papa et Rae qui rient sur la plage de Skegness, leurs cheveux balayés sur le côté par le vent, avec des éoliennes en arrière-plan, date de l'année dernière. Un autre cliché montre Tom sur un toboggan avec Rae, âgée de deux ans, emmitouflée dans son écharpe et son bonnet au creux de ses bras. Il y en a aussi un pris l'an dernier pendant Halloween, sur lequel Rae et Henry sont déguisés en citrouilles, et Suzy et moi en sorcières qui se voudraient terrifiantes.

Les photos m'absorbent une seconde. C'est drôle. Quand on les regarde, affichées ainsi, ma vie et celle de Rae semblent presque normales. On ne soupçonnerait pas que la petite a subi deux interventions cardiaques. Songeuse, j'ouvre le frigo pour y prendre le lait destiné à mon café.

Bon sang, voilà autre chose.

Tous les vieux pots de confiture ont été jetés ; les nouveaux sont bien alignés sur l'étagère du haut, étiquette sur le devant. Les légumes desséchés ont disparu du bac, qui a été nettoyé.

Je referme la porte en secouant la tête. Cette photo de Rae me turlupine. Où Debs l'a-t-elle trouvée ? Après une minute de réflexion, je me dirige vers le tiroir de la cuisine où je balance d'habitude les papiers à classer plus tard, l'ouvre et me fige. Tout a été rangé. Debs a fouillé mon appartement, réuni tous les clichés qui lui tombaient sous la main pour les trier ensuite. Certains sont encadrés, d'autres collés sur le frigo, et les derniers ont été soigneusement classés dans des dossiers et mis dans le tiroir. Le premier, étiqueté RAE BÉBÉ, me donne envie de vomir.

Je commence alors à faire le tour de la cuisine, à inspecter le moindre tiroir, placard, étagère, et je suis stupéfaite. Elle s'est servie de soucoupes et d'élastiques pour regrouper les trombones, stylos et bandeaux pour les cheveux. Les factures à régler ont été glissées dans une panière laissée par le précédent locataire sur le mur au-dessus du téléphone. Debs a extrait des piles les lettres de l'école de Rae et les a épinglées sur le tableau, à la place des courriers de l'hôpital que j'avais oublié de jeter et qui ont rejoint un dossier intitulé MÉDICAL.

« Médical » ? Mais alors, elle a lu nos documents personnels !

— Nom de Dieu. C'est fou ! dis-je à voix haute avant d'aller voir dans le salon.

Des pivoines sombres trônent dans un pot de confiture propre sur la table basse, débarrassée de la paperasse qui s'accumule en général dans mon appartement. Debs l'a frottée jusqu'à ce qu'elle brille. Même les plinthes paraissent plus claires, comme si elles avaient été nettoyées à grande eau. Une sélection des meilleurs dessins de Rae, placés dans de jolis cadres en papier, est accrochée sur le battant de la porte.

— Je n'y crois pas ! Elle ne manque pas d'air !

Là, je devrais éprouver le sentiment d'avoir été violée, humiliée. En fait, j'ai juste envie de pleurer.

— Mon oreiller sent la fraise, déclare Rae avec un sourire en entrant dans la pièce. Est-ce qu'il pourra toujours avoir cette odeur ?

— Euh… je ne sais pas.

Nos draps n'ont jamais été parfumés, si ce n'est par la chaleur des radiateurs.

— C'est comme si grand-mère était descendue du ciel et avait tout rangé pour nous.

Lorsque je me retourne, ma fille m'observe attentivement, jaugeant ma réaction.

Je suis plus choquée qu'autre chose. Je ne l'ai jamais avoué à personne, mais quand nous rentrons le soir, il m'arrive d'imaginer que ma mère nous attend dans mon appartement sombre et froid. Elle aura tout mis en ordre et nous aura préparé une des spécialités de viande rôtie dont elle a le secret. La table sera mise et elle nous accueillera en nous prenant dans ses bras. Je pourrai alors me décharger de toutes mes responsabilités pendant quelques heures. Je sais que maman couchera Rae et lui lira une histoire en prenant son temps, sans l'expédier. Ensuite, elle me fera dîner, s'assiéra avec moi et m'écoutera lui confier ma peur de perdre Rae. Dès que j'aurai vidé mon sac, elle me demandera comment je pense y remédier, et me laissera trouver des solutions toute seule, comme la fois où Kieran Black m'a larguée pour Jane Silvering. J'avais fini par monter un groupe avec deux garçons de l'école et vite compris que c'était bien plus amusant de passer mes samedis après-midi à répéter des chansons de Blondie dans la grange qu'à endurer les baisers mouillés de Kieran à l'arrêt de bus du village. Comme la fois où maman m'a suggéré de faire un stage d'une semaine dans un studio d'enregistrement à Lincoln après mon échec au GCSE[1] de maths. Je suis rentrée à la maison plus motivée que jamais pour repasser l'épreuve et intégrer ainsi le plus vite possible une école d'ingénieur du son.

Oui, si maman avait été là, j'aurais eu le recul nécessaire pour relativiser, et peut-être réussi à garder Tom.

— Rae, dis-je alors qu'un souvenir précis me revient. Tu sais que nos repas de minuit du vendredi viennent d'une tradition instaurée par grand-mère et moi ?

Elle hoche la tête.

— Il y en avait une autre.

— Laquelle ? demande-t-elle, ragaillardie.

Ses yeux brillent aujourd'hui, ils sont pétillants.

1. Diplôme sanctionnant la fin de l'enseignement général, au Royaume-Uni.

Je me dirige vers le tiroir où Debs a rangé les photos, reviens les disposer sur le sol puis vais fouiller ma chambre à la recherche des vieux albums qu'on m'avait offerts à la naissance de Rae et qui n'ont jamais servi.

— Voilà ce qu'on faisait, grand-mère et moi. On collait nos photos dans des albums et on inventait des légendes amusantes pour les illustrer et raconter l'histoire de notre famille.

— Je les ai vus chez grand-père ! s'écrie-t-elle, tout excitée.

— Bien.

Nous commençons par les anciens portraits de Rae. Il a fallu que Debs les regroupe pour que je me rende compte de leur nombre. C'était Tom qui la prenait en photo, pas moi. J'avais essayé de l'arrêter, mais il tenait à ce qu'on en fasse un maximum au cas où on la perdrait, ou simplement pour nous rappeler plus tard d'où elle était revenue.

Ma fille sélectionne une photo d'elle à trois ans environ, après la lourde opération qui avait enfin réparé son artère atrophiée. Elle est assise à côté de Kaye et tient un bol dans ses mains, souriante.

— Voyons voir. Qu'est-ce qu'on va écrire pour celle-ci ?

— Que mes plats préférés à l'hôpital étaient la glace et la gelée, propose-t-elle.

— En effet, dis-je, stupéfaite. Je l'avais oublié. Et Kaye t'avait apporté une petite sucrerie en plus qui t'avait remonté le moral, n'est-ce pas ? Très bien, écrivons-le.

— Maman, quand grand-mère est morte, qui s'est occupé de grand-père ?

Mon regard se réfugie sur les photos.

— Euh, tante Jean, la sœur de ta grand-mère, je crois, ainsi que des amis de grand-mère et leurs voisins.

Elle marque un temps. Je sens qu'elle hésite à poursuivre.

— Et pas toi ?

Je remets les clichés par terre. Elle pose sa main sur la mienne et je redresse la tête.

— Non, moi, pas beaucoup. Quand ta grand-mère est morte, je ne travaillais à Londres que depuis une semaine, tu sais. Je venais d'emménager dans un appartement en colocation avec Sophie. J'aurais sûrement dû retourner vivre avec ton grand-père pour veiller sur lui, mais je ne savais pas quoi faire. J'ai donc attendu qu'il me le demande, mais il ne l'a pas fait. Alors, je ne suis pas rentrée.

— Est-ce que grand-père était très triste ?

Des souvenirs de cette année sombre et glaciale dont papa et moi ne parlons jamais me reviennent en mémoire.

— J'imagine que oui. Il aurait probablement été préférable que je rentre, mais je ne le lui ai pas proposé. J'étais très triste, moi aussi, et ça me faisait du bien d'être à Londres et de me concentrer sur mon nouveau travail.

— Mais ensuite je suis née et, comme j'étais malade, il a fallu que tu t'occupes de moi ?

Le sous-entendu est très clair.

— Non, Rae ! dis-je en l'attirant vers moi jusqu'à ce que nos boucles forment une masse châtain clair, comme nous le faisions, maman et moi. Oh, mon Dieu. C'est ce que tu penses ? Rae ! Tu n'as pas à te faire de souci, jamais. Rien ne me rendra jamais plus heureuse que de veiller sur toi et de t'aider à guérir. Ni mon boulot ni rien d'autre. Je t'interdis de croire une chose pareille.

Je la berce d'avant en arrière comme si elle était redevenue un bébé. Mais où avais-je la tête, enfin ? me dis-je en contemplant les rayons du soleil derrière les vitres rendues étincelantes par Debs.

31

Suzy

Elle ne vit pas tout de suite l'enveloppe bleue qui avait échoué la veille dans la boîte aux lettres grillagée de la porte d'entrée. D'habitude, c'est Jez qui se chargeait de trier leur courrier et de monter ses lettres professionnelles dans son bureau, mais hier, il était rentré tard de Birmingham, prétextant un retard sur la ligne, comme elle s'y attendait. Vondra vérifiait son alibi auprès de la compagnie ferroviaire et lançait des recherches sur Michael Roachley. Angoissée, Suzy attendait de ses nouvelles en arpentant sa maison de long en large.

Elle n'aurait jamais repéré l'enveloppe bleue si une lettre blanche n'avait pas atterri dessus ce matin avec le courrier. Une enveloppe blanche avec son adresse rédigée à la main et un timbre américain montrant un skieur en train de sauter sur le flanc enneigé d'une montagne.

Cette simple vue suffit à lui donner le mal du pays et des grands espaces, et à lui nouer les tripes. La longue entrée de style victorien et les entrailles exiguës de sa maison l'empêchaient de respirer. Suzy reconnut l'écriture de sa sœur et fronça les sourcils en décachetant la lettre. Pourquoi ne la laissait-elle pas tranquille ? A tous les coups, elle lui redonnait des nouvelles de ses mômes, de Denver, dans un style joyeux bien à elle, ponctué d'innombrables points d'exclamation. Non, Faye ne lui manquait pas du tout, contrairement au reste.

Suzy sortit la feuille de papier, décolla soigneusement le timbre de l'enveloppe et balança la lettre à la poubelle sans même la lire. Que sa sœur aille au diable, histoire de voir si elle s'y plairait.

En revanche, Suzy collerait le timbre sur la porte du réfrigérateur pour le montrer aux garçons.

Lorsqu'elle tira sur le loquet de la boîte aux lettres, cinq plis, quelques prospectus et le journal local tombèrent par terre. Suzy les tria : il y avait les habituelles enveloppes kraft à l'adresse tapée à la machine pour Jez, deux factures, un catalogue de vêtements pour enfants qu'elle avait commandé afin d'acheter des tenues d'été aux petits, une demande de don et une enveloppe bleue.

Elle vérifia si c'était un message personnel ou professionnel.

Le nom mentionné dessus la pétrifia.

Suzy se tordit le cou pour s'assurer que son mari était bien enfermé dans son bureau, empila le courrier en laissant de côté l'étrange missive et alla s'asseoir sur la première marche. Nouvel examen. Oserait-elle ? Comprendrait-il qu'elle en avait le droit ? Nerveuse, elle passa son ongle sous le rabat pour décacheter l'enveloppe. Celle-ci contenait une feuille de papier à lettres manuscrite, bleue elle aussi.

Suzy l'en extirpa et lissa la feuille.

De l'autre côté du mur, une pendule démodée sonnait les douze coups, longs et solennels, de midi.

Au quatrième, Suzy estima que l'expéditeur s'était trompé de destinataire.

Au neuvième, elle prit conscience qu'il n'avait pas fait d'erreur.

Au douzième, elle leva les yeux, et toutes les pièces du puzzle s'emboîtèrent dans un bruit sourd et écœurant.

Une fois la feuille soigneusement repliée et rangée dans la poche de son jean, Suzy, tremblante, retourna dans sa cuisine le téléphone à la main et composa un numéro.

— Vondra ? murmura-t-elle.

— Suze ? J'allais justement t'appeler, ma grande. Je viens de découvrir qui est Michael Roshlé. Et ce n'est pas tout.

La voix chaleureuse et douce de Vondra avait pris un ton triomphal inhabituel.

32

Callie

En regardant dans le frigo vide, j'hésite à appeler Tom pour lui demander d'apporter de quoi déjeuner pour Rae et moi. De quelle humeur sera-t-il cet après-midi ?

On sonne à la porte et j'entends la petite sautiller jusqu'à la fenêtre.

— Tante Suzy ! crie-t-elle avant de se rasseoir sur le canapé.

Je lui ouvre la porte. Depuis que je la connais, c'est la première fois que son sourire a disparu. On dirait qu'elle a pleuré, avec ses yeux rouges et son air effondré.

— Oh, mon Dieu. Qu'est-ce qui ne va pas ? dis-je, paniquée.

Elle secoue la tête.

— Non, c'est rien.

Bien que les muscles de son visage s'efforcent de contrôler ses émotions, des larmes ruissellent sur ses joues. Le cœur battant, je l'attire à l'intérieur. En deux ans et demi, je ne l'avais encore jamais vue dans cet état.

— Suzy, qu'est-ce qu'il y a ?

Elle s'essuie les yeux.

— Excuse-moi. C'est juste un petit truc.

— Avec Jez ?

— Et son père.

— Ah, OK, d'accord, dis-je, soulagée.

Suzy m'adresse un regard interrogateur.

— J'ai cru que c'était de ma faute, parce que je me suis montrée un peu ronchonne hier.

En larmes, elle secoue la tête et me touche le bras. Impossible de ne pas dévisager cette nouvelle Suzy tant elle me fascine : ouverte, vulnérable, et non affreusement pragmatique. Si seulement elle s'était montrée sous ce jour-là depuis le départ, comme les choses auraient pu être différentes ! En me dévoilant ses défauts, sa fragilité, elle nous aurait peut-être permis de tisser des liens affectifs et de devenir ainsi de véritables amies. Et moi, j'aurais pu être franche, en ne cachant rien de ce que j'étais vraiment.

— Hé, Rae ! Regarde ce que Henry t'envoie, lance Suzy en passant la tête dans le salon.

Elle tient à la main le DVD de Disney que Rae visionnait à l'hôpital. Ma fille vient le récupérer en boitant, un grand sourire aux lèvres. Suzy se penche en avant et prend le visage de Rae entre ses mains.

— Tu as meilleure mine, Rae. Tu as retrouvé tes joues roses. Brave petite !

— Merci, tante Suzy, dit-elle tout en clopinant jusqu'au lecteur de DVD.

Sur ce, j'emmène Suzy dans la cuisine en la prenant par le bras.

— Qu'est-ce qui se passe ?

Suzy fronce les sourcils, secoue la tête puis tire une chaise et s'assied. Pendant un instant, j'ai l'impression qu'elle va parler, mais elle se contente de balayer la cuisine du regard.

— Waouh ! Elle n'a pas fait les choses à moitié, côté rangement, hein ?

— Mouais, dis-je avec un sourire. Suze, dis-moi ce qui t'arrive. Je ne t'ai jamais vue dans un état pareil.

Elle attrape une feuille d'essuie-tout pour se moucher.

— Je crois que Jez veut mettre Henry en pension.

— Quoi ?

— Ouais. Et ensuite il y enverra probablement Otto et Peter.

— N'importe quoi. C'est lui qui te l'a dit ?

— Non, mais il a rendez-vous au club de son père avec le principal de son ancien collège dans quelques semaines, et l'autre jour il a dit que Henry ne tarderait pas à quitter Palace Gates.

— Enfin, c'est dingue ! Cette institution semble pourtant atroce. Il fera des petits des refoulés…

Mes mots restent suspendus un instant.

— Comme Jez ? complète-t-elle.

— Non. Excuse-moi. Ecoute, ce n'est pas parce qu'il veut les y inscrire qu'il le peut. Ce sont aussi tes enfants.

— As-tu déjà rencontré son père ? réplique-t-elle, l'air pitoyable. Il joue un rôle dans cette histoire, à mon avis. Il aura sûrement proposé de régler les frais de scolarité. Jez le traite sans arrêt de vieux fou, mais son père a une véritable emprise sur lui, et il ne lui a jamais pardonné de m'avoir épousée. Je me dis parfois que Jez ne m'a demandée en mariage que pour contrarier son père.

Je n'en reviens pas. Suzy ne m'a encore jamais parlé de son mari en ces termes-là. Depuis le temps que je la connais, elle ne lui a jamais reproché le moindre défaut et s'extasie à tout bout de champ sur leur merveilleuse relation. Dire que j'en avais fini par me détester pour le petit goût de jalousie que ça me laissait dans la bouche.

Suzy renifle bruyamment en s'enfonçant dans sa chaise et ses incroyables yeux verts me jettent un regard si intense que je suis obligée de le fuir sous prétexte de vérifier si j'ai bien branché la bouilloire.

— J'ai l'impression de perdre tous ceux qui m'entourent…

— Mais non, lui dis-je, embarrassée, tout en m'évertuant à trouver les mots justes.

— Ah ! Il faut que j'apprenne à tenir ma langue, réplique-t-elle en secouant la tête.

En songeant à ma part de responsabilité dans tout ça, à la peine que je lui ai sûrement causée, la culpabilité me gagne et c'est plus fort que moi. Je dois savoir.

— Suze, dis-je en lui prenant les mains. Ai-je quelque chose à voir là-dedans, moi aussi ?

— Comment ça ?

J'hésite.

— Oh, bon sang, je ne sais pas.

Un silence me répond.

— Euh… eh bien, j'ai pris un peu mes distances, ces derniers temps.

Elle s'abîme dans la contemplation du sol.

— C'est que j'avais l'impression d'être prisonnière de la maison, Suzy, et…

Devant son expression, je m'interromps. Non, ce n'est pas correct. Je ne lui dis pas la vérité. La curiosité lui fait relever la tête et nos regards se croisent. J'ai intérêt à être prudente, me dis-je, sinon Suzy risque de lire mes mensonges sur mon visage.

La porte s'ouvre et Rae entre en boitillant.

— Hé, Rae, lance Suzy en s'efforçant de retrouver un ton joyeux. J'ai une autre surprise pour toi. La maman de Hannah vous invite, Henry et toi, à une fête à la patinoire de l'Alexandra Palace, demain après-midi.

— C'est vrai ? s'écrie la petite en lui arrachant le carton d'invitation des mains. J'adore le patin à glace !

Je fais les gros yeux à Suzy. A quoi joue-t-elle ?

— Rae, interviens-je, je suis désolée, ma puce, mais je ne crois pas que tu puisses y aller dans ton état. Le médecin a préconisé du repos au moins jusqu'à lundi.

— Maman ! C'est toi qui le dis ! Le médecin, lui, a dit que j'allais bien.

Je la regarde fixement, sans voix, prise en flagrant délit de mensonge.

— S'il te plaît, maman ? gémit-elle. S'il te plaît, s'il te plaît, s'il te plaît ?

Suzy fuit mon regard tandis que je peste intérieurement. Elle m'a mise dans une situation impossible, elle aurait dû m'en parler avant ! Le comportement de Jez l'aura certainement contrariée, l'empêchant d'avoir l'esprit clair, me dis-je pour me calmer. Ce sera vraiment difficile d'interdire à Rae d'y aller, maintenant.

— Et si tu allais à la fête, mais sans patiner ? suggère Suzy, les yeux plantés sur Rae. Tu resterais assise au chaud avec maman à regarder les autres sur la glace, pour cette fois, avant de participer au goûter d'anniversaire. La maman de Hannah se réjouissait de ta venue.

Je suis stupéfaite.

— Nous verrons comment tu te sens demain, dis-je en évitant de regarder Suzy.

— Je pourrais même rester avec toi après avoir déposé Henry. Cela permettrait à ta maman de se reposer un peu ici. L'hôpital l'a sûrement fatiguée.

Ce qui se passe en ce moment dans ma cuisine échappe complètement à mon contrôle. Je ne parviens pas à l'arrêter. Il faut empêcher Rae d'y aller. C'est trop tôt. Et Tom me tuerait.

— Euh… dis-je, déchirée à l'idée de me montrer à nouveau blessante envers Suzy.

— Bien, alors c'est entendu. Je dois filer. Je passerai la prendre demain, me lance-t-elle en me touchant l'épaule.

Sur ces mots, elle sourit et me fait un clin d'œil en quittant la pièce, m'abandonnant avec une Rae qui jubile.

C'est l'heure du déjeuner. L'appartement m'oppresse tellement que je demande à Rae de se couvrir et l'emmène au magasin du coin de la rue, à dix minutes à pied de chez nous.

Le calme règne sur la route. « Tous les autres sont partis travailler, font leur vie dehors », semblent clamer les trottoirs déserts. Les portes sont fermées à clé, les couvercles des poubelles rabattus, les rideaux en berne pour la journée. Les chats qui se promènent dans les rues semblent mieux savoir occuper leur temps que moi.

Au début, les trois échafaudages n'attirent pas mon attention. Seuls les cliquetis du métal et de l'acier, et des éclats de voix, me parviennent en écho avant de se réduire au silence à notre passage. Je baisse la tête et me concentre sur la bande de plastique rouge et le vieux chewing-gum incrustés dans le trottoir sale et fissuré. Mais je sais ce qui m'attend. Leurs sourires, le geste obscène de l'un d'entre eux et les gloussements qui s'ensuivent ne m'échappent pas.

Que puis-je faire ? Quel pouvoir m'autoriserait à me retourner pour leur rappeler, au cas où ils ne l'auraient pas remarqué, que j'ai une enfant avec moi ? Aucun. A ce moment-là, je ne suis rien. J'erre sans but, inutile, proie facile pour les gens malintentionnés.

— Allez, ma puce, dis-je en tirant Rae derrière moi.

Ses doigts se crispent. Depuis que je lui ai pris la main en sortant de la maison, ils protestent, se raidissent dans ma paume, refusant de s'entremêler aux miens. « Lâche-moi. Je ne suis plus un bébé », affirment-ils. Cela me pousse à resserrer mon étreinte, à presser ses petits os plus fort que je ne le devrais. Rae avance sa lèvre inférieure et traîne les pieds pour me montrer que je n'ai pas remporté la partie.

— Arrête, Rae, lui dis-je. Tu sais pourquoi je te tiens la main.

Mais elle continue à bouder pendant tout le trajet, dans le rayon primeurs du magasin et jusqu'à la caisse où le gérant turc parvient à la dérider en lui offrant une sucette.

— *Hosça kal !* lui lance-t-elle comme il le lui a appris, hésitante, en agitant la main.

— *Güle*, *güle*, répond-il en riant.

Puis il nous salue tandis que nous nous dirigeons vers la sortie.

De mon côté, je lui souris d'un air faussement reconnaissant. En réalité, ça m'énerve qu'il lui ait donné une sucrerie alors qu'elle s'est mal comportée. Mais il regarde déjà ailleurs, indifférent à ce que je peux bien penser.

Des jours comme aujourd'hui et malgré ma profonde culpabilité à son égard, je sais qu'il m'est impossible de laisser tomber Suzy. Pour le moment, en tout cas. Parce que j'ai un besoin vital de sa gentillesse, tout comme un randonneur a besoin d'eau.

Nous arrivons à la maison pour le déjeuner, avec du lait et des légumes pour préparer un potage.

— Regarde, maman, une lettre, m'informe Rae en ramassant sur le paillasson une enveloppe blanche sur laquelle elle déchiffre : C-A-L-L-I-E.

Mon sourire admiratif devant sa performance lui rend sa bonne humeur, et elle me laisse déballer les carottes et les oignons dans la cuisine pour aller regarder le DVD de Henry pour la deuxième fois.

De qui vient ce message ? Je ne reconnais pas l'écriture ronde et soignée qui semble s'adresser à un enfant.

Je décachette l'enveloppe et en tire une feuille de papier. Toujours la même écriture parfaite.

Chère Callie,

Vous êtes probablement toujours en colère contre moi. Il fallait pourtant que je vous renouvelle mes excuses pour le rôle que j'ai joué l'autre soir dans l'accident de Rae.

Je jette un coup d'œil à la signature en bas du message.

Debs

Qu'est-ce que c'est que ce bazar ?

Mais je tiens absolument à clamer mon innocence. Je suis certaine que votre amie ne m'avait pas précisé de tenir la main de votre petite fille. Et ce n'est pas tout.

Bien que j'aie du mal à croire ce qu'elle m'écrit, je poursuis ma lecture.

En sortant de l'école, mercredi, votre enfant a fait une remarque qui m'a perturbée. « Est-ce que je dois encore faire semblant de détester la garderie quand je verrai maman ? » m'a-t-elle dit.

Je n'ai pas bien compris sa question, dans la mesure où elle avait manifestement passé une très bonne journée avec son amie Hannah. Je l'ai donc interrogée : pourquoi prétendrait-elle le contraire ? Et voici ce qu'elle m'a répondu : « Parce que tante Suzy me l'a demandé. »

— Espèce d'imbécile. Elle lui aurait plutôt conseillé de ravaler sa tristesse devant moi.

Je vous en prie, comprenez-moi. Je reconnais ma responsabilité dans l'accident de votre petite fille alors qu'elle était sous ma surveillance. Mais il fallait que vous sachiez tout ça. Peut-être cela vous conduira-t-il à avoir une petite conversation avec votre amie pour vous assurer que tout va bien.

Debs

Cette femme est folle, ou quoi ?

Le journal gratuit posé sur la table de la cuisine attire mon regard. Il comporte un article sur un homme assassiné par son voisin, mentalement dérangé mais qui avait interrompu son traitement. Et si c'était le cas de Debs ? Si elle était dangereuse ? Je me mords la lèvre et compose le numéro épinglé sur le tableau.

Le téléphone du policier est sur répondeur.

— Bonjour, c'est encore Callie Roberts à l'appareil, dis-je, en colère. Désolée, mais cette femme, là, Debs, commence à me faire peur. Elle vient de déposer devant ma porte un message complètement fou dans lequel, en gros, elle accuse Suzy, mon amie et voisine d'en face, de me mentir. Et puis, j'ai oublié de vous dire hier soir que Debs lui avait hurlé dessus à travers la fente de sa boîte aux lettres, en présence de ses enfants. Il faut que je sache ce qui se passe. Je vous en prie. Enfin, elle habite juste en face de chez moi, et travaille dans notre école. Rappelez-moi, s'il vous plaît.

Je me dirige vers la fenêtre et regarde dehors. Debs se tient devant son portail, perplexe. Après avoir jeté un coup d'œil à gauche puis à droite, elle va examiner le contenu de sa benne à recycler.

— Dingue, dis-je en serrant mes bras autour de mon corps.

33

Suzy

Jez avait encore passé toute la matinée à travailler, enfermé dans son bureau.

Elle savait qu'il descendrait se faire un sandwich vers 13 heures, alors elle a pris les devants, préparé des pennes aux champignons et dressé la table pour le mettre devant le fait accompli.

Presque à l'heure prévue, les pas de son mari résonnèrent dans l'escalier.

— Hé, lança tranquillement Suzy sans se retourner, occupée à mettre la salade dans le saladier et à remplir la carafe d'eau.

— Ça va ? répliqua-t-il.

Elle sentit son regard se poser sur elle puis sur les couverts et la casserole sur le feu, cherchant à déterminer ce qui lui valait ces efforts culinaires. Décidant finalement que la question était inutile, il s'assit et commença à feuilleter le journal local que sa femme avait ramassé dans le hall.

Suzy fit exprès de ne pas sourire pour le perturber. Elle avait pris l'habitude de combler les silences par ses babillages avec les enfants, des questions sur les chemises qui devaient être repassées ou son voyage en train du jour. Aujourd'hui, il souffrirait. Du coin de l'œil, elle le vit la regarder à deux reprises pendant qu'elle servait les pâtes.

— Et voilà !

Suzy plaça deux assiettes pleines sur la table avant de retourner chercher l'eau.

— C'est en quel honneur ? murmura-t-il.

Elle haussa les épaules et prit place en face de lui. Jez se replongea dans sa lecture puis porta nonchalamment une pâte à sa bouche. Les couverts de Suzy, en revanche, restèrent de chaque côté de son assiette, si bien qu'il finit par lever le nez de son journal pour voir ce qu'elle fabriquait et lui demander :

— Quoi ?

Nouveau haussement d'épaules.

— Je me disais que ce serait vraiment merveilleux que nous ayons une petite fille.

Elle prononça chaque mot distinctement pour être sûre qu'il saisisse bien le message. La fourchette de Jez se figea un instant devant sa bouche, puis poursuivit son chemin. Il continua à manger et retourna à sa lecture.

— Alors ? lâcha-t-elle dans l'espoir de capter son attention.

— Alors quoi ?

— Qu'en penses-tu, Jez ? Ça te plairait d'avoir une petite fille ?

Il piqua une puis deux puis cinq pâtes, les enfourna, et en enfourcha cinq de plus en mâchant, traçant un sillon dans son assiette de pennes.

— Ça m'étonne que tu me demandes mon avis, répondit-il calmement une fois sa bouchée avalée. Tu t'en es bien passée les deux premières fois.

La voix de Jez grondait à travers la pièce, même quand il s'exprimait avec calme.

Son insinuation flotta au-dessus d'eux tandis qu'il reprenait une gigantesque fourchette de pâtes et examinait ce qu'il restait dans son assiette. L'accusation avait enfin été formulée, sa duplicité révélée au grand jour.

— C'étaient des accidents, protesta-t-elle en tâchant de ne pas perdre son sang-froid. Ça arrive. Assez souvent, d'ailleurs. Callie m'a confié que la naissance de Rae n'avait pas été programmée non plus, par exemple.

Il posa sa fourchette et la regarda droit dans les yeux.

— Je ne veux plus d'enfants, Suzy. Le sujet est clos. Peut-être que toi aussi, tu y repenserais à deux fois si tu devais gagner de l'argent au lieu de le dépenser tous les jours au Brent Cross. En parlant de Brent Cross, je te signale que les garçons n'ont plus besoin de chaussures.

— Eh bien, si tu ne tenais pas à envoyer nos enfants dans ton maudit internat, nous ne manquerions pas de fric.

— Quoi ?

— Tu m'as très bien entendue.

Elle se leva lentement et le toisa de toute sa hauteur.

— Jez, si tu t'avises d'éloigner mes enfants de moi, prends garde à toi.

Ils se défièrent du regard. Voilà. C'était enfin dit.

— Je crois que tu as oublié à qui tu avais affaire, Jez, ajouta Suzy. La fille du lac qui n'a peur de rien.

Son mari se replongea dans son journal.

— Et moi, je crois que tu as oublié qu'on est en Angleterre, Suzy.

— Bon, je sors, lui annonça-t-elle. Ça m'a coupé l'appétit. Mais on n'en a pas fini.

D'un pas rapide et décidé, elle remonta les avenues escarpées qui menaient à l'Alexandra Palace. L'espace qui séparait les jolies maisons victoriennes comme la sienne, sur la route, était comblé par des extensions, des garages ou des grands portails de deux mètres de haut. Derrière les vitres, Suzy pouvait voir l'attirail de tous les privilégiés de la classe moyenne anglaise : écran plasma, œuvres d'art moderne et canapés en cuir. Chaque porte avait sa couleur, du cerise au bleu givré. Les numéros étaient inscrits sur des plaques, de la traditionnelle en bronze aux ardoises plus modernes avec des chiffres en gras et en relief. Géraniums rouge sang, fougères japonaises et lobélies, scintillants comme des bijoux, débordaient des jardinières.

Chaque maison est différente des autres, mais elles sont toutes de la même famille, pensa Suzy. Les propriétaires avaient abandonné leurs proches pour aller chercher fortune en ville et atteindre leurs objectifs. Pour y arriver, ils étaient prêts à vivre entassés les uns sur les autres, dans des conditions d'exiguïté insupportables. L'image de papillons épinglés sur un tableau lui vint alors à l'esprit.

Qu'est-ce qui ne va pas chez ces gens ? se demanda-t-elle en épiant leurs intérieurs. On n'inflige pas une chose pareille aux siens, on ne quitte pas père, mère, grands-parents et cousins ainsi, ne serait-ce que parce qu'ils sont du même sang. Et si les gens du même sang ne s'entraident pas, qui le fera ? Personne n'envoie ses enfants au loin comme s'ils ne valaient rien. On les chérit au contraire tant ils sont précieux.

Un vieux placard de cuisine avait été abandonné sur le trottoir pendant la nuit. Suzy fonça droit dessus et y donna un tel coup de pied que le côté se fendit.

Bon sang, c'était si difficile de faire marcher ses jambes correctement, ici. Cinq minutes plus tard, elle atteignit l'entrée de l'Alexandra Palace et commença la rude ascension vers le haut de la colline. Suzy se sentait déjà mieux. A Londres, il n'y a pas la place pour s'étirer tendons, muscles ou peau, ni assez d'air pur pour nettoyer ses poumons en quelques brèves inspirations. Impossible de reposer ses yeux sur le vaste ciel, puisqu'il se réduit toujours à une chape grise écrasante, ni de profiter d'un trottoir désert plus d'une minute. Les poussettes, vélos, chiens en laisse ou incessants travaux de voirie vous barrent toujours la route, sans parler des 4 × 4 qui se faufilent dans le peu d'espace laissé aux véhicules. Elle accéléra dans la côte pour sentir ses muscles travailler.

Puis s'arrêta.

L'exercice avait appelé une image dans sa mémoire : celle de la vieille dame à Northmore. Suzy secoua furieusement la tête pour l'oublier.

Ces jambes. Ces jambes. Ces jambes aussi grosses que des jambons.

Et maintenant la lettre de sa sœur.

Inutile de se demander pourquoi elle s'était réveillée en pleine nuit au bord de l'étouffement.

En se dirigeant vers les deux skateurs qui dévalaient les rampes de la piste de skate sur leurs planches, Suzy dépassa le parc aux biches et la mare aux canards, essayant de faire le vide dans sa tête.

Ensuite, elle s'arrêta une seconde pour reprendre son souffle. Ravis d'avoir une spectatrice, les adolescents balayèrent la frange qui leur mangeait les yeux et, le visage grave, redoublèrent d'efforts pour soulever leurs genoux maigrichons et exécuter leurs pirouettes. Le brun ressemblait à Henry. Son fils aurait cet âge avant qu'elle ait le temps de dire ouf. Sauf que ce garçon-là vivait toujours chez ses parents. Il quitterait bientôt le parc, franchirait la porte de chez lui en lançant un « salut » grincheux avant d'embrasser sa mère à contrecœur et de regagner sa chambre qui renfermait ses secrets d'adolescent et empestait la chaussette sale et le moisi. Une chambre où il se sentait en sécurité. Henry, lui, serait parti depuis longtemps, façonné pour devenir un petit Jez, et étoufferait ses larmes dans l'oreiller de son dortoir la nuit, privé des baisers réconfortants de sa mère.

— Non, grogna-t-elle dans un souffle.

Quelle plaie ! Le souvenir de ces jambes refusait de disparaître.

Il faisait chaud, cet après-midi-là.

« Maman, où est-ce qu'on va ? » avait-elle demandé.

La banquette en cuir déchirée de la vieille Buick sale de ce type lui brûlait l'arrière des genoux. Le soleil estival du Colorado accentuait l'odeur d'huile dans l'habitacle et lui donnait le tournis. Elle repoussa la pile de vêtements maculés de peinture et les manuels de mécanique couverts de traînées noires qui jonchaient le siège arrière puis essaya de se redresser.

Sa mère ne lui ayant pas répondu, elle se tourna vers le chauffeur.

Il la dévisageait dans le rétroviseur. Son regard lui rappelait celui des bandits dans les films de cow-boys.

« Où est-ce qu'on va ? » répéta-t-elle.

Elle ne reconnaissait pas la route qui défilait derrière les vitres crasseuses. Rien à voir avec celle qui conduisait chez le marchand de glaces. Ils tournèrent dans une rue calme et large. Des orties proliféraient autour des maisons de plain-pied. On aurait dit que le bitume était devenu grisâtre et s'était craquelé sous l'effet du soleil. Des motos et des voitures rouillées envahissaient un jardin où on avait hissé le drapeau américain. Il y avait la photo jaunie d'un pistolet sur la fenêtre. ATTENTION AU PROPRIO, disait la légende en dessous. Lorsque le chauffeur se gara dans l'allée d'une petite maison avec un porche en bois délabré dont la peinture s'écaillait, elle se sentit anéantie.

« Viens », lui dit sa mère après avoir ouvert sa portière et pris sa main.

En jetant un regard en arrière, Suzy s'aperçut que le chauffeur sortait un sac de la voiture. Le long bras de sa panthère rose s'échappa d'une ouverture. Comme hypnotisée, elle se laissa guider vers la porte, qui s'ouvrit à son insu. Lorsqu'elle leva la tête, elle vit un monstre, aussi large que Suzy était haute, avec une coupe à la garçonne et des yeux globuleux derrière ses lunettes sales. Ce monstre, dont la poitrine s'affaissait jusqu'à la taille, était vêtu d'une robe crasseuse informe. Sa bouche remuait de la même façon que celle de la petite sœur d'une copine de Suzy pendue au sein de sa mère : baveuse, en effectuant un mouvement de succion permanent. Lorsque sa maman la poussa vers elle, à l'intérieur de cette maison qui sentait la nourriture pour chien, elle protesta en gémissant :

« Non…

— Tu ne resteras là que jusqu'à la naissance du bébé, chérie, l'informa sa mère avant de s'en aller.

— Non ! » cria Suzy en essayant de lui courir après.

Mais le monstre ne lui en laissa pas le temps. Elle la traîna à l'intérieur et la força à s'asseoir. Ses jambes informes et puantes l'enserrèrent par-derrière et se refermèrent sur ses joues jusqu'à lui faire mal, oppressant son visage pour tarir ses larmes.

« Silence ! aboya le monstre. Silence ! »

Oh, Suzy pouvait pleurer aujourd'hui, tout son soûl même. Rien ne l'empêchait de foncer vers les skateurs maigrichons et de brailler, de leur hurler au visage. Mais si le monstre lui avait bien appris quelque chose, c'était qu'il ne servait à rien de gaspiller ses larmes.

Elle avait essayé, bien sûr, de crier, d'appeler sa mère, de frapper le ventre mou de sa geôlière avec ses petits poings. Mais la patte du monstre, humide de sueur, s'était abattue sur sa joue avant de l'enfermer dans un placard en compagnie des araignées et des cafards. Suzy y était restée pendant des heures, forcée de faire pipi dans un coin et de manger le bonbon qu'elle avait volé à son école pleine d'enfants dont personne ne semblait se soucier. Elle avait recommencé à hurler lorsque le monstre lui avait maintenu la tête sous un robinet d'eau, dans l'espoir qu'un policier la ramènerait à sa mère et dénoncerait le monstre. Mais la police n'était jamais passée dans sa rue. Suzy apprit vite que les monstres pouvaient tout se permettre sans jamais être inquiétés. Tout comme la femme haletante aux jambes énormes qui, la veille, avait grimpé la colline en sortant de l'hôpital. Suzy avait prié pour que l'agent de la circulation lui mette la main dessus, tout en sachant, au fond, que cette horrible vieille dame lui filerait entre les doigts. Les monstres gagnaient toujours.

Bon, pensa Suzy en donnant un coup de pied dans une pierre en passant. Inutile de pleurer. Elle serra les dents et prit à droite un sentier en pente.

Non. Il existait d'autres façons de s'occuper des personnes qui, comme sa mère, se détournaient de ceux-là mêmes qu'elles étaient censées aimer.

Contournant l'arrière de l'Alexandra Palace, elle entra dans le parking de la patinoire et le traversa avant de ressortir de l'autre côté du bâtiment puis de redescendre l'escalier en pierre jusqu'à la route. Après avoir laissé passer un bus, elle traversa et s'enfonça dans les espaces verts, puis entre les grands arbres, à gauche, en direction de la zone naturelle. Elle se souvenait d'un chemin un peu à l'écart. Callie et elle étaient tombées dessus par hasard, au printemps, lorsqu'elles avaient emmené les enfants voir les fleurs des champs. Perdues sous les arbres, sans dégagement ni colline pour se repérer, elles s'étaient retrouvées sur un sentier si étroit qu'il avait fallu maintenir les enfants bien au centre afin d'éviter les ronces et les orties. Suzy s'arrêta. Mais enfin, où était-il donc ? Elle essaya plusieurs directions, cherchant à se remémorer l'endroit. Un buisson de houx attira son regard. Il y avait un fossé juste à côté.

C'était là. Bien.

Une fois sûre que personne ne la regardait, elle contourna le fourré et descendit le chemin. Oui. Il était plutôt bien caché. Les promeneurs de chiens et les joggeurs préféraient emprunter les pistes larges plutôt que cette allée en retrait qui servait de sortie de service au club de cricket. Seuls les employés de maintenance du parc avec leurs pick-up et les jeunes souhaitant s'éloigner des regards indiscrets s'aventuraient jusqu'ici.

Il y avait un vieux banc sous les longues branches touffues d'un chêne. Parfait. Ça ferait l'affaire. Suzy avait déniché le lieu idéal.

Elle arriva à la crèche à 15 heures, à temps pour récupérer Otto, Peter et leur poussette, puis pour aller chercher Henry à son école. Les jumeaux babillèrent joyeusement pendant tout le trajet, ce qui lui donna le loisir de réfléchir à son plan.

A son arrivée, la plupart des écoliers étaient déjà sortis de leur classe et enfilaient leur manteau. Suzy n'accorda aucune attention à leurs parents et se dirigea vers la porte.

Mlle Aldon l'attendait. D'habitude, elle appelait Henry dès qu'elle voyait sa mère entrer, mais pas aujourd'hui.

— Madame Howard, vous avez une minute ?

Suzy se raidit. Cette phrase n'annonçait jamais rien de bon.

— Oui.

De là où elle était, elle aperçut son fils assis tout seul au fond de la classe, les épaules voûtées et les yeux baissés.

— Je crains qu'il y ait eu un nouvel incident, l'informa calmement la maîtresse, à la fois navrée et furieuse. Pendant la récréation, Henry a attrapé Luke par le cou et l'a violemment tiré en arrière. Le système des bons points dont nous avions parlé ne fonctionne pas. Nous allons donc devoir organiser une réunion avec votre mari et le directeur pour réfléchir à la suite des événements. Par ailleurs, désolée de vous demander ça, mais se passe-t-il quelque chose chez vous dont nous devrions être informés ?

Suzy la foudroya du regard.

— Comment osez-vous ?

Mlle Aldon devint livide.

— Pardonnez-moi, mais c'est la procédure…

— Si vous voulez tout savoir : non, rien de ce qui se passe à la maison ne vous regarde. Henry est bouleversé par l'absence de Rae. Vous en avez tenu compte, j'imagine ? Il a beaucoup de mal quand elle n'est pas là.

— Eh bien, j'allais justement aborder ce sujet, commença Mlle Aldon qui, de plus en plus consternée, cherchait des yeux un allié. D'après les surveillants de la cour de récréation, Henry a perturbé les autres camarades de Rae. On dirait qu'il ne supporte pas de la voir jouer avec d'autres que lui. Encouragez-vous ce type de comportement à la maison, par exemple ? J'en doute, mais votre fils devient très agité dès que Rae joue avec d'autres enfants, notamment Hannah. Je ne peux pas confirmer ces faits, mais Hannah est allée trouver le surveillant : Henry l'aurait menacée de lui cracher dessus si elle restait avec Rae.

Suzy se mâchouilla la lèvre.

— Désolée, mademoiselle Aldon, mais je ne supporterai pas vos insinuations plus longtemps. Si Henry fait des siennes, peut-être devriez-vous vous pencher sur le traitement que lui réservent ses camarades de classe. Les autres enfants excluent toujours Henry, tout comme Rae, d'ailleurs. Ils ne le laissent pas jouer au foot et ne l'invitent pas à leurs fêtes. Si vous tenez tant à singulariser mon fils, je vous conseille de revoir votre façon de surveiller les enfants dans la cour de récréation. Pendant ce temps, je prendrai moi-même rendez-vous avec le directeur pour lui parler de ce qui m'a tout l'air d'être de la négligence vis-à-vis de mon fils. Je suppose que ce n'est pas le meilleur moment, avec l'ouverture de l'enquête sur l'une des employées de la garderie qui n'a pas su éviter l'accident de Rae.

Sur ces mots, elle fit signe à Henry de la rejoindre, lui prit la main et s'éloigna.

Tout le monde se tut pendant le trajet vers la maison. Henry, piteux, trottinait à côté d'elle en silence. Même les jumeaux semblaient avoir senti qu'il valait mieux ne pas faire de vagues et restaient sagement installés dans leur poussette, l'air rêveurs.

Suzy entra dans la maison, détacha les jumeaux et les plaça sur le canapé de part et d'autre de Henry, leur cala un gobelet de jus de fruits à chacun dans la main, alluma la télévision et se dirigea vers l'escalier.

— Jez ?

N'obtenant pas de réponse, Suzy répéta deux fois son prénom jusqu'à ce que son mari apparaisse derrière la rampe.

— Quoi ?

— Je sors. Il va falloir que tu gardes les petits.

— Tu plaisantes ? ronchonna-t-il. Je vais entrer en téléconférence.

— Dur, commenta-t-elle.

— Suze, ne t'avise pas de…

Mais elle était déjà partie en claquant la porte.

34

Callie

Rae est tellement excitée à l'idée d'aller demain à la fête de Hannah qu'elle ne tient plus en place. Elle a changé trois fois de tenue avant d'opter, avec mon approbation, bien sûr, pour la robe de gala argentée que Kate lui a offerte à Noël, un jean, des chaussettes chaudes, des tennis et un polaire. Je regarde Rae sortir délicatement ses affaires pour demain en essayant de ne pas y penser. Au fond, j'espère que ce goûter sera annulé, ou qu'il me viendra une bonne raison d'empêcher ma fille d'y participer sans l'accabler de chagrin ni blesser Suzy plus que je ne l'ai déjà fait. Impossible de bouger. Si seulement Tom était là pour m'aider à trancher. Il a déjà vingt minutes de retard.

La sonnette de la porte d'entrée me fait sursauter. Nerveuse, j'ouvre pour découvrir Suzy sur le seuil, les joues bien rouges.

— Dieu soit loué, c'est toi. J'avais peur que ce soit Debs.

— Pourquoi ?

— Oh, je t'expliquerai dans une minute, dis-je en désignant Rae d'un signe de tête.

Suze fronce les sourcils en signe de compréhension puis me caresse le bras.

— Tu as l'air crevée, ma belle. Ecoute, je vais passer une heure au Brent Cross, besoin de quelque chose ?

Une silhouette en mouvement derrière elle attire mon attention. Tom franchit le portail et s'arrête, hésitant, en apercevant Suzy.

Son expression semble dire : « Il faut qu'on parle. »

Suzy s'adresse à moi mais je ne l'entends pas.

— Suze ?

— Quoi ?

Je pointe du doigt derrière elle, Suzy se retourne et aperçoit Tom. Ils se jaugent l'un l'autre, impassibles.

— Euh, Suze, pourrais-tu aller t'asseoir cinq minutes avec Rae pendant que Tom et moi, euh…

— Oui, bien sûr, réplique-t-elle joyeusement en rentrant sans un regard pour Tom.

Je vais dans le petit hall d'entrée refermer la porte de l'appartement derrière Suzy, puis celle de la maison derrière moi.

— Tu m'as l'air bien sérieux, dis-je avec méfiance.

La colère embrase son regard.

— Vraiment. Et pourquoi, à ton avis, Cal ?

— Euh, je ne sais pas, Tom… dis-je en badinant dans l'espoir de rétablir la complicité qui nous unissait hier.

— A cause d'hier soir, peut-être ? lance-t-il carrément.

— Hier soir ? Comment ça ?

— Oui, hier soir.

De quoi il parle ?

— Tu vas continuer, n'est-ce pas ?

— Sincèrement, Tom, je ne vois pas de quoi tu parles.

— Très bien. Figure-toi qu'hier, après être sorti de chez toi, je suis resté au téléphone dans la voiture pendant dix minutes.

— Et alors ?

Ses yeux me brûlent. Et là, je comprends. Les mille pièces du puzzle se dispersent dans les airs. Elles volettent, tournoient avant de s'éparpiller en retombant sur le sol, hors de ma portée.

— Alors tu sais ce que j'ai vu.

— Quoi donc ?

— Tu sais très bien de quoi je parle.

35

Suzy

Suzy entra dans le salon avec un sourire radieux et alla s'asseoir à côté de Rae. Bien. Dix minutes en tête à tête.

— Coucou, mon poussin, lança-t-elle en attrapant le pied de la petite qu'elle posa sur ses genoux.

Rae sourit et continua à regarder la télévision.

— Henry a hâte d'aller à la fête, il est tout excité, commença Suzy.

Rae acquiesça en silence.

— Désolée, ma chérie, poursuivit-elle en lui caressant doucement le pied. Je croyais vraiment que ta maman te laisserait venir avec nous.

— Quoi ? fit Rae en la fusillant du regard.

— Retourne-toi, regarde la télé. Je te masse le pied.

Rae obtempéra.

— Mais je veux y aller, gémit-elle.

Suzy haussa les épaules et adopta une expression navrée.

— Je sais, désolée. Ce n'est pas très gentil de sa part. Je ne sais pas ce qu'il lui prend.

Rae secoua la tête, au bord des larmes.

— Pauvre cocotte. Hannah sera déçue de ne pas te voir à son goûter.

La fillette retroussa sa lèvre inférieure.

— Je sais, ma chérie, ajouta-t-elle dans un soupir. C'est dur. Si tu étais ma fille, je te laisserais y aller.

Rae resta tournée vers l'écran, mais ses yeux glissèrent sur le côté, vers Suzy, qui lui prit l'autre pied et le frictionna doucement.

— Moi aussi, j'aurai une petite fille un jour, tu sais ? J'ai hâte. Je l'emmènerai faire les boutiques de vêtements, voir ses films préférés, et lui organiserai le plus grand anniversaire du monde. Plus grand encore que celui de Hannah. Et je serai là tous les jours pour l'attendre à la sortie de l'école avec un biscuit et un bisou. Elle sera l'enfant la plus aimée de toute la terre.

Rae regardait droit devant elle, les yeux brillants, les sourcils froncés.

Suzy se pencha vers elle et lui caressa le visage.

— Ma pauvre cocotte. Ce n'est pas de ta faute. Ecoute, je ne te promets rien, mais je vais essayer d'arranger ça avec ta maman, tu veux ?

La petite hocha la tête.

— Bon, très bien, je ferai de mon mieux. Laisse-moi m'en occuper. Mais il faudra peut-être me donner un coup de main, mon cœur. Tu te souviens de ce qu'on s'était dit, que tu ne voulais pas qu'elle reprenne le travail ? Tu te souviens ?

La fillette pivota.

— Mais je voulais qu'elle aille travailler. La maman de Hannah, elle travaille aussi.

— Rae, la maman de Hannah l'abandonne toute seule dans le parc, alors que des méchants peuvent la taper. C'est ce que tu veux ?

Rae secoua la tête, en larmes.

— Brave petite fille. Alors, tu sais quoi faire.

Un bruit provenant de l'extérieur attira l'attention de Suzy. Derrière les rideaux, Callie, blême, était debout sous le porche, à regarder Tom s'en aller en claquant le portail derrière lui.

36

Callie

Ce vendredi soir est placé sous le signe de la terreur. Je bavarde avec Rae et lui prépare son plat préféré : concombre et pâtes à la sauce tomate. Ensuite, je lui lis une histoire, change le pansement de sa jambe et m'allonge avec elle un instant pour discuter de la fête de demain. Pendant tout ce temps, il me semble qu'elle me sonde du regard, mais je n'y prête pas attention, parce qu'un autre problème étouffe celui-là.

Tom y est arrivé. Il a découvert mon pire secret, la vérité sordide que je gardais cachée dans les coins sombres, celle qui, la nuit, m'empêche de dormir.

Il est 21 heures quand je peux enfin fermer la porte de la chambre de Rae et prendre mon portable.

— C'est moi. Il faut qu'on parle, dis-je.

Son grognement m'indique que le moment est mal choisi.

— Je vais voir ce que je peux faire.

J'erre dans l'appartement et fais un peu de rangement, les doigts gourds et gauches. Je pose négligemment un mug sur l'étagère, sachant qu'il est en équilibre précaire, mais je le laisse se briser au sol et vais mettre les débris à la poubelle dehors. Avant de retourner dans la cuisine, je déverrouille la grille du jardin. Ensuite, il ne me reste plus qu'à attendre, les mains sur le plan de travail, qu'il vienne frapper.

Je vais lui ouvrir. C'est lui, le père de ma fille. Comme hier soir, sa large carrure remplit le cadre de la porte. Mais cette fois son visage semble tendu, préoccupé.

— Entre, dis-je en jetant un coup d'œil dans le jardin derrière lui pour m'assurer que personne ne nous espionne, cette fois.

Et Jez entre.

Je le pousse à travers le hall, là où je me tenais justement hier, en peignoir, à m'occuper de Suzy pendant que Jez se planquait dans la cuisine. Nous passons au salon.

— Qu'est-ce qu'il y a ?

Après avoir fermé la porte pour être sûre que Rae ne nous entende pas, je lui fais face. Sa maladresse est revenue aussi vite qu'elle avait disparu hier. Dès qu'il reprend ses distances, Jez a la manie de se redresser de tout son long, et son corps devient comme une falaise infranchissable.

— Jez, tu peux t'asseoir ?

Si seulement il ne se sentait pas obligé de rétablir des barrières à tout bout de champ. Je connais les limites à ne pas dépasser et je sais qui je suis : la menteuse perverse qui prétend être la meilleure amie de sa femme.

Jez arque les sourcils, s'installe sur mon canapé dont les coussins se creusent sous son poids et glisse ses poings fermés entre ses genoux écartés. Les mains qui agrippaient fermement mes poignets hier sont de nouveau inaccessibles, me fait comprendre son geste. Ce soir, de coûteux boutons de manchette les emprisonnent. Les boucles noires qui caressaient ma peau brûlante ont été domptées, lissées en arrière. Ses chaussures en cuir bien cirées semblent mépriser ma vieille moquette verte miteuse.

Au cas où ce ne serait pas déjà assez clair, Jez fait tout un sketch pour enlever une peluche sur le bas de son pantalon.

— Alors, soupire-t-il lourdement. Comment va Rae ?

— Bien.

— Pas de complications ?

Je fais non de la tête.

— Bien. Tu as besoin de quelque chose ?

Même réponse de ma part.

— J'ai viré deux cents livres sur le compte ce matin, au cas où.

J'opine en signe de remerciement.

— Alors, qu'y a-t-il ?

Devant mon silence, il s'impatiente, hausse les sourcils et gratte un de ses noirs et impeccables favoris. Ne fais pas ça, me supplient ses yeux. Ne me mets pas la pression.

— Il faut que tu saches, dis-je en essayant de garder ma voix sous contrôle.

— Quoi donc ?

— Tom t'a vu ici.

L'expression de son visage s'altère un peu.

— Hier soir ? J'aurais pu venir t'emprunter du café. J'habite de l'autre côté de la rue.

— Jez, ne le prends pas pour un imbécile. Il est furieux que ça recommence, et en particulier de t'avoir surpris ici alors que Rae rentrait tout juste de l'hôpital.

— Je vois, murmure-t-il.

Il tire sur ses manchettes, inspire profondément puis lâche un si grand soupir qu'il en fait craquer le canapé. J'essaie de capter son regard, mais Jez est comme ça : ses yeux sombres et aussi secrets qu'une forêt la nuit ne s'attardent sur vous qu'une seconde et, au moment où vous pensez l'avoir saisi, il referme ses lourdes paupières, vous excluant ainsi de son univers. Vous vous retrouvez face à ses longs cils, à ses larges pommettes et à la moue de sa lèvre supérieure qui exprime sa contrariété devant votre insistance.

— Et que compte-t-il faire ?

— Aucune idée. J'espère qu'il ne tentera rien, mais je ne peux pas le jurer. Tom est hors de lui. Quand il est passé, cet après-midi, Suzy était là. J'ai cru qu'il allait forcer la porte et tout lui raconter. Il est parti sans même avoir vu Rae.

Jez secoue la tête, les yeux baissés comme s'il grondait un méchant chien.

— Tu dois l'empêcher de faire ça, Callie. Et les garçons, dans tout ça ?

— Jez ! Cette situation n'est confortable pour aucun de nous deux, tu sais. Je ne peux pas contrôler les faits et gestes de Tom. Je voulais juste te prévenir, c'est tout.

Il se lève.

— Quoi ? On en reste là ? Où vas-tu ?

— Nulle part. Il me faut un verre.

Je constate alors à quel point il est énervé. Il va s'assurer que les rideaux sont bien fermés. De mon côté, je vais lui chercher le peu de vin qui me reste dans la cuisine et lui en sers un verre dont il boit une gorgée sans un merci.

— Tu ne sais pas tout ce qui se passe entre Suzy et moi.

— Tu parles du pensionnat ?

Il me jette un coup d'œil étonné, puis secoue la tête.

— Non, enfin si. Et d'autres choses encore. Mais, Callie, si Suzy venait à l'apprendre maintenant, ce serait…

Jez finit son verre d'un trait puis m'affronte enfin du regard.

— Tu n'y avais pas pensé jusqu'ici, n'est-ce pas, Jez ? dis-je amèrement.

— Si, mais il faut qu'on arrête.

— Quoi ? Comme l'autre fois ?

Il hausse les épaules, coule un regard vers la fenêtre.

— Et la fois d'avant, dis-je encore.

Jez pose son verre en fronçant les sourcils tandis que ses lèvres se gonflent légèrement sous son soupir. Comme j'aimerais me jeter sur lui pour les embrasser ! Maudite faiblesse !

— Non. Je veux dire qu'on doit tout stopper. Notre liaison. Ton amitié avec Suzy. C'est trop risqué.

Je ne respire plus.

— Qu'entends-tu par « tout arrêter » ?

— Je n'en suis pas certain, mais je crois que quelqu'un essaie de fouiller dans mes comptes, grogne-t-il. Pose des questions. Et il faut que je pense aux garçons.

— Comment ça, « essaie de fouiller dans tes comptes » ?

— Une personne engagée par Suzy. Peut-être que je me trompe, je ne sais pas. Mais ce qui est sûr, c'est qu'il faut étouffer cette histoire dans l'œuf. Vendre la maison et déménager avant qu'elle ne découvre le pot aux roses.

Je reçois ses paroles comme des coups de poing dans la figure.

— Et découvrir quoi, au juste ? dis-je faiblement. Le nom de Tom figure sur le certificat de naissance de Rae. Et s'il apprend à Suzy que nous couchons ensemble, il nous suffira de le nier, de mettre ça sur le compte de la méchanceté de Tom. Elle le trouve déjà odieux avec moi.

Depuis plus de deux ans, j'ai passé tant de nuits blanches à ressasser tout ça que les mots roulent avec aisance sous ma langue.

— C'est trop risqué, répète-t-il en secouant la tête.

Jez se lève et s'approche de moi. La lumière vive du salon me révèle combien il a le visage bouffi, les yeux cernés. Une longue vague de cheveux s'est échappée et lui caresse le front.

Luttant contre mon désespoir, je continue :

— Ecoute, laisse-moi suivre mon plan. Reprendre un boulot, gagner de l'argent, arrêter de me reposer sur Suzy tout le temps, emprunter des chemins différents des siens et couper progressivement les ponts avec elle. Je retombe sur mes pieds, et après… on y verra peut-être plus clair ? conclus-je en baissant les yeux.

— Je sais que tu crois la connaître, Cal, soupire Jez. Mais si elle apprend notre liaison, et vu son comportement ces derniers temps, je ne sais vraiment pas comment elle réagira.

— Tu la penses capable d'emmener les enfants, c'est ça ?

Au moment où Jez s'apprête à me répondre, son portable émet un bip.

— C'est elle, déclare-t-il après l'avoir consulté. Je lui ai dit que j'allais chercher du vin à l'épicerie du coin.

Il se dirige vers l'entrée et, paniquée, je secoue la tête.

— Non, ne t'en va pas. Pas comme ça. Je… je…

Je jette un rapide coup d'œil par les rideaux du salon. Les lumières de Suzy sont allumées, de l'autre côté de la rue.

Pendant une seconde, je les imagine éteintes, me projette dans un futur sans elle ni Jez, un futur sans aucune bonne âme avec qui discuter après une journée d'ennui, sans personne pour combler mon besoin de contact charnel quand je me sens seule à en mourir. Ma poitrine se serre, m'empêchant de respirer. Suivant Jez dans la cuisine, je murmure aussi fort que possible :

— Jez ! Jez ! Attends, je t'en prie. Reste juste quelques minutes. Ne dis pas que c'est fini tant que…

Il reconnaît ce timbre de voix, cette douleur pitoyable, et s'arrête.

Lorsque Jez me prend la main, ça me fait toujours le même effet, même si je me déteste pour ça. Inspiration profonde, expiration lente.

Enfin, Jez se penche vers moi et plonge ses yeux dans les miens. Il connaît leur pouvoir sur moi : la sombre forêt s'entrouvre à l'heure du crime pour révéler des étangs cachés.

Le vin parfume ses lèvres chaudes qui effleurent les miennes, caressent ma peau et font ployer mon corps malgré moi. Je lève mon visage vers lui, incapable de masquer mes sentiments, tout en sachant qu'il ne faut rien demander à Jez. Dès qu'il me perce à jour, il s'interrompt, saisit ma main, la tire dans mon dos sans préavis et me coince contre le mur.

Je reste là, sans bouger. Puis Jez approche son pied des miens, s'appuie sur moi de tout son poids. Son corps n'est pas rassurant et sécurisant comme celui de Tom. Son corps fait penser à une armure.

— C'est à moi de décider où et quand, Callie, me souffle-t-il à l'oreille, son visage niché au creux de ma nuque.

Sans libérer mon bras, son autre main monte et descend sur mon flanc gauche, de ma poitrine à mes hanches, dans un long va-et-vient.

J'attends, immobile, de voir ce qu'il veut faire, là, tout de suite. Ses traits se détendent, il devient attentif, patient et tranquille.

Je me dégoûte. Je me dégoûte pour ce qu'il m'inflige. Je me dégoûte de me montrer si faible, de ne plus pouvoir me contrôler chaque fois que Jez décide où et quand.

Voilà qu'il soulève mon tee-shirt et m'embrasse goulûment sur la bouche, sans avertissement. Ses dents m'écorchent les lèvres.

37

Callie

Ce n'est que plusieurs heures après son départ que j'arrive à me traîner jusqu'à mon lit.

Le tic-tac de l'horloge du four rythme le ronronnement du réfrigérateur.

Je me promène lentement dans l'appartement, sans but, léchant mes lèvres abîmées, exaspérée par ces murs qu'un autre a peints. Cet appartement avait quelque chose de charmant, autrefois, me souviens-je. Un effet de lumière, sûrement. Et puis Suzy m'avait envoyée chez elle récupérer quelques fringues pendant qu'elle accouchait des jumeaux à l'hôpital, et j'étais entrée avec Henry et Rae pour tomber sur Jez en train de se balader tout nu, à peine descendu de l'avion en provenance d'Australie et donc en plein décalage horaire. Jez, l'homme que je pensais ne jamais revoir. A la suite de cette scène, l'obscurité avait envahi mon appartement, alors devenu un lieu de secrets, de mensonges qu'on enfermait pour la nuit.

J'examine chaque pièce et rassemble mentalement tout ce que ma fille et moi possédons, c'est-à-dire pas grand-chose. Tout ça pour ça.

Et voilà, on y est. C'est la fin.

Peut-il y en avoir une, s'il n'y a même pas eu de début ?

J'entre dans la chambre de Rae, m'assieds près d'elle et pose ma tête sur sa couette pour la regarder dormir. La moue de sa lèvre supérieure est légèrement accentuée par la pression de son oreiller, et je me laisse emporter dans l'obscurité en me rappelant la première fois que j'ai vu cette jolie mimique.

Vendredi soir à Soho. Je suis assise au pub Ellroy avec Guy, Sophie et tous les gars du studio, tellement bourrée que la rue, dehors, se réduit à des flashs argentés et mouvants, aux phares arrière rouges des dernières voitures et au néon bleu d'un club de strip-tease, sur le trottoir d'en face. Ma coloc me force à brandir le prix en forme de gong que j'ai remporté le soir même à la cérémonie des oscars de la pub.

— Hourra ! Hourra ! scande-t-elle.

— Chut ! dis-je quand Guy se tourne dans notre direction.

Il serre la main d'un type au rire jovial qui vient tout juste d'entrer et me jette des regards réprobateurs. Bien que mon patron soit content de moi et nous ait rincés au champagne toute la soirée pour fêter notre succès, il compte sur moi pour représenter Rocket en toutes circonstances, ce qui interdit à Sophie, complètement ivre, ou à moi de vomir sur le sol de ce club privé.

— Vos taxis sont là, les gars ! hurle Rob derrière le bar.

Pour rentrer, il ne nous reste plus qu'à nous répartir en groupes selon les quartiers de Londres où nous habitons.

— Attends-moi une seconde, Soph, dis-je. Faut que j'aille chercher mon manteau.

A mon retour des vestiaires, tout le monde est déjà parti.

Sophie, espèce d'enfoirée. Elle a dû penser que je partagerais un taxi avec Guy pour le nord de Londres et ne se rendra compte de son erreur qu'en arrivant à l'appartement. Elle a laissé mon trophée sur la table, en plus !

Le club est toujours à moitié plein alors je m'achemine vers le bar, demande à Rob de me commander un autre taxi et de me servir une eau gazeuse, histoire de dessoûler un peu en l'attendant.

Une fois assise, je m'autorise pour la première fois de la soirée à contempler ma récompense. Les larmes me montent aux yeux. Dès que je serai chez moi, je pourrai ramper jusqu'à mon lit et pleurer loin du regard de mes collègues, tous persuadés que ce prix, reconnaissance publique de mon travail, devrait me faire plaisir, alors que je ne pense qu'à une chose : maman ne le verra pas. Et si elle ne m'avait pas poussée à saisir toutes les opportunités dont elle avait été privée, je n'aurais pas remporté cet objet débile.

Tandis que je l'examine, je sens à côté de moi la présence d'un homme, grand, qui ôte son manteau et commande un bourbon.

— C'est à vous ? demande-t-il une minute plus tard, les yeux sur mon trophée.

Je hoche la tête.

— Félicitations !

— Mouais. Vous y avez assisté ? A la cérémonie ? dis-je en sirotant mon verre d'eau.

— Moi ? Non. Je loge au-dessus, m'explique-t-il en indiquant l'étage d'un signe de tête. Je suis venu pour affaires. Des Etats-Unis.

Je me tourne afin de me concentrer sur lui, pour autant que ce me soit possible, mais n'arrive à voir de lui que ses favoris, sa joue bronzée sous une masse de cheveux, et un costume bien coupé.

— C'est drôle, vous avez un accent anglais.

Et si je posais le menton sur le zinc en attendant mon taxi ? Serait-ce considéré comme grossier ?

— Je suis originaire de Londres, sourit-il en récupérant son whisky des mains de Rob avec un hochement de tête. Je vis à Denver.

— Denver. Vraiment. Waouh. Qu'est-ce qui vous déplaît tant à Londres, alors ?

Tentative de plaisanterie d'ivrogne. Mieux vaut reposer mon menton sur ma main.

— Rien, j'aime Londres… Mais je travaille là-bas.

— Bon sang, j'adore Londres. J'adore !

Sur ces mots, ma tête échappe au support que lui procurait ma main. L'homme sourit en pointant mon verre vide du doigt.

— Puis-je vous en offrir un autre ?

— Euh, je marmonne, en essayant de me ressaisir.

Je parviens enfin à le distinguer clairement. J'ai d'abord l'impression de le connaître, et finalement non. J'étais juste destinée à voir ce visage un jour. Sa peau, son teint et la forme de sa tête me semblent familiers, à cet instant. Et pendant une seconde, rien qu'une, cette certitude me fait oublier le chagrin d'avoir perdu ma mère.

— Désolé, Callie, ton taxi n'arrivera pas avant quarante minutes, m'informe Rob.

Je hoche la tête, feignant d'être agacée par ce contretemps alors qu'en réalité je ne rêve que d'une chose : être encore un instant soulagée de ma douleur.

Ce n'est que le lendemain, au réveil, dans la chambre de cet inconnu située au-dessus de l'Ellroy, que je remarque l'alliance à sa main posée sur l'oreiller.

Elle est orientée vers sa bouche qui s'est ouverte pendant son sommeil. J'ai déjà appris à aimer sa lèvre supérieure retroussée dans une moue insouciante en la saisissant goulûment entre les miennes, et secoue la tête en prenant conscience que cet anneau doré ne m'empêcherait pas de recommencer.

Alors je m'en vais avant qu'il se lève, avant de connaître son nom de famille ou son numéro de portable. Il me sera ainsi impossible de le retrouver, même s'il me prenait un désir fou de vouloir encore l'embrasser.

Au moment de m'échapper, j'ignore qu'il a laissé en moi son empreinte.

Rae tourne la tête et roule sur le côté. Alors je me lève et me traîne tout habillée jusqu'à mon lit.

Je reste un bon moment allongée, les yeux rivés au plafond, et me souviens avoir admiré ces moulures victoriennes il y a deux ans. Mon esprit vagabonde, s'arrêtant quatre ans après la fatidique nuit de l'Ellroy.

C'est un jour de pluie, dans Greek Street. Je descends la rue en courant, les yeux brouillés de larmes, cherchant désespérément Sophie au pub Coach & Horses après avoir constaté que son numéro ne répondait plus, quand j'aperçois Guy, là, au beau milieu de la rue.

— Merde, camarade. Qu'est-ce qui t'arrive ?

— Tom veut que je déménage, dis-je tandis qu'il me pousse dans un café enfumé où deux blondes, coiffure choucroute et lèvres rouges, sont installées autour d'un thé. Il me donne une semaine pour trouver un autre appartement.

— Oh, Callie, murmure-t-il sans pouvoir s'empêcher de regarder sa montre, la tête déjà de retour au studio. Ça doit être la période. Tu savais que Claire et moi, on a rompu ?

Je prends un air désolé en buvant mon thé. Grâce au téléphone arabe de Soho, Tom et moi avons déjà entendu parler d'Ankya, la photographe polonaise aux jambes interminables.

Guy sort son portable.

— Ecoute, à Ally Pally, le mec en face de chez moi a un appartement pas cher à louer… Il est un peu délabré, mais ça te dépannera pendant quelques mois.

Reconnaissante et en larmes, j'opine du chef alors qu'il passe plusieurs coups de fil à des voisins pour obtenir les coordonnées du propriétaire.

— Et voilà le travail ! sourit Guy en m'écrivant le numéro avant de se lever, son devoir accompli. Dommage, je viens juste de vendre ma maison à un vieux copain de classe. Autrement, on aurait été voisins.

Deux mois plus tard, lorsque je rentrerai dans mon nouvel appartement de Churchill Road, encore sous le choc d'être tombée sur un Jez complètement nu, une image s'inscrira clairement dans mon esprit. Le soir où nous avions fêté le prix de la meilleure bande-son à l'Ellroy, juste avant que tout le monde ne retourne chez soi, Guy avait serré la main d'un type qui avait éclaté de rire en le reconnaissant. Un grand mec en manteau noir qui, cinq minutes plus tard, s'assiérait à côté de moi et m'offrirait un verre. Un gars qui, quatre ans plus tard, retomberait par hasard sur Guy, son ancien camarade de classe, et lui apprendrait qu'il comptait quitter les Etats-Unis pour revenir s'installer à Londres avec sa famille, et qu'il cherchait une maison.

D'après ce que Guy m'avait dit, cette vente directe leur permit d'économiser plusieurs milliers de livres de frais d'agence, que Jez et lui se partagèrent.

Une sacrée bonne affaire.

Il fait froid, ce soir, ou est-ce que c'est moi ? Tirant la couette sur moi, j'éteins la lampe de chevet et essaie de chasser les images qui me rappellent le bazar que j'ai semé dans ma vie. Mais il y en a une qui est coriace : celle du visage décomposé de Tom, un soir glacial d'octobre où on s'était retrouvés pour boire un verre sous les lumières éclatantes de la grande roue, le London Eye, et que je lui avais annoncé, en larmes, l'invraisemblable : nous ne sortions ensemble que depuis deux mois et j'étais déjà enceinte de Rae.

— J'ai eu les oreillons, petit, et ça m'a laissé des séquelles, dit-il, incrédule. Les médecins m'ont dit que j'étais stérile.

Je comptais lui parler de mon aventure d'une nuit avec Jez. Vraiment. Puis Tom a souri, dérouté. Son sourire s'est élargi sous le choc et l'étonnement. Tout autour de nous, des bataillons de banlieusards marchaient vers Waterloo. La Tamise ronronnait à côté de nous, zébrée par la lueur dorée des réverbères installés sur les berges. Ce mélange de lumière, d'obscurité et de bruit déformait la réalité. Tom prenait mes larmes pour de la peur vis-à-vis de lui et de ses intentions. Il m'attira vers les rambardes, à l'écart de la foule, et chuchota qu'il veillerait sur moi et cet enfant toute sa vie, quoi qu'il advienne.

Je me suis réfugiée au creux de ses bras et me suis autorisée à le croire. Tout irait bien.

Alors, quand j'ai ouvert la bouche pour lui dire la vérité, j'ai hésité. Et sous le coup de l'hésitation, la vérité s'est élevée, silencieuse, dans un nuage de buée qui s'est évaporé dans le ciel noir.

Une seconde d'hésitation qui se transforma en peine à perpétuité pour Rae, Tom et moi.

Je lèche ma lèvre qui s'est remise à saigner. Jez adore laisser sa marque. Et comme chaque fois, c'est douloureux.

SAMEDI

38

Debs

Le lendemain, Debs commença à entendre du bruit vers 9 h 45, quand l'Américaine, son mari et leurs enfants quittèrent leur maison.

D'abord, on cogna au mur, de petits coups qui la suivirent dans l'escalier et dans sa chambre.

— Ce n'est rien, murmura Debs en appliquant les conseils d'Alison. Tu angoisses. Ton imagination te joue des tours.

Puis l'aspirateur s'en mêla. Passé contre le mur, à l'étage, ses vibrations et son gémissement insupportable transperçaient les briques. Dans la cuisine, un mixeur poussait un cri hystérique une minute sur deux. On alluma la radio dans le hall du rez-de-chaussée, si fort que les paroles claires de l'animateur de Radio 4 se perdaient dans un sifflement cacophonique.

— Reste calme, s'ordonna Debs en passant un chiffon humide sur les lames du store de la salle de bains, une par une, de gauche à droite et de droite à gauche. Ces bruits n'ont rien d'inhabituel. Ce sont ceux d'une famille ordinaire.

Mais vers 13 h 30 le vacarme devint ininterrompu. La télévision beuglait au premier en même temps qu'un sèche-cheveux. Ils s'étaient fondus dans un bourdonnement continu et pénible qui aurait pu être l'œuvre d'un jeune compositeur avant-gardiste, les claquements de porte faisant office de percussions.

A 14 heures vint s'y ajouter un nouveau son.

Au début, Debs, qui s'était allongée sur son lit pour bouquiner, ne parvint pas à l'identifier. Sournois, il se faufilait à travers les murs et perturbait sa lecture. Horrifiée, elle posa son livre. Ce bruit était caractéristique. Elle ne pouvait pas se tromper.

— Non, gémit-elle en enfonçant ses bouchons plus loin dans ses oreilles, jusqu'à en malmener les cartilages, puis en enfouissant la tête dans son oreiller.

Son imagination ne pouvait inventer un tintamarre pareil. Impossible.

39

Suzy

Peu après avoir éteint la télé dans sa chambre, Suzy descendit lentement l'escalier en passant sa main dans ses cheveux fraîchement séchés pour vérifier si Jez n'était pas rentré de son déjeuner avec les garçons chez ses parents, à Hampstead. C'était la première fois qu'il les emmenait tous les trois, mais Suzy éprouvait un malaise.

La maison était déserte et calme. C'était drôle. Un inconnu qui entrerait ici pour la première fois y reconnaîtrait un foyer. Mais en y regardant de plus près, on n'y voyait qu'un vilain gros mensonge. Un endroit. Un espace entouré de briques, de plâtre, de verre et de tuiles. Un volume où évoluaient des gens qui se jouaient la comédie du bonheur, croyant s'être aménagé un nid bien à eux, plein de sens et durable au milieu de tout ce vide. Un foyer.

Mais ce n'en était pas un. Il ne s'agissait que d'une illusion.

Elle s'assit sur les marches en regardant la photo des trois garçons accrochée un peu plus haut, puis sortit le papier bleu pour la vingtième fois depuis la veille.

Un souvenir vieux de deux ans lui revint en mémoire, celui de sa première soirée de cuite après la naissance des jumeaux. Elle était assise à la table de la cuisine en face de Callie, luttant pour garder les yeux ouverts pendant que sa nouvelle amie finissait leur seconde bouteille de vin en lui expliquant qu'elle avait pris conscience, quand Tom était venu, un peu plus tôt, chercher Rae pour le week-end, qu'ils ne revivraient jamais ensemble.

— Je n'en reviens pas qu'il m'ait appelée Callie, bredouilla-t-elle. Il ne m'a jamais appelée comme ça. Tom ne désigne jamais les gens par leur vrai nom. Lorsqu'il a appris que mon prénom était Calista, il m'a surnommée Flockhart, comme l'actrice, et puis simplement Flock. Et ce soir, il s'est mis à m'appeler Callie, comme si nous étions devenus des étrangers l'un pour l'autre.

Callie s'était tant soûlée qu'elle s'était endormie sur leur canapé et avait oublié tout ce qu'elle avait dit cette nuit-là, pensa Suzy en dépliant la feuille bleue. Elle-même avait aussi présumé de sa tolérance à l'alcool après une si longue abstinence et s'était rendue malade. Les souvenirs ne revenaient qu'aujourd'hui.

La facture du plombier lui sautait au visage. FLOCK ENTREPRISES était mentionné dans un coin, avec l'adresse de Jez en dessous. Il n'avait fallu que deux minutes à Vondra pour passer un coup de fil à l'artisan et ainsi confirmer ses pires craintes. « Elle a voulu que je la mette au nom du père de sa gamine, avait-il crié dans le combiné. Ai préféré la déposer dans la boîte aux lettres. Lui éviter le dérangement. »

Le « père de sa gamine ».

Suzy regarda la photo de ses trois garçons et la lèvre légèrement retroussée de Henry. Une moue qu'il avait en commun avec son père. Et avec Rae. L'évidence lui crevait les yeux, désormais.

Et dire qu'elle leur avait fait confiance à tous les deux. Jez et Callie.

— Tu ne retiens jamais la leçon, murmura-t-elle en se levant pour aller dans la cuisine.

40

Callie

Rae veut retourner au parc, mais je décide qu'une journée de repos supplémentaire sur le canapé ne peut lui faire que du bien. Je m'inquiète pour rien, je le sais, mais ça m'est égal.

Elle est allongée sur le canapé, devant le film que Suzy lui a offert et qu'elle a déjà vu quatre fois. Tom devrait arriver dans cinq minutes.

En me séchant les cheveux, je penche la tête en avant, si bien que mes boucles trempées forment un rideau devant mon visage, et je reste ainsi le plus longtemps possible, tout en passant la langue sur ma lèvre entaillée.

Mes yeux sont bouffis de ne pas avoir dormi, d'avoir vécu un cauchemar éveillé que j'ai créé moi-même.

— Maman ! Papa est là ! hurle Rae.

Après avoir rejeté ma tête en arrière, je regarde dans le miroir de quoi j'ai l'air. Mes yeux sont luisants de peur. En entendant mon ex pénétrer dans l'appartement, je tâche de me ressaisir. J'arriverai peut-être à le dissuader de tout dire à Suzy.

Tom ferme la porte et serre Rae fort contre lui quand j'arrive dans l'entrée.

— Alors, comment va le petit monstre, aujourd'hui ?

— Bien, murmure-t-elle en s'accrochant à ses jambes, les yeux levés vers lui. Mais maman m'oblige à rester enfermée tout le temps.

Ce n'est pas le moment de ternir davantage mon image auprès de Tom.

— Rae ! Je veux juste m'assurer que…

— Ta maman a raison, intervient Tom en chatouillant Rae sous le menton. Tu reverras tes copines à l'école, lundi. Et maintenant, va te mettre devant la télé pendant que je discute un peu avec maman.

— Non… Je veux rester avec toi… chouine-t-elle.

— File, camarade, dit-il en faisant semblant de lui botter les fesses. Je te rejoins dans une minute.

Debout devant lui, j'ai l'impression d'être une enfant, moi aussi, sans défense, à sa merci. D'un coup d'œil, il m'invite à l'accompagner dans la cuisine et referme la porte derrière nous.

Je marche vers le plan de travail et, les bras croisés, tâche de calmer mes nerfs, puis me retourne. Tom s'assied à la table. Il rompt le silence après une seconde en disant :

— Quoi ?

— Il faut que je sache ce que tu comptes faire.

— Tu ne m'offres pas une tasse de thé, avant ?

Haussant timidement les épaules, j'allume la bouilloire, puis me rends compte que je tremble comme une feuille. A quoi joue-t-il ? N'y tenant plus, je lui fais face et lance :

— Oh, pour l'amour du ciel, Tom ! Dis-le-moi. Il faut que je sache.

Il secoue la tête.

— Je ne vois pas du tout ce que tu fous avec lui, Cal. Ce type est un glandeur. Non seulement il est marié – à ta meilleure amie, d'ailleurs –, mais en plus, il se paie des putains de costards et se colle de la gomina dans les cheveux, bordel !

Furieuse, je pivote vers Tom, qui remonte ses cheveux sur ses tempes comme pour faire gonfler une énorme banane. Ses yeux las glissent lentement sur le côté.

Se moquerait-il de moi ?

Mon regard s'attarde sur lui un moment. Ça fait bien longtemps qu'il ne m'a pas titillée comme ça.

— Ne juge pas, lui dis-je en m'asseyant près de lui, la tête dans les mains. Est-ce que je juge Kate, moi ?

— Ce n'est pas la femme de mon meilleur pote.

— Suzy n'est pas ma meilleure amie.

— Première nouvelle !

— Non. Elle me dépanne, me tient compagnie quand je me sens seule. Je n'avais pas trop le choix, comme tu as pu le remarquer.

Tom me fixe.

— Et qu'est-ce que tu fais de Sophie ?

Je hausse les épaules.

— Ça me fout les boules, Cal, soupire-t-il. Il tourne autour de Rae tout le temps, et puis cette façon qu'il a de se servir de toi… Il sait que tu es livrée à toi-même, putain, que tu ne peux rien dire à sa femme ! Quand tu bossais chez Rocket, t'hésitais pas à remettre en place les petits cons de Soho dès qu'ils s'avisaient de critiquer ton boulot. Pourquoi le laisses-tu te marcher dessus comme ça ?

— Il ne me marche pas dessus, dis-je, les yeux toujours baissés.

— T'es sûre ?

— C'est compliqué.

— J'imagine, oui. D'abord tu m'annonces que ce n'était que le mec d'une nuit rencontré une semaine avant moi, et voilà que j'apprends qu'il habite en face et qu'il est revenu dans ton lit.

— Mais pour l'amour du ciel ! dis-je en tapant du poing sur la table. Je te le répète : c'est un hasard. C'est Guy le responsable. Et si ça peut te rassurer, il ne m'a pas reconnue du premier coup.

— Ah ouais ? Alors pourquoi lui avoir tout dit sur Rae ?

— Il le fallait. Et si les jumeaux souffraient de problèmes cardiaques, eux aussi ?

— Je veux bien. Mais que fichait-il donc ici, s'il ne signifie rien pour toi ?

Je marque un temps.

— Pas la peine de te l'expliquer.

— Oh que si, putain ! Surtout quand ma fille dort dans la pièce à côté, et sa femme dans la maison d'en face.

Ses mots flottent dans l'air. Seul le déclic sec de la bouilloire rompt le silence.

— Quoi ? Alors comme ça, je briserais une sorte de règle, selon toi ? dis-je en me dirigeant vers le plan de travail. N'oublie pas que tu parles à une nana qui a perdu sa mère, emportée par la grippe, Tom. A quelqu'un qui n'arrête pas de se demander ce que sa fille va devenir.

Je me hisse sur la pointe des pieds pour attraper deux mugs que je flanque sans ménagement sur les carreaux du comptoir ; j'y jette des sachets de thé et les remplis d'eau chaude si rageusement que des éclaboussures me brûlent les mains.

Puis je poursuis, armée d'une petite cuillère pour essorer les sachets de thé dans tous les sens :

— De quelles règles s'agit-il, d'ailleurs, hein ? Tous les gens qui m'entourent programment leurs vacances, sélectionnent l'école secondaire, choisissent un groupe de lecture, une nouvelle voiture. J'ai l'impression d'être une sauvage au milieu d'eux. A part cet horrible appartement, je n'ai rien, ni boulot ni futur. Et ils le sentent. Ils ne m'ont même pas invitée à la fête des parents d'élèves, le trimestre dernier. Tu sais ce que ça fait, d'être transparente pour les autres ?

Je balance les sachets de thé dans l'évier avec tant de violence qu'ils se déchirent et répandent leurs mille petites feuilles. Ensuite, j'attrape le lait dans le frigo et le verse trop vite, si bien que le mug déborde. Sans prendre la peine de nettoyer, je reviens vers la table et pose avec brusquerie la tasse couverte de coulées beiges devant Tom.

— Alors, tu vois, on ne peut pas considérer que j'enfreins des lois, puisqu'il n'y en a pas dans ce cauchemar qu'est ma vie. Je me contente de chercher de l'argent par-ci par-là, d'en emprunter à papa, de t'en demander pour faire la révision de la voiture, de taxer Jez pour la réparation des toilettes et de me lier d'amitié avec tous ceux qui me témoignent un tant soit peu de gentillesse. Et ils ne courent pas les rues, crois-moi. Dans tout ce bazar, Jez est le seul à me faire du bien, l'espace d'un moment.

— Vraiment ?

— Oui.

Je reste debout, hors de moi, à le fusiller du regard.

Tom boit une gorgée de thé, puis un long silence s'installe. On dirait qu'il hésite à ajouter quelque chose.

— Quoi encore ?

Il grimace, l'air songeur.

— Mouais.

— Quoi ?

— Je pense que ton lait est périmé.

— Comment ?

Je baisse les yeux et vois de vilains grumeaux blancs flotter à la surface de ma tasse.

— Oh, bon sang ! dis-je en tournoyant vers la porte. Bon, d'accord, tu as gagné, Tom. Je suis super nulle. Même pas fichue de faire du thé correctement ! Allez, dégage !

Et je me dirige vers la porte, mais avant que je l'aie atteinte la main de Tom me retient par la manche.

— Arrête, Cal. Viens là. Ce n'est pas grave. Ecoute, assieds-toi, me demande-t-il.

Je reste obstinément campée sur place, décontenancée pourtant par le sourire qui transparaît dans sa voix, et finis par me retourner pour le regarder.

Tom tire de nouveau sur ma manche en désignant une chaise d'un signe de tête. Je roule les yeux et m'y installe en me mordant la lèvre.

— Ecoute, commence Tom, qui se frotte le visage avec un soupir, je ne te juge pas, Callie…

— On dirait bien, pourtant.

— Non. Je te le répète : ça me fiche les boules de le voir ainsi profiter de la situation.

Il me faut un moment pour comprendre que c'est de l'inquiétude que j'entends dans la bouche de Tom. Ses narines se dilatent comme autrefois, de cette façon qui amusait tout le monde au pub et annonçait une blague à venir. Et moi, je l'observe, fascinée.

— Je ne t'en ai pas parlé, mais elle a été vraiment grincheuse, l'autre soir, lorsque je l'ai mise au lit…

— Rae ?

— Oui. Elle m'a reproché de l'avoir portée en sortant de l'hôpital, parce que ça lui donnait l'impression d'être toujours traitée comme un bébé. Elle déteste être petite, parce que tout le monde la prend pour un bébé. Et elle a ajouté…

— Oui ?

— ... qu'elle aimait que tu ailles travailler et m'en voulait de te l'interdire.

— C'est vrai ?

Tom sourit et je ne peux m'empêcher d'en faire autant. Embarrassée, je mets ma main devant ma bouche et me dandine sur ma chaise. Ça fait un moment que nous n'avons pas partagé un sourire au sujet de Rae.

— Tom, si tu continues à être gentil avec moi, autant te prévenir tout de suite que je risque de pleurer. J'ai un peu l'impression d'être la pire personne sur terre, en ce moment.

Sa bouche se tord comme s'il balançait à répondre.

— OK, écoute, Cal. J'ai une proposition à te faire, mais à certaines conditions.

— C'est-à-dire ?

— Eh bien, j'ai eu Kate au téléphone, hier soir…

— Ouais ?

— Et elle m'a dit que tu avais l'air crevée…

— Charmant…

— … que tu avais trop de choses à gérer, et qu'elle-même serait dégoûtée de devoir renoncer à son boulot.

Ah.

— En fait, elle me fait souvent penser à toi, continue-t-il. C'est une fille bien, tu sais. Et ambitieuse. Je sais qu'on sort ensemble, tous les deux, mais tu aurais dû voir sa tête quand on lui a proposé de réaliser certains de mes plans au Sri Lanka.

C'était gentil. De la part de Kate.

— J'ai donc décidé… poursuit Tom.

— Quoi ?

— ... de chercher un boulot fixe, dans un studio, dès que mon contrat au Sri Lanka sera terminé. Ici.

— A Londres ?

Il acquiesce.

— Mais tu es dans le documentaire animalier. C'est ta spécialité.

— Oui, eh bien, ma décision est prise. Avec moi dans le coin, je me suis dit que tu pourrais peut-être retourner bosser. Je vais sans doute gagner beaucoup moins d'argent, et tu seras donc bien obligée de t'y coller.

Sa proposition me laisse pantoise. Une succession de possibilités se profile à l'horizon. Comme celle de reformer une famille. Pas dans la même maison, bien sûr, mais une famille qui se retrouverait pour la balade du dimanche, les fêtes de Noël et l'anniversaire de Rae. Et si Tom s'occupe davantage de Rae, cela me permettra peut-être de signer un nouveau contrat avec Guy, de me sortir de ce guêpier et de commencer à m'organiser.

— On me demande toujours si tu as repris le boulot, tu sais, continue Tom. Tu as encore la cote. Appelle Guy et vois ce qu'il en dit. Si tu veux, je poserai quelques semaines de vacances cet été et m'occuperai de Rae de façon à te laisser les mains libres. Et en septembre, on trouvera une solution.

Les larmes montent et je lève la main pour essayer de les cacher.

— Rien ne t'oblige à…

— Ouais, eh bien, elle reste ma petite fille.

Je laisse ma main devant mon visage, incapable de le regarder dans les yeux, sachant pertinemment que j'y lirais la peine que je lui ai causée.

C'est une froide soirée d'hiver. Rae a trois ans. Je me brosse les dents devant le miroir de la salle de bains quand la porte s'ouvre sur Tom qui ôte son manteau, les joues roses d'avoir remonté la rue glaciale depuis le métro.

— Bonne soirée ? Comment va tout le monde ?

Je le questionne en attendant sa réaction habituelle : plaquer ses mains froides sous mon tee-shirt pour me faire rire, ou poser un baiser sur mon front pour me remercier de lui avoir laissé son samedi soir avec ses copains du service de documentation animalière.

— Bien, murmure-t-il.

Mais Tom ne s'approche pas de moi. Au lieu de ça, il tournicote dans la salle de bains comme s'il cherchait quelque chose. Son visage sérieux et ses épaules tendues sous un poids invisible apparaissent dans le miroir.

— Ça va ? dis-je, la bouche pleine de dentifrice. Qu'est-ce qu'il y a ?

Tom évite mon regard. Il tourne en rond sans relâche, comme un chien en quête d'un endroit confortable, puis finit par s'asseoir sur le rebord de la baignoire, se penche en avant et plonge sa tête dans ses mains.

— Tom ! dis-je en pivotant sur moi-même. Qu'est-ce qui ne va pas ?

Il secoue la tête, les yeux rivés sur le sol.

— Allez, Tom !

Tom se redresse sans pour autant relever la tête.

— Je suis juste perturbé par un truc qu'a dit Gordon.

— Quel Gordon ? Le vétérinaire de l'émission ?

Il fait oui de la tête.

— Et qu'est-ce qu'il a dit ?

Tom expire pesamment, tout à fait immobile. Je ne l'ai encore jamais vu comme ça. Puis sa bouche s'entrouvre.

Et ma vie bascule.

— Gordon est allé au bar… chuchote-t-il.

— Oui ?

— Et Jamie a profité de son absence pour nous montrer une photo de son gamin. On a tous cru qu'il se fichait de nous parce que le petit a les yeux bleus alors que Jamie et sa copine ont les yeux marron…

Mon sang se glace.

Pitié, non.

Je me retourne vers le miroir et continue à me brosser les dents, persuadée que de cette façon tout restera normal.

— … On n'arrêtait pas de le charrier en disant que le postier avait manifestement dû faire sa tournée pendant que Jamie était parti en tournage…

Tom s'interrompt, les mâchoires crispées par la difficulté d'énoncer la suite.

— … Et là, Jamie s'est tourné vers moi en lâchant : « Tu peux parler, mon pote. »

Ma main libre s'agrippe au rebord du lavabo.

— … Au moment où Gordon revient du bar avec sa tournée, il entend Jamie clamer haut et fort que Rae a les yeux marron alors que les tiens et les miens sont…

Sa voix se brise.

Je me brosse les dents si fort maintenant que mes gencives commencent à saigner.

— Et Gordon, convaincu que Jamie parlait de génétique en général, a déclaré : « Non, il y a peu de chances. Le gène qui détermine la couleur des yeux est autosomique récessif. Des parents aux yeux marron peuvent avoir un enfant aux yeux bleus, mais l'inverse est impossible. Il faut qu'un des parents au moins ait les yeux marron pour faire un gamin aux yeux marron. »

Nos regards se croisent enfin dans le miroir.

Nos yeux bleus.

Dans la cuisine, Tom se lève pour aller voir Rae.

— Tom, dis-je, je sais que tu ne me croiras pas, mais je n'en étais pas sûre.

Il regarde la photo de Rae collée sur le frigidaire.

— Oh que si, Cal.

C'est plus fort que moi. Je tends la main pour le retenir et il la laisse un instant sur son bras.

— Tu seras toujours son papa.

— Je n'ai pas besoin que tu me le dises, rétorque-t-il en se dégageant.

— D'accord, mais n'en parle pas à Suzy, je t'en prie.

Ses doigts tombent sur la table et se mettent à pianoter.

— Je refuse que cet homme s'approche encore de Rae, voilà ma condition, déclare-t-il avant d'aller ouvrir la porte de la cuisine.

Je mords ma lèvre tuméfiée.

Il me faut un certain temps pour m'apercevoir qu'il parle toujours, mais cette fois d'une voix enrouée.

— Ni de toi, Cal. Je ne veux pas qu'il t'approche.

Etonnée, je lève les yeux, mais Tom s'éloigne déjà dans le couloir.

— Tom… ?

— C'est comme ça. Un point c'est tout.

41

Debs

A 15 h 20, le vacarme cessa enfin. La porte de l'Américaine claqua, puis plus rien. Debs s'assit sur le sol de la chambre d'amis, la tête entre les mains, comme en prière, osant à peine bouger.

Pendant dix longues minutes, elle resta là, à compter, jusqu'à ce que le chant d'un oiseau et le ronronnement lointain de la circulation investissent la pièce, l'autorisant à retirer la protection qu'elle s'était fabriquée avec les écharpes d'Allen et ses boules Quies. Le cartilage de son oreille semblait enflammé et enflé. Debs se releva timidement, tâchant de ne pas faire de bruit. Une fois devant la porte, elle posa sa main sur la vieille poignée victorienne et retint sa respiration lorsque la serrure cliqueta un peu. Il serait plus prudent de passer la tête sur le palier une seconde avant de s'y aventurer.

Rien.

Le silence embaumait son oreille comme l'huile d'olive tiède dont sa mère lui badigeonnait les tympans autrefois pour soigner ses otites.

En se mordant la lèvre, elle risqua quelques pas jusqu'à la rampe, puis s'y appuya pour soulager son corps et descendre plus vite en allégeant ses pas.

Trois minutes plus tard, Debs traversa le hall d'entrée sur la pointe des pieds jusqu'à la cuisine et évita de porter les yeux sur le mur mitoyen qu'elle partageait avec l'Américaine. On aurait dit un otage qui fuyait le regard d'un braqueur de banque. Se rendant compte qu'elle avait la gorge sèche, elle mit la bouilloire en marche en gardant les doigts sur le bouton marche pour en atténuer le clic.

Retrouvant alors assez de courage pour s'éloigner, elle poussa un long soupir et tendit le bras pour attraper une tasse et un sachet de thé.

Clic. La bouilloire s'éteignit.

— Argh, ragea-t-elle d'une voix étouffée, avant de placer sa main sur sa bouche.

C'est alors qu'elle aperçut son reflet dans le métal argenté de sa bouilloire électrique. Des yeux fous et deux mains sur sa bouche.

Oh, Seigneur. Que lui arrivait-il donc ?

Elle se servit calmement de l'eau, sortit du lait du réfrigérateur, dont la porte émit un petit sifflement en se refermant, et se remémora la nuit passée. Allen avait étalé avec précaution les morceaux de la théière de sa mère sur le plan de travail tandis qu'elle se tenait derrière lui, honteuse.

« J'ai dû lui servir des centaines de tasses avec ce truc, avait-il déclaré en assemblant deux fragments de l'anse.

— Je ne l'ai pas fait exprès, mon amour, lui avait-elle répondu. Mais maintenant qu'on aborde le sujet… »

Debs était enfin parvenue à lui expliquer son malaise face aux affaires de sa belle-mère, qu'elle ressentait comme une intrusion dans sa vie conjugale. Elle aurait souhaité les vendre ou les mettre au garde-meuble.

« Tout ce que tu voudras, mon amour », avait-il concédé en lui tournant le dos avant d'aller s'asseoir pour faire les mots croisés du *Guardian*.

Quel soulagement ! Debs avait suivi le conseil d'Alison et avait su se contrôler, dépasser sa peur, régler un problème.

Et voilà qu'elle se dirigeait vers la table de sa cuisine sur la pointe des pieds, à nouveau terrifiée.

Debs, pensa-t-elle.

Ça ne pouvait plus durer. Il fallait remédier à ça aussi, se creuser la tête à la recherche d'une solution. Dans un moment de lucidité, une idée lui vint : celle de persuader Allen de vendre la maison. Ce soir. Elle lui en parlerait dès ce soir. Oui, le déménagement leur coûterait plusieurs milliers de livres supplémentaires – elle perdrait probablement en frais de dossier, de notaire et d'agence toutes les économies qu'elle avait investies dans l'achat de la maison –, mais, cette fois-ci, Debs superviserait les démarches et s'arrangerait pour ne pas se tromper. Ils iraient s'installer en banlieue de Londres, dans la campagne du Hertfordshire peut-être, et Allen ferait la navette pour aller au travail. Ils choisiraient une maison individuelle, un bungalow avec un grand jardin au bout d'un chemin où les Poplar ne la trouveraient jamais, où elle ne se rendrait plus malade à force de se demander si ses voisins la persécutaient, puisqu'elle n'en aurait plus.

Sa décision calma un instant ses nerfs à fleur de peau. C'était une solution. Draconienne, certes, mais une solution malgré tout.

Puis une question l'ébranla. L'aéroport de Luton n'était-il pas situé près du Hertfordshire ? Et si des avions survolaient…

— Oh !

En prenant une grande inspiration, elle perçut la folie qui teintait sa voix.

— Non, gémit Debs en secouant la tête face à ce qu'elle était devenue.

Assez.

42

Callie

Vingt minutes après le départ de Tom, je vois Suzy sortir de chez elle au moment où je mets les poubelles dehors. Prise au dépourvu, je me cache le visage, incapable de prendre sur moi.

— Coucou ! crie-t-elle en traversant la rue.

— Salut, dis-je, les yeux rivés au sol comme si je cherchais un truc que j'avais laissé tomber.

— Ça va ? s'enquiert Suzy, perplexe.

— Oui, juste un peu fatiguée.

— Rae, chérie ?

Elle me passe devant et s'engouffre dans mon appartement. Où va-t-elle comme ça ? Je me redresse et lui emboîte le pas.

— Le type de la police t'a-t-il rappelée hier ? Au sujet de la folle ?

— Oh, ça m'était complètement sorti de la tête. Non.

— Tu ne devrais pas le lâcher, je te le dis, me suggère Suzy, l'index sur la tempe. Une cinglée. Je ne laisserai plus mes mômes dans le jardin.

— Ah bon ? D'accord.

Suzy fronce les sourcils, compatissante, et me caresse le bras.

— Enfin, bref. Ça va ? Semaine chargée, hein ? J'ai vu Tom passer, tout à l'heure. Aucun problème entre vous ?

— Non… Euh, il a décidé de revenir s'installer à Londres pour m'aider avec Rae et me permettre de retourner travailler.

Suzy écarquille les yeux et sourit.

— Super, ma belle. Il était grand temps, commente-t-elle en continuant à me masser le bras.

La chaleur de la friction se répand dans mes muscles fatigués, et mes épaules s'affaissent comme les piquets fragiles d'une tente. L'épuisement m'envahit, je ressens brusquement le besoin de m'asseoir.

— Tu as l'air éreintée, ma belle, murmure-t-elle. Laisse-moi l'emmener.

— Qui ça ?

— Rae, à la patinoire. Jez est parti à Hampstead avec les garçons. Il doit s'arrêter à la boutique de téléphones à Muswell Hill, sur le chemin du retour. Je récupérerai Henry au rond-point de Broadway et l'emmènerai avec Rae à l'Alexandra Palace.

La fête de Hannah. C'est aujourd'hui. Maintenant.

— Oh, je ne sais pas, Suze. Je n'ai même pas de cadeau…

— C'est qui, la meilleure ? s'exclame-t-elle en sortant un Polly Pocket de son sac. Je me suis dit que tu n'aurais pas le temps, alors j'ai acheté ça au Brent Cross.

— Merci. Mais j'hésite. Elle est fatiguée et… je tiens à garder un œil sur elle.

Suzy se lève et me prend par les épaules.

— Qu'est-ce qu'il y a, ma belle ? Tu n'as pas confiance en moi pour veiller sur Rae ?

Dès que mes yeux se posent sur son gentil visage, les émotions des douze dernières heures s'entrechoquent. Jez m'a parlé de la pression qu'elle subissait en ce moment. Et je me rends compte que je n'en peux plus de blesser cette femme.

— Si, si, bien sûr…

— Alors laisse-moi l'y conduire à ta place. Tu as eu une semaine de dingue. Cale-toi devant un film, jambes surélevées, et si le flic t'appelle tu pourras lui parler librement sans Rae dans les pattes. Il y aura beaucoup de bruit, à la patinoire.

Hier soir, quand je me suis enfin endormie, j'ai rêvé de Rae en train de patiner, les lèvres bleues. Elle refusait de faire demi-tour malgré mes cris répétés.

— Oh, comme tu es jolie, ma puce ! s'écrie Suzy qui regarde par-dessus mon épaule et fait un clin d'œil. Prête ?

Rae a mis sa tenue de fête et ses joues sont roses d'excitation. La panique m'envahit.

— Non, vraiment, Suze, désolée. Je ne peux pas…

— Non ! hurle Rae en regardant Suzy. Maman, non ! Je veux y aller. C'est pas juste. Je ne fais jamais rien d'amusant, jamais. Je ne vais jamais aux fêtes. Hannah veut que je vienne.

Sa lèvre inférieure saille et frémit, sur le point de trembler. La semaine dernière, je ne rêvais que d'une chose : que ma fille ait une chance de profiter de la vie. Et voilà que maintenant je l'en empêche, laissant ma peur de lui faire courir des risques la lui pourrir un peu plus.

— Ecoute-moi, ma belle, commence Suzy, les mains sur mes épaules. Ecoute tante Suzy, ajoute-t-elle, et cette remarque m'arrache un sourire forcé. Tu sais que je donnerais ma vie pour la protéger. Si ça t'inquiète tant, rejoins-nous là-haut quand tu auras discuté avec la police. Jez viendra avec les jumeaux plus tard, nous serons donc deux.

Rae pousse des cris de joie en bondissant.

— D'accord, dis-je en faisant fi de la voix dans ma tête.

Je me dirige vers le placard-séchoir, en sors un sac que Debs a étiqueté HIVER et y pêche la doudoune pliée à l'intérieur.

— Il fait froid, là-bas, Suzy. Tu pourras lui mettre ça sur son polaire si tu la vois frissonner ?

— Bien sûr, ma belle, répond-elle en me regardant et en me frottant le bras une fois encore.

Suzy soulève Rae et la cale dans mes bras. Ma fille et moi nous embrassons sur la bouche. Un baiser tout doux, me dis-je, doux et sucré comme une pêche que j'aimerais dévorer, garder avec moi, à l'abri.

— Dis au revoir à maman, lance Suzy.

Et je laisse Rae s'en aller.

43

Debs

Bien que le vacarme ait cessé, Debs eut besoin de fuir sa maison. Alors, elle prit les soucis jaunes qu'Allen avait rapportés samedi de la pépinière de Cruise Hill, en revenant du cricket, et s'installa pour les planter dans le parterre devant la maison, essayant de se détendre.

Il lui fallut une minute pour se rendre compte qu'elle entendait des voix.

L'Américaine.

En s'accroupissant, Debs jeta un œil à travers la grande haie. Suzy était sur le perron de Callie et tenait Rae fermement par la main. Debs écarta les branches et vit Suzy et Rae faire un signe d'au revoir à Callie, puis entendit la porte claquer.

— J'ai réussi ! gloussa Rae. Maman m'a laissée partir !

— Petite maligne ! Je te l'avais dit !

— Est-ce qu'on va à Ally Pally à pied, tante Suzy ? demanda la fillette.

Debs n'entendit pas la réponse de l'Américaine qui traversa la rue avec la petite, se rapprochant ainsi de sa cachette. Elle était tétanisée comme une souris entre les griffes d'un chat, prostrée à quelques centimètres de ses voisines qu'elle aurait pu toucher à travers la haie. Un bip retentit, suivi du signal de déblocage de portières. La paire de petits pieds disparut et la portière arrière de la voiture se ferma bruyamment.

Puis Debs perçut un murmure, un étrange murmure. Elle écouta attentivement et entendit l'Américaine qui se parlait tout bas :

— « Maman m'a laissée partir ! » singea-t-elle d'une voix de fausset. Ouais, eh bien, voyons comment maman réagit quand tante Suzy en a marre de se faire baiser, mon chou, poursuivit-elle sur un ton normal mais toujours aussi bas.

Là-dessus, elle ouvrit sa portière, et un de ses pieds s'engouffra dans la voiture. Instinctivement, Debs s'avança, dans le vain espoir d'atteindre la petite fille prisonnière du véhicule. Son geste fit bruisser la haie et lui coupa le souffle.

Les pieds de l'Américaine.

Ils étaient redescendus sur le trottoir et étaient tournés vers Debs, laquelle ferma les yeux de toutes ses forces.

— Regarde-moi.

Des mots froids et clairs. Debs s'exécuta et vit Suzy la dévisager fixement à travers le feuillage.

— Je te vois, reprit l'Américaine, glaciale, espionner mes enfants. Tu n'as pas reçu mon message, hein ?

Elle leva le bras puis ferma le poing pour ajouter :

— Je t'enfoncerai les dents au fond de ta sale tête, madame. Je ne le répéterai pas cinquante fois. Tu veux que je te le laisse sur ton répondeur, ce coup-ci ?

Sur ces paroles, Suzy tourna les talons, monta en voiture, démarra et s'éloigna.

Oh, Seigneur.

Debs s'assit sur les pavés de son jardin.

Oh, Seigneur.

Elle n'avait rien inventé.

Son esprit tournait à plein régime, au désespoir. Cette femme était un monstre. Comment diable Callie avait-elle pu la laisser emmener Rae ? Ses yeux s'arrêtèrent sur la porte de la voisine d'en face. Pendant une seconde, elle songea à se précipiter chez elle pour lui rapporter les propos de Suzy et ce qu'elle avait entendu derrière la cloison pendant l'après-midi.

Mais Callie n'avait même pas encore répondu au message qu'elle lui avait déposé hier. Si Debs se présentait à sa porte pour lui parler de menaces écrites à la craie verte et de drôles de coups de fil, elle appellerait sûrement la police.

Quelle horreur !

Il restait Allen, bien sûr… Debs envisagea de se ruer dans l'entrée pour décrocher le téléphone. Qu'en penserait-il ?

— Oh, grogna-t-elle.

A quoi bon avoir un mari s'il ne croyait pas un mot de ce que lui disait sa femme ?

Un bruit de serrure de l'autre côté de sa maison lui fit lever les yeux de surprise, puis vint un raclement. Animée par la curiosité, Debs jeta un coup d'œil à travers la haie à sa droite et vit une sexagénaire aux cheveux blancs, avec une coupe au carré qui encadrait parfaitement ses pommettes, à genoux devant le n° 17, en train d'observer quelque chose.

— Oh, bonjour, lança la voisine en l'apercevant. Vous venez d'emménager ?

— Oui, répondit Debs, embarrassée à l'idée d'avoir été surprise à jouer les espionnes derrière sa haie.

Elle se leva prestement et se dirigea vers l'ouverture formée dans la haie qui séparait les deux maisons.

— Bonjour, je me présente : je m'appelle Debs.

— Beattie, répliqua la femme, essuyant sa main couverte de terre sur son front avant de serrer la sienne entre les branches de cyprès. C'est étrange. Je viens de rentrer du Suffolk, et je m'aperçois que quelqu'un a réagencé les galets posés dans mon jardin.

— Oh, haleta Debs.

— Qu'y a-t-il, ma chère ?

— Je… je…

Malgré ses efforts, les mots restaient coincés dans sa gorge et sa respiration s'emballait.

— Je… je… bredouilla-t-elle avant de renoncer.

Un gros sanglot absorba ses paroles et les larmes lui montèrent aux yeux.

— Oh ! s'exclama la voisine. Pauvre trésor, qu'y a-t-il ? Vous vous sentez bien ?

Debs secoua la tête, incapable de dire un mot.

— Ecoutez, faites le tour, lui proposa Beattie en l'invitant d'un geste à franchir sa grille. Entrez une seconde. On verra si je peux faire quelque chose pour vous.

Les épaules basses, Debs passa son propre portail et trouva sa nouvelle voisine devant le sien, les mains tendues.

— Je suis tellement navrée, pleurnicha Debs. C'est juste…

— Non. Ne vous inquiétez surtout pas, dit la femme. Et maintenant, entrez vous asseoir.

Elle conduisit Debs à l'intérieur de sa maison où flottait une odeur de cuisine. De la peinture vert pastel, visiblement coûteuse, habillait les murs, ainsi que des tableaux de paysages et de nus d'un goût très sûr. Debs trouva un mouchoir en papier dans sa poche et tâcha d'essuyer ses larmes en suivant son hôtesse à l'arrière de sa demeure, qui, contrairement à la sienne, avait une grande et confortable cuisine style country. Un gigantesque panier de fruits trônait sur une grande table en pin, à côté d'un ordinateur portable allumé. Des photos de ses petits-enfants étaient disposées sur le buffet et des étagères remplies de livres couraient le long des murs.

— Que puis-je vous offrir ? demanda gentiment Beattie. Une tasse de thé ?

— Parfait, merci, répondit Debs en reniflant. Je suis tellement navrée. Vous devez me prendre pour une folle. J'ai subi beaucoup de stress récemment. J'admets avoir été un peu patraque au moment où Allen et moi avons emménagé. Et maintenant, j'ai l'impression de m'être lancée dans une terrible confrontation avec la voisine d'à côté, ce qui n'a fait qu'aggraver la situation.

— L'Américaine qui habite de l'autre côté ? s'enquit Beattie, l'air grave.

Debs acquiesça.

— Mon mari pense que je perds la tête, que mon imagination me joue des tours, mais cette femme me semble vraiment instable. Tout ce vacarme qui envahit ma maison, et mon téléphone qui sonne sans arrêt… Je la soupçonne d'avoir rempli ma poubelle avec les galets de votre jardin… et, pire que ça, de m'avoir impliquée dans l'accident de la fille d'une autre voisine, alors qu'en tant qu'institutrice je suis justement qualifiée pour m'occuper des enfants. Et la mère de la fillette m'en veut tellement que ça risque de mettre fin à ma carrière…

Elle s'interrompit pour prendre une grande goulée d'air.

— Et d'après vous, cette femme serait à l'origine de tout ça ? résuma Beattie.

Debs hésita. Oh, non. Qu'avait-elle fait ? Maintenant, cette gentille dame la taxerait de folie, elle aussi.

— Ça ne m'étonnerait pas, poursuivit son interlocutrice en hochant la tête.

Debs s'essuya le nez.

Il lui fallut une seconde pour comprendre ce que Beattie venait de dire.

— Pardon ? murmura-t-elle alors.

Beattie alla chercher la bouilloire et leur prépara deux tasses de thé.

— J'ai dit que ça ne m'étonnerait pas. Bien. Prenons une part de gâteau.

Elle apporta un cake au citron sur une belle assiette en porcelaine et deux mugs fumants.

— C'est une femme très étrange, je le crains. Ils n'aimeraient probablement pas savoir que je vous l'ai dit, mais les Henderson ont déménagé à cause d'elle. Elle a frappé à leur porte juste après son arrivée, il y a quelques années, pour leur demander de ne pas garer leur voiture devant chez elle. Etant américaine, cette femme ignorait sans doute qu'on peut se garer où bon nous semble, dans cette rue, puisqu'il n'y a pas de place attribuée. C'est du moins ce qu'a pensé M. Henderson. Mais elle a continué à répéter qu'elle ne voulait pas de leur voiture devant sa maison, se montrant de plus en plus désagréable. Elle tenait à conserver ce bout de trottoir pour leurs propres véhicules. Ils ont trouvé ça un peu idiot, et lorsqu'ils ont remis leur voiture devant chez elle, elle est sortie en hurlant, ce qui a complètement affolé Sheila Henderson. Et puis l'Américaine a commencé à laisser son aspirateur allumé près de leur mur toute la journée. Il lui arrivait même de passer la nuit à tirer la chasse d'eau pour les empêcher de dormir. L'été, elle poussait le volume de la radio à fond en laissant sa fenêtre ouverte. Les Henderson la soupçonnent même d'avoir essayé d'empoisonner leur petit highland terrier. Un matin, ils ont retrouvé du chocolat et du raisin dans leur jardin, des aliments toxiques pour certains chiens. Ils ont contacté le conseil municipal, qui ne pouvait rien faire tant qu'ils ne la prenaient pas sur le fait. Mais elle était trop maligne pour ça. Il y a une bonne ambiance, dans cette rue, vous l'avez sûrement constaté. On vit tous un peu les uns sur les autres, alors tout le quartier en a entendu parler. Très vite, les autres voisines ont préféré aller se garer dans la rue principale, même tard le soir, plutôt que de stationner devant chez elle.

Debs se glaça.

— Mais elle s'occupe de la fillette d'en face !

— L'enfant qui a été heurtée par le fils de Mary ? demanda Beattie.

Debs la regarda avec des yeux ronds.

— Le fils de Mary ?

— Oui, Mary, de la rue d'à côté. Son fils est tombé de vélo, l'autre jour… Il n'a mentionné la présence de la petite fille qu'hier, et Mary est passée pour s'assurer qu'elle allait bien, mais sa mère était sortie.

Le visage de Debs se décomposa.

— Qu'y a-t-il, ma chère ?

— Oh, Seigneur. C'est elle qui a tout fait.

— Que voulez-vous dire ?

Debs plaqua ses mains sur sa bouche. Comment avait-elle pu être aussi idiote ? Sa satanée paranoïa lui avait voilé la face. Elle avait raison depuis le début. L'Américaine était folle, peut-être même dangereuse.

Et elle détenait Rae.

— Beattie, commença Debs en levant les yeux. C'est très important. Il faut absolument me dire tout ce que vous savez.

44

Suzy

Il y avait foule à la patinoire lorsqu'elles arrivèrent, à 16 heures. L'immense parking à droite de l'Alexandra Palace était presque complet, pris d'assaut par les promeneurs du week-end qui venaient jouer au minigolf, faire du skate sur les rampes ou prendre un café au bord de l'étang. Henry et Rae, tout excités par l'après-midi qui s'annonçait, n'arrêtaient pas de crier depuis qu'ils avaient quitté le rond-point de Muswell Hill où Jez, flegmatique, les attendait dans son 4 × 4, avec les garçons. Suzy avait dû leur demander de se calmer pour pouvoir se concentrer sur sa conduite et les mener à bon port.

— Espèce de gros nez pointu ! brailla Henry.

— Espèce de fesses roses toutes crottées ! cria Rae, enchantée.

— Les enfants, intervint Suzy en serrant le frein à main. Il va falloir bien vous tenir, à cette fête. La maman de Hannah doit s'occuper de beaucoup d'enfants. Vous allez donc devoir être très sages.

Incapables de contenir leur excitation, ils gloussaient frénétiquement en gigotant.

Suzy s'interrogeait sur la meilleure façon de procéder. Elle tourna en rond jusqu'à revenir près de la grille pour trouver une place. Les enfants détachèrent aussitôt leur ceinture et se mirent à sauter partout. Suzy sortit, ouvrit la portière arrière du côté de Henry pour les laisser descendre tous les deux, puis récupéra les cadeaux d'anniversaire sur le siège avant et les leur confia. Main dans la main, les deux enfants se dirigèrent en riant vers l'entrée.

— Faites attention ! leur cria Suzy en verrouillant la voiture.

Elle poussa les grandes portes bleues et les petits s'engouffrèrent à l'intérieur. Caroline les attendait de l'autre côté, près de l'entrée de la patinoire, et se répandait en grands sourires, debout sur ses grosses jambes qui ne s'affineraient jamais, qu'elle fasse du jogging en leggings noires ou pas.

— Coucou, lança-t-elle en agitant la main. Hannah est tellement contente de vous voir !

Suzy s'avança derrière les enfants et posa sa main sur l'épaule de Rae pour lui rappeler de donner le cadeau.

— Merci beaucoup ! dit Caroline, son sourire s'altérant de façon perceptible lorsqu'elle se tourna vers Suzy. Callie n'est pas avec vous ?

— Non, elle se repose.

Suzy attendit que Rae et Henry se précipitent vers Hannah, radieuse dans sa robe de princesse. La petite accueillit sa copine en la serrant dans ses bras et elles se mirent à sautiller sur place.

— En fait, Caroline, commença Suzy, je suis navrée, mais je vais devoir ramener Rae à la maison. Je commence à me dire qu'elle n'est pas en état d'assister à la fête.

La maman de Hannah examina la petite, qui avait le teint rose, les yeux étincelants et le visage expressif.

— Oh, quel dommage ! Elle a pourtant l'air en pleine forme.

— Ouais, et c'est justement là que le bât blesse. Trop d'excitation peut la faire retomber malade.

— Ah bon ! Eh bien, d'accord, nous emmènerons Henry patiner, dans ce cas, répliqua Caroline en fronçant légèrement les sourcils. La fête se terminera à 17 h 30.

Le petit garçon ne devait sa présence ici qu'à celle de Rae, et elles le savaient toutes les deux.

Suzy sourit, accrocha le regard de Rae et lui fit signe de la rejoindre.

— Tu sembles fatiguée, ma puce, affirma-t-elle.

— Ça va.

— J'en doute. Tu peux m'accompagner à la voiture une minute, histoire que je vérifie ?

— Euh, d'accord, dit Rae, perplexe.

Suzy la prit par la main et se dirigea vers Henry.

— Fais un câlin à maman, mon chéri.

Mais le petit garçon était trop agité. Il tournait déjà la tête, impatient de voir ce que faisaient ses camarades.

— Henry, répéta sa mère. Regarde-moi. Fais un bisou à maman.

Il lui tendit la joue mais pas les lèvres, ses yeux captivés par la patinoire. Elle pouvait sentir ses muscles se tendre contre sa poitrine et la repousser. Exactement comme son père.

— Ecoute-moi, Henry, insista-t-elle. Papa passera te chercher plus tard. Je veux que tu sois gentil avec lui, d'accord ?

Bien qu'il ne réponde rien, elle le prit dans ses bras et l'étreignit fort en ajoutant :

— Je t'aime, mon bébé.

Henry s'était déjà à moitié dégagé de son étreinte et se contorsionnait pour se libérer tout à fait.

— Lâche-moi ! hurla-t-il en lui cognant le bras.

L'expression de Caroline n'échappa pas à Suzy.

— Allez, ma puce, sortons d'ici, murmura-t-elle, s'adressant à Rae qu'elle entraîna vers la porte avant que la mère de Hannah ne change d'avis et ne renvoie Henry.

A l'extérieur, le ciel bleu semblait avoir été noirci au crayon. De grosses gouttes de pluie leur tombaient sur la tête. Rae se tordait le cou pour regarder derrière elle.

— Mais je veux aller à la fête ! geignit-elle.

Suzy ouvrit la portière et la poussa à l'intérieur de la voiture.

— Pas tout de suite. Pour l'instant, nous allons faire un petit tour.

45

Callie

Je n'arrête pas de regarder l'heure, c'est plus fort que moi. Il n'est pas encore tout à fait 16 heures et la fête est censée se terminer à 17 h 30. Il leur faudra un quart d'heure pour dire au revoir à tout le monde, regagner la voiture et rentrer à la maison. Une heure et quarante-cinq minutes au total. Je vais tenir. Suzy et Jez seront sur place. S'ils ont besoin de moi, je peux y être en cinq minutes.

Je dois laisser Rae vivre cette expérience. Après lui avoir donné la vie, je dois lui permettre d'en profiter !

Afin de ne pas me focaliser sur son absence, je traîne dans l'appartement et fais un peu de rangement. C'est étrange. Depuis que Debs y a mis de l'ordre, je reconnais à contrecœur qu'il me plaît davantage. J'ai même commencé à me servir des dossiers qu'elle a créés, ou, comme ce matin, à épingler mes factures de gaz sur le tableau après avoir jeté l'enveloppe dans la poubelle à recycler. Mon foyer rangé m'aide à m'éclaircir les idées. Le brouillard se lève.

Contre toute attente, le téléphone sonne. C'est peut-être Suzy qui m'appelle de la patinoire. Numéro masqué. A tous les coups, c'est le policier.

— Désolé d'avoir tant tardé, commence-t-il. Je n'ai malheureusement pas grand-chose à vous apprendre, je le crains. On ne peut accuser Deborah Ribwell de rien – il n'y a aucune preuve qu'elle ait poussé votre fille sur la route. Et la déposition de votre fille ne va pas dans ce sens-là non plus. C'est tout ce que je peux vous dire pour le moment.

— Et pourtant, lorsque je vous ai parlé de son comportement étrange, vous avez semblé établir un lien avec une autre affaire, non ?

— Navré, mais toutes les informations concernant le casier judiciaire de Mme Ribwell sont confidentielles. Je ne peux donc pas faire grand-chose.

— Mais enfin, c'est grotesque ! Cette femme court dans notre rue en hurlant contre mon amie et moi, elle effraie nos enfants. Jusqu'où faut-il qu'elle aille ? Blesser quelqu'un ?

Il marque un temps puis pousse un profond soupir.

— Ecoutez. Pour commencer, rien ne sera fait tant que vous n'aurez pas déposé plainte contre elle. Vous a-t-elle agressée verbalement ou physiquement ?

— Non.

— S'est-elle montrée menaçante ?

— Non, dis-je, frustrée. Enfin, si. Elle a rangé ma maison sans mon autorisation.

Aucune réaction.

— Et elle me met mal à l'aise. Je ne lui fais pas confiance.

— Malheureusement, ça ne suffit pas pour tenter quoi que ce soit. On ne va pas l'arrêter sous prétexte qu'elle a rangé votre appartement ou vous met mal à l'aise…

Je lui sais gré de ne pas avoir employé un ton moqueur.

— Mais elle enseigne dans l'école de ma fille. Ecoutez, vous devez me dire ce que vous savez. Je refuse de laisser ma fille à la garderie avec cette femme dans les parages.

En parlant de Rae, je crève d'envie de la voir. Dès que cette conversation sera finie, je foncerai là-bas.

Un nouveau silence s'abat sur la ligne.

— Bon. Avez-vous déjà cherché son nom sur Google ? me demande-t-il.

Google. Evidemment.

Deux minutes plus tard, je sonne à la porte de Jez et de Suzy. Pas de réponse. Jez n'est pas encore rentré de Muswell Hill avec les jumeaux.

Je fais sauter leur jeu de clés dans ma paume, hésitant sur la marche à suivre. Le portable de Suzy est sur messagerie. Elle a dû l'éteindre en entrant dans la patinoire.

Le prendrait-elle mal ? Ce ne serait pas la première fois que je m'en servirais afin d'accéder à leur ordinateur et de réserver un billet pour aller voir papa, par exemple. Mais je ne suis encore jamais entrée chez eux sans leur permission.

Hmm.

Je regarde la porte. Après tout, c'est Suzy qui m'a conseillé de relancer la police au sujet de Debs. OK. Pas très à l'aise, je grimace en introduisant la clé dans la serrure et passe la tête pour m'assurer qu'il n'y a personne dans la maison. Bon, ils sont tous les deux sortis. Je suis persuadée que, dans ces circonstances, ils ne m'en voudront pas d'avoir pénétré chez eux.

Sur la pointe des pieds, je grimpe les deux volées de marches qui conduisent au bureau de Jez, ouvre la porte, et foule la moquette jusqu'à son bureau. Son odeur imprègne la pièce, le léger parfum d'une ruineuse lotion après-rasage qui me donne la chair de poule. Je m'enfonce dans le fauteuil en m'imaginant l'espace d'une seconde que ce cuir usé qui m'enveloppe, c'est lui.

L'ordinateur est allumé. Avec précaution, je m'approche et tape DEBORAH RIBWELL, INSTITUTRICE dans Google.

Il me faut une minute pour saisir ce qui s'est affiché. Il s'agit d'un fait divers, relaté de façon différente dans plusieurs journaux nationaux.

Le document est daté de février dernier. Il y a quatre mois.

Mes yeux s'arrêtent sur le gros titre :

UNE ENSEIGNANTE DE HACKNEY COUPABLE D'AGRESSION AU PREMIER DEGRÉ

Et là figure le nom de Debs, dans les archives d'un journal local.

18 février.
Une enseignante de Hackney, accusée d'agression contre une mineure, a aujourd'hui plaidé coupable devant le tribunal d'instance de la ville.

J'en reste bouche bée.

Deborah Ribwell, professeur d'anglais à l'académie Queenstock, a reconnu avoir giflé deux fois une de ses élèves de quinze ans, désignée par l'appellation « enfant D ». L'incident a eu lieu dans le parc Victoria en décembre dernier. La décision a été mise en délibéré

pour permettre à l'avocat de Mme Ribwell de présenter une demande de circonstances atténuantes. L'affaire se poursuit...

Le claquement d'une porte, dehors, me fait sursauter. Je me dirige vers la fenêtre du grenier pour voir Debs sortir en trombe de chez sa voisine.

Elle traverse la rue d'un pas énergique et va jusqu'à ma porte.

— Qu'est-ce que… ? dis-je tout bas.

— Callie ! s'écrie-t-elle en cognant le battant. Callie !

Elle n'arrête pas de taper, appuie sur la sonnette trois ou quatre fois. Je recule de la fenêtre pour rester invisible tout en continuant à l'observer. Voyant que personne ne vient lui ouvrir, Debs rebrousse chemin, hagarde.

— Aaaaaaaargh ! hurle-t-elle en claquant la grille.

Puis elle remonte Churchill Road. Mon Dieu. Suzy avait raison : cette femme est givrée. Est-ce pour cela que Rae est tombée sur la chaussée ? Et si Debs s'était emportée contre elle pour avoir couru dans la rue, sur le chemin de retour de l'école ? Et si elle l'avait frappée ?

Horrifiée, je retourne devant l'ordinateur pour lire la suite de l'article. Une fenêtre s'est affichée au milieu de l'écran.

D'où ça vient ? Piquée par la curiosité, je lis le message.

« TÉ LÀ ??? »

Comme si l'expéditeur pouvait me voir, je regarde un instant autour de moi, embarrassée. Celui qui l'a envoyé doit savoir que l'ordinateur de Jez est allumé. Le mot n'est pas signé mais le pseudo de son auteur figure en tête de la fenêtre. HardieSasha.

J'attends, mais rien ne se produit.

Un message pour Jez. De HardieSasha.

Lui demandant s'il est là.

Essayant d'ignorer le malaise que cette découverte suscite en moi, je fais défiler le curseur pour lire la fin de l'article et m'apprête à cliquer sur un lien lorsque mon portable sonne. Je décroche sans consulter l'écran, persuadée qu'il s'agit de Suzy.

— Hé ! dis-je aussitôt. Où étais-tu ? Je n'arrivais pas à te joindre. Ecoute, tu ne vas pas me croire, mais…

— Callie ?

La voix me dit quelque chose, mais je ne parviens pas à mettre un nom dessus.

— Oui ?

— C'est Caroline à l'appareil. La maman de Hannah.

— Oh, bonjour, dis-je, surprise. Est-ce que tout va bien ?

— Désolée, Callie, pas vraiment. J'ai bien peur que Henry fasse un peu des siennes. Il a poussé un petit garçon sur la glace. Très fort. Et je n'ai malheureusement pas le temps de m'occuper de ce problème. J'ai essayé de joindre Suzy, mais son portable est éteint. Rae s'est-elle suffisamment remise pour vous permettre de venir le chercher ?

— Excusez-moi, Caroline, qu'avez-vous dit au sujet de Rae ?

— Suzy vous l'a-t-elle ramenée ?

— Non.

Je me lève, regarde par la fenêtre pour voir si elles ne seraient pas arrivées, mais ne repère pas sa voiture dans la rue.

— Enfin, pourquoi l'aurait-elle raccompagnée ? Désolée, Caroline, je ne comprends pas bien.

— Oh, c'est curieux. Quand Suzy a déposé Henry, elle a ramené Rae directement chez vous. Elle trouvait que la petite n'avait pas l'air bien. Navrée, je pensais qu'elle vous la ramènerait directement.

Affolée, je consulte ma montre et m'aperçois qu'elles ont dû partir depuis une demi-heure. Où sont-elles donc passées ?

— Comment ça, pas l'air bien ? Respirait-elle bizarrement ?

— Non, non, Callie. En fait, elle semblait plutôt en pleine forme. Honnêtement, je n'ai pas trop compris pourquoi Suzy tenait tant à la raccompagner. Je vais garder Henry ici jusqu'à ce que…

Mais je ne l'écoute plus. Je suis déjà en train de dévaler l'escalier.

46

Debs

La pluie tombait à verse. Lorsque Debs atteignit l'Alexandra Palace, elle essuya ses lunettes, qui se couvrirent de buée dès qu'elle les remit sur son nez.

Le souffle court, elle entama ses recherches, fouillant partout : sur le parking à l'extérieur de la patinoire, les pelouses bordant l'allée qui menait à la façade du palais. Debs entra même dans la patinoire pour jeter un coup d'œil à travers les hautes portes vitrées, mais pas de trace des boucles châtain clair de Rae dans le tourbillon des enfants qui tournaient en rond sur la glace. A l'arrière du bâtiment peut-être ? Sur le terrain de jeux ? Debs s'y précipita, mais l'endroit se vidait rapidement : parents et enfants disparaissaient sous des trombes d'eau, dans un ballet de bottes en caoutchouc et de manteaux trempés.

— Où sont-elles ? murmura Debs avant de compléter son inspection par la mare aux canards, uniquement troublée par les gouttes de pluie qui, en frappant la surface, projetaient des éclats d'eau boueuse.

Quant aux rampes de la piste de skate, elles étaient plongées dans le silence. Rien.

Tout était désert. Il suffisait d'une minute pour que l'Alexandra Palace grouillant de vie devienne un parc vide avec ses coins sombres, ses fossés menaçants entre deux haies, ses buttes et ses virages aveugles, un ensemble effrayant qui cachait Dieu sait quoi au regard des passants. Le cardigan et le pantalon trempés de Debs collaient à son corps, ses cheveux au carré étaient plaqués sur ses tempes. La pluie s'était glissée dans ses chaussures à lacets et avait mouillé ses chaussettes, qui commençaient à devenir inconfortables. Où étaient passées Rae et cette femme ?

Lorsqu'elle se retourna, un bull-terrier bondit en fonçant vers elle et lui arracha un cri perçant. Son maître, un homme en K-way à l'air renfrogné, rappela l'animal sans même s'excuser.

Zut ! Ses nerfs ! Elle en avait assez de vivre constamment dans la peur.

— Rae ! cria-t-elle faiblement, comme si ça servait à quelque chose.

Remontant vers le bâtiment, Debs observa Londres et les espaces verts vertigineux devant la façade. Elles ne se seraient quand même pas aventurées par là ? Avec cette pluie, il n'y avait rien à faire et le parc n'offrait aucun abri, rien que des arbres et des sentiers s'enfonçant dans les bois.

Les bois.

Un frisson la parcourut. Elle n'avait pas remis les pieds dans une forêt depuis cette balade au parc Victoria qu'elle avait faite pour se changer les idées, un samedi matin, pour finir par se retrouver nez à nez avec l'affreuse fille Poplar et son ignoble petit ami qui en avaient profité pour la coincer, riant, lui criant des injures, agitant des photos insupportables à regarder. Cette adolescente perturbée et son petit ami vicieux avaient exhibé les images d'une chose si intime, fragile et précieuse qu'ils l'avaient avilie au point de la rendre repoussante, si bien qu'Allen était à deux doigts de s'installer dans la chambre d'amis pour éviter à Debs d'envisager de le refaire. Pourquoi avait-il même souhaité retenter l'expérience, et qu'est-ce qui l'avait poussé à rester auprès d'elle après ce cauchemar humiliant ? Mystère.

Son cœur battait la chamade. Oh, comme elle était lasse de tout ça ! D'avoir peur, de mener sa vie en fonction des autres. Pourquoi sa mère ne l'avait-elle pas mieux armée ?

Cet après-midi, l'Américaine avait mis une cassette de film pornographique et Debs n'avait pas bougé. Elle avait laissé sa voisine pousser le volume à fond, la torturer en la forçant à écouter des halètements et des râles. Debs s'était contentée de rester assise sur le bord de son lit, les mains sur les oreilles.

Ça suffit, Debs ! se dit-elle en contemplant la vue sur Londres. Le moment est venu de te défendre toute seule.

Elle prit son téléphone, s'installa sur un banc et composa le numéro du portable d'Allen qui était parti à son match de cricket. S'attendant à tomber sur sa messagerie, elle fut surprise de l'entendre décrocher.

— C'est moi, mon amour, dit Debs de sa voix la plus assurée. Ecoute-moi, s'il te plaît. Je sais que les derniers mois ont été difficiles pour toi, avec ce qui s'est passé, mais je crains que tu ne te trompes : mon imagination ne me joue pas de tours. La voisine d'à côté l'a confirmé. J'en ai la preuve. Et maintenant, elle a enlevé la petite fille, et je suis sûre qu'elle la terrorise. Je suis à Alexandra Palace en train de la chercher.

Elle l'entendit soupirer à l'autre bout de la ligne.

— Allen, pourquoi es-tu resté avec moi ? Tu sais… après ce qui s'est passé ?

Elle n'avait encore jamais osé lui poser cette question. Depuis leur premier rendez-vous dans un restaurant avec leur exemplaire du *Guardian* – où Debs avait failli vomir de nervosité dans un pot de fleurs – jusqu'à leur mariage, ils avaient fait un bout de chemin ensemble, sans vraiment communiquer.

— Ça va être mon tour, mon amour. Le match va reprendre dès que la pluie s'arrêtera, murmura-t-il.

— Je suis sérieuse, Allen. Réponds-moi maintenant. Es-tu resté pour échapper à la solitude ?

— Non.

— Alors, quoi ?

— Oh, Debs, mon amour, je t'en prie…

— Pff, marmonna-t-elle, tapant vaguement du pied avant de secouer la tête, ce qui fit glisser ses lunettes sur son nez. Allen. Mon amour. Si toi et moi nous voulons que ce mariage fonctionne, il va falloir que tu me parles. Parce que, parce que, excuse-moi, mon amour, mais je… je… j'en ai assez, dit-elle en haussant le ton. Assez. Tu me terrifies, si tu veux tout savoir. Je passe mon temps à marcher sur des œufs, à attendre tes reproches, et je n'en peux plus. Si tu n'aimes pas ce que je suis, eh bien, peut-être vaut-il mieux que tu me le dises, et on s'en tiendra là. Je ne peux pas continuer à vivre ainsi, à me sentir jugée en permanence sur ma bêtise, ma façon de laver les chaussettes et de m'attarder sur des détails, ou pour ce que ma sœur a fait…

— Ne dis pas ça, chuchota Allen. Ne dis pas ça.

— Mais c'est vrai ! Et tu sais quoi ? Peut-être que tu as raison. Peut-être ne suis-je pas le bon cheval, comme disait maman au sujet de papa. Le mauvais cheval. Tu n'aurais jamais dû t'engager. Personne ne devrait s'attacher à moi. Tu as dû t'apercevoir trop tard que tu n'avais pas misé sur le bon, alors, par politesse, tu es resté. Voilà ce que je pense. Parce que c'est ton genre, n'est-ce pas, Allen ? Attentionné envers les autres, ceux qui sont perturbés à la suite d'un traumatisme. Car c'est exactement ce que je suis : perturbée à la suite d'un traumatisme.

Debs entendit son mari prendre une grande inspiration.

— Non.

— Quoi ? rétorqua-t-elle en reniflant. Ne mens pas.

— Non, Debs. Tu te trompes. Je t'ai épousée pour tout le contraire.

— Ce n'est pas vrai.

— Si. Je t'ai épousée parce que… eh bien, parce que je t'ai vue tellement t'occuper de ces gamins alors que tant d'autres avaient renoncé, et toujours pardonner à ta sœur alors qu'elle se montre si dure avec toi. Et aussi à cause de ta passion pour les livres, même si tu en as tellement que je n'ai plus de place pour mes trophées de cricket.

Elle ne put s'empêcher de sourire en l'écoutant.

— J'admire cette faculté que tu as d'en savoir tant sur eux, d'être aussi passionnée dans ton travail. D'ailleurs, ça m'ennuie que tu refuses de prendre une année sabbatique pour passer ton master de littérature anglaise, alors que tu en rêves depuis longtemps. Je serais bien incapable d'y arriver, mais j'adore te regarder travailler. Et puis, tu es plutôt douée pour les mots croisés. Peut-être pas autant que moi, mais…

Devant cette petite plaisanterie inopinée, Debs se surprit à glousser.

— Il ne faut pas t'inquiéter, mon amour. Tout ira bien.

— Tu crois, Allen ? Je suis si fatiguée, soupira-t-elle.

— Je le sais.

— Non, Allen. Tu ne te rends pas compte. Je n'en peux plus d'être persécutée par des gens qui refusent d'être ne serait-ce qu'aimables sous prétexte qu'ils n'ont pas le temps. Le moment est venu pour moi de leur tenir tête, coûte que coûte. Je veux que tout redevienne comme avant entre nous. Tu te souviens ? Il nous a fallu des années pour nous trouver, et voilà que cette fille s'est… De quel droit a-t-elle pu… ?

— Oui, mon amour.

— Très bien, Allen. A partir de maintenant, il faudra que tu me croies. Pour que notre relation fonctionne. J'en ai besoin. Je ne te le demanderai qu'une seule fois. Peux-tu partir tout de suite et me rejoindre à Ally Pally pour m'aider ?

Un silence s'abattit sur la ligne.

— C'est ce que tu veux ?

— Oui. En fait, Allen, je pense que ça pourrait me sauver la vie.

— D'accord.

— Merci, Allen. Je suis navrée de perturber ton match.

— Ce n'est que du cricket, mon amour.

Ils se turent tous les deux pour sourire à cette facétie inattendue, puis Debs raccrocha et se retint de sauter de joie. Elle avait réussi !

Il ne lui restait plus qu'à mettre la main sur cette femme, à présent.

Debs prit sur elle pour chasser sa peur et descendit l'escalier en pierre vers le parc, en direction des bois.

Les arbres ne tardèrent pas à l'engloutir et à la rendre invisible de la route. Elle trouverait cette petite fille et s'assurerait qu'elle n'avait rien, quitte à ce que ce soit son dernier geste, quitte à ce qu'Allen l'abandonne par la suite.

47

Suzy

La pluie s'abattait sur le pare-brise comme les bombes à eau de Henry dans le jardin. Des petites bombes à eau par centaines. Les douces averses de ce genre n'existaient pas dans le Colorado. Là-bas, les éléments se déchaînaient par vagues puissantes et gorgeaient d'eau les plaines pour former ensuite des nappes de brouillard dense qui s'accrochaient entre les montagnes. Les trombes d'eau vous fouettaient sans pitié, nettoyaient les terres, martelaient le sol comme des tambours dans un défilé, et tourbillonnaient parfois violemment vers les nuages pour former une tornade noire qu'on pouvait voir à des kilomètres. Non, la pluie, chez elle, était sauvage, vivante. Ce n'était pas cette gentille bruine britannique qu'on pouvait affronter avec un petit parapluie en plastique.

Le mal du pays lui donnait de longues contractions régulières. Londres était censé lui offrir un nouveau départ, l'occasion d'être une personne normale avec une famille normale, des amis normaux, loin des mensonges, des traîtres, des manipulateurs et des démons du passé. Mais Suzy venait de s'apercevoir que les félons et les menteurs existaient ici aussi. Dans le Colorado, au moins, il lui suffisait de prendre sa voiture pour s'enfoncer dans la nature et aller crapahuter des heures durant jusqu'à finalement noyer tous ses problèmes dans l'épuisement. Le grandiose silence de la plaine lui apportait alors la paix. Mais à Londres, il n'y avait aucune échappatoire. La pollution l'empêchait même de respirer correctement.

Suzy démarra sa décapotable jaune. La voie semblait se dégager. La pluie avait chassé les joggeurs et les promeneurs de chiens, la laissant enfin seule. Elle quitta lentement la route principale de l'Alexandra Palace pour s'engager sur l'allée en pente qui s'enfouissait dans le parc, masquée par une épaisse rangée d'arbres.

— Parfait, murmura-t-elle en tournant à droite.

La portière coucha des buissons de framboises, parsemant le sol de fruits rouges. Elle roula à petite vitesse jusqu'au début du chemin secret, puis ralentit et regarda derrière elle. Là. Personne ne la verrait.

— Ça va, ma puce ? s'enquit-elle.

Rae la scrutait de ses grands yeux curieux. Elle frissonnait un peu dans sa légère robe de fête argentée. Son polaire avait été jeté et oublié sur le plancher de la patinoire.

— Je peux aller à l'anniversaire, maintenant ? demanda doucement la petite.

— Non, ma puce. C'est trop dangereux pour toi pour le moment. Maman veut que je te raccompagne à la maison. Elle fait encore sa méchante, j'en ai peur. Mais tu sais quoi ? J'ai fait une grosse bêtise.

— Quoi ?

— Eh bien, je me suis trompée de sens en sortant de l'Alexandra Palace, alors j'ai pris le chemin du parc et suis tombée sur un gros camion, garé en travers de la voie.

— Ah bon ?

— Eh oui. J'ai donc dû le dépasser, mais la route s'est rétrécie, m'empêchant de reprendre la bonne direction et m'obligeant à continuer jusqu'à ce que je puisse faire demi-tour. Et maintenant, voilà. On se retrouve vraiment coincées.

— Est-ce qu'on est perdues ?

La fillette regardait les buissons détrempés derrière la vitre avec des yeux terrifiés. Suzy lui prit la main et la trouva glaciale. Elle l'observa pendant une longue minute, vit des larmes se former dans les yeux de l'enfant et lui caressa la joue.

— J'en ai bien peur, dit-elle en se tournant vers le banc niché sous l'arbre.

48

Callie

Quand je pousse les portes de la patinoire, je suis hors d'haleine et trempée par la pluie.

— Des nouvelles ? dis-je en me ruant sur Caroline.

— Non, me répond-elle, l'air inquiète. Que puis-je faire ?

Elle est en train de distribuer des parts de gâteau aux enfants qui dansent autour d'elle, les mains tendues. Leur envie de sucre leur a fait oublier les règles de la politesse. Henry boude, assis à l'écart.

— Pourriez-vous garder Henry ? Je vous en prie. Il faut que je sache où elles sont.

Caroline, cachant bien son agacement, accepte d'un hochement de tête.

Je reste plantée là, le souffle court, dégoulinante, à enfoncer les touches de mon portable. Ni Suzy ni Jez ne répondent. Je laisse un message à Tom, puis contacte aussi les urgences de Northmore. Toujours rien.

Où est-elle ? me dis-je en repassant la porte en trombe.

Je crie le prénom de ma fille dans le parking avant de me précipiter vers le muret qui surplombe la ville et le parc.

— Rae !

Un coup d'œil à gauche et à droite.

— Rae !

Rien. Le long chemin est désert. D'énormes gouttes me martèlent le visage. Juste en dessous, une voiture roule dans une flaque, éclaboussant la route sur son passage.

Mais où est-elle, enfin ? Où ? De gros sanglots me submergent. J'ai besoin d'elle. Il faut que je sache que ma fille est en sécurité. Je dois la protéger.

49

Debs

Allen lui passa un coup de fil dès qu'il arriva devant l'entrée de la patinoire.

— Je suis dans les bois, en bas, mon amour, souffla-t-elle en écartant une branche qui lui barrait le passage. Crois-tu pouvoir trouver le club de cricket ? Je t'y rejoins dans trois minutes.

Des feuilles collaient à ses mains et à son visage. Son pantalon et ses chaussures étaient gorgés d'eau, à présent.

Elle parvint à s'extirper des taillis de ronces pour rejoindre le chemin défoncé qui descendait de l'Alexandra Palace vers les terrains de football et de cricket. Une minute plus tard, elle entendait les pneus de la voiture d'Allen crisser sur les graviers.

— Par ici ! hurla-t-elle en brandissant son bras mouillé.

Il s'arrêta et ouvrit la portière côté passager.

— Tu es trempée, mon amour.

Debs bondit dans la voiture et inonda tout l'habitacle sous le regard surpris de son mari. Elle essora les manches de son cardigan en laine, se pencha vers Allen et prit son visage à deux mains. A son grand soulagement, il ne tressaillit pas, ce qui l'encouragea à rassembler son courage pour ôter ses lunettes et le regarder dans les yeux.

— Allen ?

— Hmm ? murmura-t-il.

— Je n'aime pas cette paire de lunettes. Je veux voir tes yeux. Ils me rassurent.

Il acquiesça en silence.

— Bien. Peux-tu continuer à inspecter les environs ? lui demanda-t-elle en se reculant. Je ne suis pas encore allée du côté du bois qui commence là-bas, à la limite du terrain de cricket. Ça t'ennuie que je prenne la voiture ? Rester un peu au chaud ne me fera pas de mal. Je la ramènerai de l'autre côté de l'Alexandra Palace, au centre du jardin.

— D'accord, mon amour, répondit Allen, un peu étourdi, avant de descendre de voiture, vêtu de son anorak vert. Et que comptes-tu faire si tu les retrouves ?

— Je ne sais pas encore, avoua-t-elle en ouvrant sa portière pour aller s'installer du côté conducteur. Les surveiller et m'assurer qu'elle raccompagne bien Rae chez elle. Ensuite, j'irai demander à notre voisine Beattie d'aller parler à Callie.

— Très bien, mon amour. Sois prudente.

— Merci, Allen, pépia-t-elle, la main sur son bras.

Ses lunettes dégoulinaient comme les siennes. Ils se dévisagèrent un moment, derrière leurs verres embués.

— On fait bien la paire ! conclut Allen.

Il se pencha et planta un baiser mouillé de pluie sur ses lèvres, ce qui la surprit beaucoup.

— Je viens te récupérer en bas dans dix minutes, lança-t-elle, le feu aux joues. Si tu les vois d'ici là, appelle-moi, dit-elle en se mettant au volant.

Debs recula le siège pour ses jambes plus longues que celles de son mari et démarra avec un grand sourire.

En haut de la route, Debs atteignit une intersection en forme de T et prit à droite comme pour retourner sur la route de l'Alexandra Palace. Elle s'apprêtait à continuer tout droit quand quelque chose sur la piste de droite attira son attention et la poussa à se ranger sur le bas-côté pour jeter un coup d'œil. Une lumière jaune et brillante se déplaçait derrière un arbre dans les bois, en contrebas.

Elle les avait trouvées. Mais où allaient-elles donc ?

Debs observa nerveusement les environs. Impossible de faire demi-tour ici, c'était trop étroit. Pas assez de place, ni assez de temps pour réfléchir. Elle coupa donc le contact, sauta de la voiture et s'enfonça dans la forêt en courant.

C'était là. Du jaune. Du métal jaune.

— Oh, lâcha Debs en suivant le point de couleur.

Elle se rua à travers les arbres, se frayant un chemin sur un petit sentier qui la menait en avant de la voiture et plongeait sur une allée. Debs courait à l'aveuglette, sans savoir ce qu'elle ferait une fois qu'elle les aurait rejointes. Après avoir écarté des branches pleines d'épines, elle se retrouva sur un étroit sentier. Un bruit dans son dos la poussa à se retourner.

Suzy était assise dans sa voiture, garée au bout du chemin, et parlait à Rae, installée à l'arrière. Puis elle se tourna vers la route et aperçut Debs.

Leurs regards se croisèrent à travers le pare-brise ruisselant de pluie.

50

Callie

— Bonjour. Vous êtes la mère, n'est-ce pas ?

Cet éclat de voix sorti de nulle part me fait sursauter. Je dévale aveuglément le talus en essayant de comprendre ce qui se passe. Si Suzy a quitté l'Alexandra Palace mais n'est jamais arrivée à la maison, où peut-elle bien être ? Si seulement je pouvais reconstituer l'itinéraire qu'elle a suivi en voiture, histoire de m'assurer qu'elles n'ont pas eu d'accident ou de panne. Mes oreilles sont à l'affût de la moindre sirène.

Je m'arrête et aperçois l'étrange petit voisin d'en face qui m'adresse un signe de la main.

— Avez-vous perdu une enfant ?

— Oui ! Vous l'avez vue ?

— Venez par ici, me dit-il à travers le rideau de pluie.

Je me précipite sur la route, manquant de peu être renversée par les voitures. De près, cet homme ressemble à une taupe mouillée, avec son long nez et ses bons yeux tristes.

— Vous savez où elle est ?

J'ai dû hurler pour couvrir le martèlement de la pluie.

— Je crains que non, mais ma femme pense qu'elle se trouve avec votre voisine, dans ce parc, m'apprend-il en désignant les arbres sombres et ruisselants. Elle est partie à sa recherche. Si nous allions voir par là ?

Je le dévisage, horrifiée.

— De quoi parlez-vous ? Pourquoi diable votre femme chercherait-elle ma fille ? C'est quoi, votre problème !?

Un cri retentit alors en provenance des bois, un « Non ! » très aigu qui l'empêche de répondre.

51

Debs

Que fabriquait donc l'Américaine ? Suzy démarra et fit rugir le moteur, jetant à Debs un regard monstrueux. Sa bouche était figée dans un rictus, ses yeux exorbités et furieux. D'un geste précis, elle appuya sur un bouton, continuant à fixer Debs alors que sa vitre descendait.

— Il faut que je vous parle, cria nerveusement celle-ci. Pourriez-vous couper le contact, s'il vous plaît ?

Mais l'Américaine la dévisageait toujours en faisant hurler le moteur. L'éclat de ses yeux féroces tranchait avec les ombres grises projetées par les arbres mouillés. La voiture gronda encore plus fort et Debs vit, horrifiée, les pneus avant tourner dans sa direction. La petite fille pleurait, à l'arrière, en tirant sur sa ceinture de sécurité.

— Je vous en prie, insista Debs, pourriez-vous arrêter la voiture, Suzy ? Laissez au moins sortir Rae. Vous lui faites peur.

Suzy l'empêcha de poursuivre. Elle écrasa l'accélérateur et la voiture couvrit d'un bond les mètres qui les séparaient, les roues crissant sur la route trempée et la vitesse soulevant des gerbes de feuilles et de gravier.

— Non ! hurla Debs en sautant sur le côté.

Le véhicule la manqua de quelques centimètres et tamponna le banc en produisant un bruit infernal. Le capot s'envola sous le choc et l'airbag se gonfla dans un bruit sec d'explosion.

Un long silence s'ensuivit, tandis qu'un nuage de fumée s'élevait en sifflant.

Debs resta plantée sur place, éberluée.

L'Américaine redressa doucement la tête, le nez sanguinolent, et la regarda de nouveau. Ses yeux étincelaient toujours.

52

Callie

— Là-bas ! crie Allen en pointant du doigt un nuage de fumée blanche qui émerge des arbres.

Je m'élance à travers les hautes herbes gorgées d'eau, si vite que chaque pas me propulse au-dessus de tout obstacle me barrant la route jusqu'aux bois. Mes bras et mes jambes moulinent dans tous les sens, mon corps est presque horizontal face au vent.

— Rae !

Nous atteignons le chemin et regardons fébrilement des deux côtés.

— Au secours, Callie ! hurle la voix de Suzy. Aide-nous, je t'en prie !

— Par là, m'indique Allen en me prenant par le bras.

Nous déboulons par le chemin de terre détrempé qui mène à ce petit sentier. Je pile, désarmée.

La voiture de Suzy a embouti un vieux banc, la taule jaune de son capot est en accordéon à cause de la violence du choc. Debs se trouve juste devant et secoue la tête, les mains tendues.

— Appelez les secours ! dis-je à Allen avant de me précipiter sur la portière arrière. Rae ? Rae ?

— Callie, aide-nous. Elle a essayé de nous tuer, sanglote Suzy à l'avant, le visage appuyé contre l'airbag. Aïe, je crois que je me suis cassé le bras. Elle s'est ruée vers nous en hurlant et a provoqué l'accident. Rae va bien ? Je t'en prie, Cal, occupe-toi d'elle d'abord.

Je lève les yeux et vois Debs s'approcher timidement de la voiture.

— Vous ! Ne vous approchez surtout pas de ma fille !

Je tire sur la portière de toutes mes forces en essayant de voir à travers la vitre teintée.

— Elle est verrouillée, Suzy !

— D'accord, ma belle, marmonne-t-elle en tâtonnant à la recherche du bon bouton.

Le ressort se déclenche, la portière s'ouvre dans un bruit sourd et, terrifiée, j'introduis la tête dans l'habitacle. Alors vient cet instant, magique et tranquille, durant lequel je ne vois aucune trace de Rae. Les sièges des enfants sont vides, la banquette arrière aussi, et les ceintures enroulées. Pas aujourd'hui, me dis-je. Ce ne sera pas notre tour, pour une fois. Ni le mien, ni celui de ma fille, ou de notre famille.

Mais lorsque, soulagée, je me penche entre les deux sièges pour dire à Suzy que Rae n'est pas dans la voiture, j'aperçois un éclair d'argent. Une robe argentée chiffonnée repose sur le tapis de sol.

Là, mes os se disloquent, le sang afflue dans mes veines tel un raz-de-marée. Et mon corps ne répond plus.

53

Debs

— Allen, je n'ai pas… je n'ai pas… bégaya-t-elle sous la pluie au moment où l'ambulance démarrait.

Allen prit le visage de Debs dans ses mains et lui lissa les cheveux.

— Je te crois, mon amour. Je te crois.

Puis il l'attira contre lui entre ses bras doux et rebondis et elle resta là, à se balancer d'avant en arrière. Mais son mari ne la lâcha pas.

54

Callie

— Où est-elle ? me hurle Tom à la figure.

Il s'engouffre dans le sas des urgences, le regard glacial. Je me contente de montrer une porte du doigt.

— Bon sang ! s'écrie-t-il en logeant sa tête entre ses coudes. Que s'est-il passé, bordel ? Cette satanée bonne femme. Je t'avais prévenue, Callie.

Je demeure plantée là, incapable de bouger, et il m'agrippe le bras.

— Où est Rae ?

Après deux, puis trois grandes inspirations, ma langue se délie enfin.

— Elle vient d'entrer en cardiologie. Elle a percuté le dossier du siège avant.

— Leur diagnostic ?

— On lui fait passer un scanner. Ils craignent que…

— Quoi ?

— A cause du choc dans la poitrine… que son aorte réparée se soit…

— Rompue ?

Je ferme les yeux et acquiesce.

— Oh, nom de Dieu ! lâche Tom en se prenant la tête à deux mains.

C'est ma faute. Je suis responsable de ce qui se passe. Les ivrognes du samedi soir commencent à arriver aux urgences. Un homme qui pue l'urine s'effondre en jurant dans notre direction, mais les infirmières le laissent par terre. Un autre, assis à côté de son copain, comprime son bras ensanglanté avec une serviette. Son expression évoque la gueule d'un chien méchant.

Des démons, me dis-je. Venus pour moi. Ils m'encerclent pour me punir de ce que j'ai fait.

— Pourquoi n'as-tu pas porté plainte contre cette maudite bonne femme ? me demande Tom en me jetant un regard désespéré. Je t'ai pourtant dit qu'elle ne tournait pas rond.

— Et toi, Tom ? On est deux, que je sache.

Il roule des yeux et nous nous appuyons ensemble contre le mur. Impuissants.

— Nous avons détecté une ombre autour de son cœur, nous informe le jeune urgentiste. Et elle a un souffle au cœur.

— C'est normal, commente Tom, cherchant à garder espoir. Après une opération, beaucoup d'enfants ont un souffle au cœur.

— Je sais, réplique le médecin, mais compte tenu des circonstances et de l'ombre qu'on a repérée, nous préférerions la transférer…

— Au service de cardiologie pédiatrique, d'accord, dis-je.

Il nous gratifie d'un regard compatissant.

— Par mesure de précaution.

Tom et moi hochons la tête.

— Nous avons prévenu l'étage, le chirurgien se tient prêt à intervenir.

Nous haussons les épaules, abattus.

— Essayez de ne pas vous inquiéter, nous conseille-t-il en s'éloignant.

Et moi, je chancelle, des larmes ruissellent sur mes joues et je titube d'avant en arrière dans cet abominable couloir. C'est au moment où mes jambes ne peuvent plus me soutenir, au moment où tout va s'effondrer que je sens un harnais de sécurité m'enserrer la taille. Les bras de Tom.

En envisageant tous les jours le pire, je croyais pouvoir l'empêcher. Il paraît que ceux qui fonctionnent comme ça parviennent le plus souvent à survivre parce qu'ils y sont préparés. Ils connaissent par cœur le plan d'évacuation de leur avion, la sortie de secours la plus proche de leur chambre d'hôtel est gravée dans leur mémoire, tout comme la branche d'arbre à laquelle s'accrocher s'ils tombent dans la rivière.

Mais j'avais tort.

— Mauvaises nouvelles, j'en ai peur. Nous pensons que l'ombre correspond à un saignement de l'aorte. Auquel cas, il va nous falloir la réparer une fois de plus, dit le chirurgien.

Nous approuvons d'un signe de tête, muets. Encore une opération à cœur ouvert, celle qui était censée ne pas se reproduire.

Tom continue à me soutenir et nous retournons au chevet de Rae. Nous lui prenons les mains. Elle est allongée, sous sédatif, calme.

Mon propre cœur me fait mal, comme si on l'étirait dans tous les sens.

Je m'adresse à ma fille dans un murmure :

— Rae, tu es une petite fille tellement forte. Excuse-moi d'avoir mis tant de temps à m'en apercevoir. Mais je te le promets : l'opération va bien se passer, cette fois. Tu guériras. Et la première chose qu'on fera quand tu sortiras d'ici, c'est t'organiser une grande fête d'anniversaire, d'accord ? La maman de Hannah vient de m'appeler pour me dire que ta copine était impatiente de te revoir. Allez, mon trésor, sois forte !

Je me penche pour déposer un baiser sur ses cheveux, humides et tirés en arrière. Le rose de ses joues a disparu. Ma main serre la sienne et je prie pour que ses doigts se raidissent et se dégagent pour me défier à nouveau. Mais elle reste molle.

Oh, mon bébé. Notre petite Rae, notre espoir.

Tom se tient près de moi, embrasse son visage, puis les infirmières essaient d'emmener le brancard. Mais je ne peux pas lâcher ses mains. Ils sont obligés de tous s'y mettre pour me faire lâcher prise.

55

Callie

J'ignore combien de temps j'attends que Rae sorte de la salle d'opération. Ça pourrait être aussi bien dix minutes que dix heures. J'ai appris que le temps ne s'écoulait pas de la même façon dans les hôpitaux.

Tom et moi sommes assis côte à côte, coude à coude, agrippés à nos sièges. Je me balance doucement contre lui pour sentir sa chaleur et me concentre sur le bruit de ma respiration. Chaque inspiration semble s'éterniser, profonde et lente comme le vent caressant un champ désert.

Nous sommes déjà passés par là. Je m'en souviens, maintenant. Entre la vie et la mort. Cette impression de voler dans la tempête en essayant de rester en l'air malgré les turbulences et les éclairs, en s'accrochant à son siège, priant pour atterrir.

Attendre et respirer, prier et attendre. Il n'y a que ça à faire.

Je ne sais pas exactement à quelle heure Suzy est arrivée. C'était bien après minuit. Lorsqu'elle me tire de ma transe, je remarque soudain l'absence de Tom. A-t-elle attendu qu'il parte aux toilettes ou une énième fois à la recherche d'un médecin pour lui demander des nouvelles ?

Un pansement lui barre le nez. Elle a les yeux au beurre noir et le bras en écharpe. Sa présence me donne envie de me fondre en elle, de revenir vingt-quatre heures en arrière, à ma vie normale, dans ma maison de Churchill Road, à l'instant où Rae voulait partir à sa fête.

— Oh, ma belle, murmure Suzy en s'installant à la place de Tom en veillant à ne pas se faire mal. Je n'arrive pas à y croire. Je suis tellement désolée.

— Comment va ton bras ?

— Cassé, répond-elle. Ça fait un mal de chien. Mais ils m'ont donné des calmants.

Je lui témoigne mon apitoiement d'une grimace. Elle pose sa tête sur mon épaule avant de répéter :

— Oh, ma belle. Qu'est-ce que je peux faire ? Je ne comprends toujours pas pourquoi elle n'avait pas sa ceinture. Je l'avais pourtant attachée, à la patinoire.

Je secoue la tête en reniflant.

— C'est sans doute ma faute. Celle qu'on a à l'arrière de ma vieille voiture lui comprime la poitrine. Je l'autorise à l'enlever pour desserrer la sangle.

Elle hoche la tête et me caresse le bras pendant que je lui demande si Jez est avec les enfants.

— Ses parents viennent d'arriver pour nous filer un coup de main.

Elle roule des yeux en s'exclamant :

— Dieu nous garde ! Heureusement qu'ils partent lundi en Afrique du Sud.

— Tu as vu la police ?

— Ce type, là, le jeune, vient juste d'arriver ici. Ils ont interrogé la foldingue. Il faut que tu lui fasses passer un sale quart d'heure, à ce flic, Cal. Sans blague, combien de fois as-tu essayé de lui parler d'elle, cette semaine ?

— Trois, lui dis-je en la regardant.

— Et qu'est-ce qu'il a fait ?

— Il m'a conseillé de faire une recherche sur Google.

Suzy est sidérée.

— C'est tout ? Il ne t'a pas prise plus au sérieux que ça ?

En voyant son agacement, tout me revient brusquement. Je bondis en portant les mains à mon visage.

— Oh, mon Dieu ! Je ne t'ai pas dit…

— Quoi ? fait-elle.

— J'ai effectivement trouvé des informations sur elle. Debs est passée devant un tribunal pour avoir frappé un enfant !

— Je le savais ! s'écrie-t-elle. Qu'est-ce que je t'avais dit ?

— Oh, bon sang, tu as raison ! Je n'aurais pas dû le laisser se débarrasser de moi aussi facilement, surtout après que tu m'avais répété les propos tenus par son mari dans leur jardin. C'est vrai, Suzy, tu n'as peut-être pas tort. Elle a sûrement tapé Rae, qui a ensuite trébuché dans la rue, mercredi dernier.

Un grognement m'échappe et ma main s'abat violemment sur mon front. C'est plus fort que moi. Le coup projette ma tête en arrière. Avant que Suzy ait pu m'en empêcher, je recommence, encore et encore.

Suzy grimace de douleur en se penchant en avant pour m'attraper la main.

— Hé ! crie-t-elle, choquée. Non ! Arrête ! Assieds-toi, allez. Tu n'étais pas censée le savoir. Tu avais les pieds et les poings liés par des problèmes de merde à ton boulot, et beaucoup trop de choses à gérer. Ecoute, maintenant on est au courant. La police ne pourra pas fermer les yeux cette fois. Il faut que tu oublies cette histoire pour te concentrer sur Rae. Elle va sortir de la salle d'opération d'une minute à l'autre et aura besoin que tu sois forte.

Mais la panique a commencé à se diffuser en moi, à me secouer les membres comme ceux d'une marionnette. Je me remets debout et fais les cent pas à travers la pièce.

— J'aurais dû le voir, Suze. Je suis sa mère.

En passant devant l'horloge, j'y jette un coup d'œil pour la énième fois et laisse échapper un rugissement.

— Pourquoi est-ce que c'est si long, merde ?

Suzy soupire, fait un effort pour se redresser en ménageant son bras blessé, vient se planter en face de moi et, de sa main valide, me force à la regarder.

— Ecoute, Cal, ma puce. Regarde-moi. Je sais que tu vis un cauchemar. Mais écoute-moi bien : Rae va s'en tirer. Vraiment. Et on va régler cette histoire avec la foldingue et la police. Ce soir, en revanche, tu restes concentrée. Je suis là pour toi, tout comme tu l'as été pour moi à la naissance des jumeaux. Et tout va s'arranger, c'est promis. Le moment est mal choisi pour parler de ça, mais j'ai pris une décision : à partir d'aujourd'hui, je m'occuperai de Rae après l'école. Ça te permettra de la savoir en sécurité. Et si un week-end tu dois aller voir ton père, ou autre, je la garderai. Tu pourras souffler, et moi la gâter. On profitera du séjour de Jez chez ses parents avec les garçons pour nous retrouver entre filles, Rae et moi.

Ses paroles ne me calment pas, au contraire. Elles accentuent le courant de panique qui frémit en moi. Je me tourne et tombe sur Tom, debout dans l'embrasure de la porte, deux tasses de café à la main. Suzy et lui se mesurent du regard en silence.

— J'ai besoin d'air, dis-je en bousculant Tom au passage.

Pendant un instant, je ne sais pas où je vais, vacillant le long du sombre couloir aux murs couverts de papier peint pour enfants. On dirait qu'il fait des kilomètres, comme un tunnel sous une montagne. Mes poumons semblent remplis d'un élément plus lourd que l'air.

Finalement, j'arrive au bout et m'engage dans l'aile moderne de l'hôpital, avec son atrium à grandes baies vitrées, puis je remonte les couloirs blancs en traînant les pieds, le regard braqué sur les fenêtres plongées dans l'obscurité. Tous les étages au-dessus et en dessous de moi ont été désertés par les visiteurs qui bénéficient du luxe de ne venir ici que pendant la journée, ou par ceux qui n'y passeront qu'une ou deux fois dans toute leur vie. Il n'y a que des gens comme Rae, Tom et moi pour se retrouver ici si tard, à arpenter ces couloirs blancs avec leurs vitres noires, telles des pièces sur un échiquier.

Alors que je monte une volée de marches, un gros sanglot éclate dans ma gorge. Je déteste cet endroit, je déteste y être revenue et en connaître les recoins comme ma poche, aussi bien que les petites routes de campagne de ma région. Savoir que, pour aller au distributeur automatique du cinquième, il vaut mieux prendre les escaliers que l'ascenseur, parce qu'il sature au quatrième avec les patients venus pour des analyses de sang. Que les toilettes pour handicapés du premier sont toujours plus propres que les cabinets publics à notre étage et qu'on ne vous dira rien si vous les utilisez aux heures creuses. Avoir repéré la meilleure place de la salle d'attente des électrocardiogrammes pour Rae, celle où elle ne risque pas de se faire bousculer par les gens qui passent dans le couloir mais d'où on peut voir son numéro s'afficher sur l'écran sans se tordre le cou.

Je suis écœurée d'avoir ramené Rae ici, d'avoir fait tant de choses pour la protéger et un seul mauvais choix : retourner bosser et laisser cette femme s'approcher d'elle.

Je fonce vers une poubelle en métal bien installée contre le mur et tape dessus avec les poings. Le martèlement métallique explose dans le silence de la nuit. Je sanglote, comme en écho :

— Rae…

— Ça va ? lance une voix d'homme.

Elle me ramène à moi, tremblante, debout sur le carrelage nettoyé et prêt pour demain, près de la vitrine du fleuriste remplie de vases vides et plongée dans le noir.

Je me retourne et découvre un homme grand, aux cheveux foncés, devant la porte de la cafétéria. C'est Jez, me dis-je l'espace d'une seconde. Et cette perspective me soulage, parce qu'il me suffira de l'entraîner dans une pièce sombre au fond d'un des couloirs tout aussi sombres pour anesthésier un moment ma douleur.

— Vous vous sentez bien ? répète l'inspecteur de police en s'approchant.

Je reste debout, tremblante. Evidemment. Evidemment que ce n'est pas Jez. Parce qu'il n'est pas là mais chez lui avec les garçons.

— Venez. On va vous trouver un siège et quelque chose à boire, me dit l'officier de police.

Voir son visage me donne envie de lui crier sa responsabilité à la figure, de lui dire qu'il aurait dû me prévenir plus tôt au sujet de cette femme. Mais ça ne servirait plus à rien, à présent.

C'était mon devoir de veiller sur ma fille. Et j'y ai manqué. Voilà pourquoi je le laisse me conduire dans la cafétéria déserte, où les chaises sont soigneusement empilées sur les tables. Une faible lumière éclaire les quelques distributeurs de boissons, dans un coin. Une policière, pendue au téléphone, est déjà attablée, un dossier ouvert devant elle. En m'apercevant, elle termine rapidement sa conversation et raccroche.

— Des nouvelles ? me demande-t-elle en se levant pour tirer une chaise à mon intention.

Je secoue la tête, indifférente, et elle vient gentiment me prendre le bras pour m'aider à m'asseoir.

Quelques minutes s'écoulent avant que les policiers ne me parlent. Je m'assieds en silence pendant qu'ils s'activent derrière moi, m'achetant une canette d'un ignoble soda au distributeur. Le liquide glacé lacère ma gorge sèche, comme une lame de rasoir. Je perçois vaguement au loin un échange de murmures. Puis ils s'installent en face de moi et me sourient de nouveau. C'est l'officier qui entame la conversation :

— Deborah Ribwell soutient la même version que la dernière fois. Elle dit que ce n'était pas sa faute, que Suzy Howard a délibérément embouti la voiture pour blesser votre fille et qu'elle aurait clairement fait part de son intention à Mme Ribwell avant l'accident.

— De quoi vous parlez, là ? C'est absurde. Vous savez que Debs s'en est déjà prise à une enfant. Comment osez-vous ne serait-ce que l'écouter ?

J'écarquille les yeux avant de les reporter sur la vitre noire et, dans le reflet, surprends un regard de connivence entre les deux policiers.

— Madame Roberts, n'y a-t-il rien, à votre connaissance, qui puisse corroborer les allégations de Deborah Ribwell ?

— Je n'arrive pas à croire que vous me posiez cette question. Suzy ne ferait de mal à personne, surtout pas à Rae.

Il hausse les épaules.

— Nous discuterons avec Mme Howard demain matin, histoire de voir si nous pouvons obtenir le fin mot de l'histoire. Mais, d'après vous, elle n'aurait aucune raison de mentir ?

— Bien sûr que non. Combien de fois faut-il vous le répéter ?

La policière m'observe attentivement. Je la soupçonne de prendre son temps pour choisir les mots justes.

— Puis-je vous demander depuis combien de temps vous connaissez Mme Howard ? s'enquiert-elle doucement.

Je hausse les épaules.

— Deux ans, deux ans et demi. Nous sommes voisines.

— Et vous la connaissez bien ?

— Oui.

Aucune réaction. Je remarque que sa main est fermement plaquée sur le dossier devant elle.

— Enfin, autant qu'on puisse connaître quelqu'un. Disons que nous veillons sur nos enfants respectifs.

— Et vous lui laissez votre fille en toute confiance ?

Je scrute le visage de mon interlocutrice, à des années d'avoir des enfants elle-même.

— Nous sommes à Londres, dis-je en essayant de masquer mon irritation. On n'a pas trop le choix, si ? Les voisins, les autres mères… On ne peut pas tout savoir sur les personnes qu'on rencontre en ville. Mais, oui, elle a toute ma confiance. Elle ne m'a jamais donné la moindre raison de la lui retirer.

— Mme Howard vous a-t-elle parlé du milieu qu'elle fréquentait avant de venir à Londres ? demande l'inspecteur.

— Que voulez-vous dire ?

— Puis-je savoir ce qu'elle vous a raconté ?

Impossible de me retenir d'éclater de rire.

— Pourquoi cette question ?

— Je vous en prie. Faites un effort, ça pourrait nous aider.

Je hausse à nouveau les épaules.

— Très bien. Que voulez-vous savoir ? Elle a grandi à Denver avec sa mère qui était coiffeuse, esthéticienne, ou un truc du genre. Euh… elles faisaient beaucoup de balades en montagne, de ski, et autres sports du même style. Je ne sais pas. Je ne vois pas en quoi ces informations peuvent vous éclairer. Suzy a été dans une école de commerce, il me semble, avant de travailler dans un bureau et de rencontrer Jez dans le cadre de son boulot. Elle a eu trois enfants. C'est tout. Elle aime la natation, sait bien faire les gâteaux. Ça vous avance, tout ça ?

Je me rejette en arrière sur ma chaise, furieuse. Quant aux policiers, ils arborent tous les deux un sourire de sympathie.

— D'accord, alors permettez-moi encore une question, reprend l'officier. Qu'est-ce qui vous fait croire que Deborah Ribwell voudrait blesser Rae en particulier ? Votre fille et vous l'auriez provoquée ?

— Non, bien sûr que non, dis-je en secouant la tête, l'air méprisante, avant de bondir sur mon siège. Attendez, si. Oh, merde. Ça me revient, maintenant. Rae l'a frappée sur le nez avec l'horrible jouet que Debs lui a offert l'autre jour. Peut-être aura-t-elle voulu se venger. Par ailleurs, Suzy et moi la soupçonnons de s'être mise en colère quand Rae lui a échappé en courant sur le trottoir, et de l'avoir poussée et giflée. Cela expliquerait la chute de la petite. Rae ne m'en aura pas parlé pour éviter d'être grondée.

— Bien. Vous pensez donc que ces deux incidents – le coup asséné sur le nez et votre fille courant dans la rue – ont tellement exaspéré Deborah Ribwell qu'elle aurait tenté de blesser voire de tuer votre enfant ?

Ses mots restent un instant en suspens, presque moqueurs.

— Je l'ignore. Pourquoi me poser cette question ? Vous savez qu'elle a un casier. Vous m'avez conseillé vous-même d'enquêter sur elle. Debs a frappé une enfant dans une autre école.

L'inspecteur paraît troublé et fait non de la tête.

— Deborah Ribwell n'a écopé que d'une mise à l'épreuve, dans cette affaire.

— Ce qui signifie ?

— Que les magistrats l'ont laissée en liberté.

— Les journaux que j'ai lus n'en ont pas parlé.

— Eh bien, peut-être n'avez-vous pas terminé l'article.

Je soupire et me mords la lèvre.

— Callie, commence la policière en se penchant en avant, Deborah Ribwell a été victime d'une vaste et cruelle campagne de harcèlement sur Internet.

Je secoue la tête, mais ça ne l'empêche pas de poursuivre :

— Cette histoire a fait la une des journaux, alors je ne vous apprendrai rien que vous ne puissiez découvrir par vous-même. Voilà ce qui s'est passé : Mme Ribwell avait commenté une citation extraite d'une pièce écrite par les écoliers du centre-ville sur les mères célibataires qui ont plusieurs enfants de pères différents, et une de ses élèves de troisième l'a mal pris, croyant que sa professeur « manquait de respect » à sa mère. Alors, avec l'aide de son petit ami, elle a posté les coordonnées de Mme Ribwell sur des sites de rencontres à caractère sexuel.

Je me redresse.

— Vous imaginez bien que ça n'en est pas resté là. Ils sont rapidement passés à la vitesse supérieure. Le petit ami, beaucoup plus âgé que la jeune fille, s'est introduit au mariage de Mme Ribwell et a usé de ses charmes sur la sœur de Deborah pour qu'elle l'autorise à laisser son ordinateur portable en lieu sûr, dans la chambre nuptiale de Mme Ribwell. En réalité, il y a caché une caméra et a filmé la nuit de noces de Mme Ribwell.

Mon visage se décompose sous leurs yeux.

— Ensuite, l'adolescente a fait circuler la vidéo dans toute son école.

— Oh, mon Dieu, quelle horreur ! Pauvre Debs !

A sa place, j'aurais giflé cette gamine, moi aussi.

Les policiers sourient.

— D'accord, je vois où vous voulez en venir, dis-je en me rasseyant. Mais ça ne l'innocente pas pour autant dans notre affaire. Et si cette fille avait provoqué chez elle un traumatisme qui la rende folle au contact des enfants ? Suzy a entendu son mari lui conseiller d'arrêter l'enseignement.

La policière hausse les épaules.

— Nous n'avons absolument aucune preuve de ce qu'elle avance. Par ailleurs, les employeurs de Mme Ribwell s'en sont remis au jugement du tribunal et ont reconnu qu'il s'agissait d'un cas rare de provocation extrême. Son casier était vierge avant cet incident. En fait, elle était très appréciée. Et n'oubliez pas que nous n'avons pas de témoins de l'accident, puisque le cycliste ne s'est pas présenté.

Je soupire et bois une grande gorgée de mon soda afin de m'éclaircir les idées.

— Non, attendez ! dis-je brusquement en reposant ma canette. Une minute. Quelqu'un a assisté à la scène sur Churchill Road, ce soir-là, le soir où Rae est tombée dans la rue alors qu'elle se trouvait en compagnie de Debs. Une femme. Suzy m'a dit qu'une voisine avait contacté la police. Pourquoi ne pas la questionner ? Elle a dû juger l'incident assez grave pour vous appeler. C'est ce qui vous a conduits à interroger Debs au début, non ?

Les policiers échangent de nouveau un regard.

— Quoi ? Pourquoi est-ce que vous vous regardez comme ça tout le temps ?

— C'est juste que… commence l'officier.

— Quoi ?

Il interrompt la conversation en levant la main et prend son bloc-notes. Après l'avoir feuilleté une seconde, il le tourne vers moi.

— C'est Suzy Howard qui nous a signalé l'accident, déclare-t-il. Il n'y a pas d'autre témoin.

Je n’en reviens pas.

— Voilà pourquoi nous vous avons demandé ce que vous saviez à son sujet, ajoute sa collègue. Parce que pour le moment, dans ces deux affaires, c’est sa parole contre celle de Mme Ribwell.

DIMANCHE

56

Suzy

— *Hush, little baby*, chantonna Suzy tandis qu'Otto s'endormait dans son lit d'enfant.

Son bras la mettait au supplice, l'entaille à son front l'élançait. Peu importait, pourtant. Plus maintenant.

Dieu merci, elle s'était débrouillée pour se débarrasser de James et de Diana en les envoyant au parc avec Jez et les deux autres garçons. Elle était descendue vers sept heures pour prendre ses antalgiques et avait surpris sa belle-mère dans la cuisine en train de donner aux petits des grains de raisin entiers. Du raisin ! Les enfants pouvaient s'étouffer, avec ça. On voyait bien que cette femme n'avait pas élevé son propre fils, préférant le confier à des nounous et à des infirmières scolaires.

Suzy descendit au rez-de-chaussée et traversa le hall en se demandant combien de temps il faudrait à Jez pour persuader ses parents de rentrer chez eux. A 9 heures, il avait appelé l'hôpital afin de prendre des nouvelles de Rae. La petite était sortie de la salle d'opération et se trouvait en soins intensifs.

« Bon, eh bien, il ne nous reste plus qu'à attendre, chéri », avait-elle lancé en regardant la photo des garçons dans l'escalier.

Plus tard, lorsqu'ils se retrouveraient seuls, voilà la première chose dont ils parleraient : refaire la photo de famille. Avec Jez dessus cette fois. Et ce ne serait pas négociable.

Ils partageraient un bon dîner puis discuteraient de la facture du plombier, que Suzy avait laissée bien en évidence sur la table de la cuisine. Ensuite, ils monteraient à l'étage et Jez lui donnerait ce qu'elle voulait.

Tout d'un coup, elle entendit des pas dans la maison voisine. Tiens, tiens. La foldingue était revenue du poste de police. Intéressant. Comment cela s'était-il donc passé ?

Suzy retourna dans la cuisine, le sourire aux lèvres.

57

Callie

Le taxi me dépose devant chez Suzy.

L'expression du chauffeur et le reflet que me renvoie la vitre en le payant m'indiquent que j'ai une sale tête. La pluie d'hier a hérissé mes cheveux, j'ai des poches sous les yeux et une horrible tache de café sur mon tee-shirt blanc causée par l'irruption du chirurgien dans l'embrasure de la porte, à 2 heures du matin, qui nous a fait nous lever d'un bond, Tom et moi.

— Merci, dis-je au chauffeur de taxi en évitant soigneusement son regard inquisiteur avant de m'éloigner.

La rue est calme. Je m'arrête un moment sur le trottoir et tends l'oreille. La circulation matinale du week-end gronde au loin comme des vagues se brisant sur le rivage. Le chant d'un verdier, staccato perçant, jaillit au-dessus de ma tête. Je ferme les yeux et me concentre sur les bruits ambiants. Le grésillement des fils électriques. Les pleurs étouffés d'un enfant en provenance du parc, de l'autre côté de la rue. Le crissement de petits pas derrière une poubelle.

Ces sons m'apaisent. Je m'en imprègne lentement jusqu'à pouvoir puiser, au fond de moi-même, un tout petit peu de force.

Je jette un regard à la porte d'entrée de Suzy. Les jardinières, à ses fenêtres, débordent de géraniums fuchsia. Ça me rappelle nos expéditions printanières à la jardinerie, avec les enfants, pour aller les acheter, et comment Suzy et moi les avions aidés à les planter, comment j'avais tenu le treillis pendant qu'elle le clouait au mur, puis comment, ensemble, nous avions accroché de la glycine autour de sa porte. Je l'avais observée se ménager un foyer douillet et accueillant avec ses enfants et Rae, avant de regarder mes vieux pots poussiéreux remplis de racines en décomposition.

Je me dirige lentement vers sa grille et sonne à sa porte.

— Oh, Dieu merci. Je me suis fait tellement de souci, s'écrie-t-elle en m'ouvrant. Ils refusaient de nous donner des détails. Est-elle toujours en soins intensifs ?

J'entre, tête baissée.

— Il y a beaucoup de sang autour de son cœur. Ils attendent de voir s'il va s'écouler.

Suzy m'attire contre elle, l'air horrifiée.

— Oh, ma belle… Mais c'est fini, maintenant. C'est fait. Il faut juste lui laisser du temps. Viens, tu es épuisée. Je vais te préparer des œufs et demanderai à Jez de te ramener à l'hôpital une fois que tu te seras changée.

Mais je reste là, plantée dans l'entrée, la porte toujours ouverte, les mains dans le dos. Je les tiens serrées l'une dans l'autre en m'appuyant fermement contre le mur.

— Suze, je suis juste venue en coup de vent. Il va falloir que j'y retourne directement. Mais j'ai une question importante à te poser pour éclaircir quelque chose que je ne comprends pas.

— Oui ?

— Plusieurs choses, même.
— Comme quoi, ma belle ?
Ma bouche s'ouvre et se fige. Une fois que ce sera dit, je ne pourrai peut-être pas faire marche arrière. Suzy m'observe attentivement, inquiète.
Non, me dis-je. Le moment est venu.
— D'accord, eh bien, j'ai parlé à la police, hier soir. Et ils ont dit un truc bizarre. D'après eux, ce serait toi qui aurais signalé l'accident de Rae.
Son visage est impassible, à présent.
— Mais tu m'avais pourtant assuré qu'il s'agissait de quelqu'un d'autre. Une femme, une voisine, si je me souviens bien. Du coup, je ne comprends pas.
Suzy tire sa lèvre inférieure.
— Tu ne m'écoutes pas, ma belle. Ce type est un imbécile. Combien de fois faudra-t-il te le répéter ?
Je la regarde, stupéfaite.
— Mais je l'ai vu, Suzy. Ton numéro de portable sur son carnet.
Elle grimace puis secoue étrangement la tête. Encore et encore.
— Cal… Qu'est-ce qui te prend ? Je sais que tu te sens coupable, pour Rae, mais on dirait que tu voudrais me faire porter le chapeau.
— Non, Suze, dis-je après une grande inspiration. Je ne me décharge pas à bon compte de mes responsabilités. J'essaie seulement d'y voir plus clair. Et d'ailleurs, maintenant qu'on en parle, tu ne veux pas m'expliquer pourquoi tu as ramené Rae de la fête, et comment tu t'es débrouillée pour te planter en voiture dans le parc ? Caroline m'a appelée, hier, pendant que j'étais à l'hôpital. Elle soutient que Rae avait l'air en pleine forme à son arrivée et qu'elle n'arrêtait pas de sauter dans tous les sens, tout excitée.

Suzy devient écarlate et écarquille les yeux.

— Oh, bon sang, Callie. Pourquoi tu écoutes cette sale conne ? Caroline se comporte en garce avec toi depuis que tu es entrée dans cette école. J'ai préféré garder ça pour moi jusqu'à présent, mais c'est cette espèce de snob qui a monté tous les parents d'élèves contre toi, Callie. Je l'ai entendue se moquer de ton accent, une fois. J'ai pourtant essayé de te mettre en garde.

— Et le plus curieux reste à venir, dis-je en restant appuyée contre le mur. Mlle Aldon a contacté Tom sur son portable, ce matin. Elle lui a dit que lundi, mardi et mercredi, elle avait dû passer un savon à Rae et à Hannah pour s'être précipitées dehors avant la fin de la classe, tant elles avaient hâte d'aller à la garderie. Cette version ne concorde pas du tout avec celle que tu m'as donnée, Suzy. Pourquoi ?

Je suis fascinée par la contraction des muscles de son visage. On dirait que sa peau se soulève puis se fige brusquement dans une expression qui m'effraie. Elle rappelle les gargouilles de pierre surplombant les façades de l'Alexandra Palace.

Instinctivement, je me ratatine contre le mur. Suzy ouvre la bouche et dit d'une voix étrange :

— Quoi… Tu me traites de sale menteuse, Callie ?

— Non, dis-je, décontenancée. Tout le monde me donne une version différente et ça commence à m'intriguer, c'est tout.

Elle renifle.

— Et tu préfères croire tous ces gens plutôt que moi, l'amie qui est toujours restée à tes côtés ?

Je me force à soutenir son regard pour lui répondre :

— Non, bien sûr que non. Honnêtement, Suzy, je ne sais plus qui croire.

Mes mots résonnent dans l'entrée. Je les ai prononcés à haute voix. Impossible de reculer, maintenant. Je jette un coup d'œil nerveux vers l'escalier, me demandant si Jez est là.

— Oh, comme c'est intéressant ! s'exclame Suzy, la voix dangereusement plus aiguë. Vraiment intéressant, que tu m'accuses de mensonges !

— Qu'est-ce que tu veux dire ?

Sans préavis, la voilà qui se dirige d'un pas lourd vers la cuisine. Comme hypnotisée, je la suis et la retrouve debout devant la table vide sur laquelle trône une feuille de papier bleue. Suzy me dévisage, un drôle de sourire aux lèvres.

Mes yeux se baissent, et je comprends enfin ce qui manquait dans mon appartement.

La facture du plombier.

Mes jambes m'abandonnent, m'obligeant à m'agripper au rebord de la table pour conserver mon équilibre.

— Où l'as-tu trouvée ? dis-je en tâchant de maîtriser le tremblement dans ma voix.

— Ton gentil plombier. Il a vu l'adresse sur l'enveloppe et pensé t'économiser le déplacement en la déposant au – comment a-t-il dit, déjà ? – *père de la petite*.

Le père de Rae.

Mon regard effleure ma propre écriture. FLOCK ENTREPRISES, avec l'adresse professionnelle et personnelle de Jez en dessous. Je comptais lui remettre cette facture en main propre, comme d'habitude lorsqu'il me dépanne. L'aller-retour à l'hôpital m'avait tellement fatiguée… Je n'avais pas pensé une seconde que le plombier verrait l'adresse et prendrait l'initiative de la mettre dans la boîte de Jez sans rien me demander.

Comment avais-je pu être aussi négligente ?

Chancelante, je tends la main vers une chaise. L'adrénaline qui alimentait mon corps ces vingt dernières heures disparaît si vite que mes membres s'affaiblissent, entravant mes mouvements.

— Suze, Jez n'est pas son père. C'est Tom, son père. J'ai rencontré Jez dans un bar il y a six ans, le jour anniversaire de la mort de ma mère, et j'étais bouleversée. C'est arrivé avant que je fasse ta connaissance, Suzy. Bien avant.

Elle hoche la tête.

— Mouais. Et ça ne t'a pas effleurée qu'il ait pu être marié, Cal ? Tu n'as pas pris la peine de lui poser la question ?

— J'étais bourrée…

— Oh oui, bien sûr. Cette charmante habitude qu'ont les Britanniques de boire à s'en rendre malades. Evidemment que tu étais ivre, Cal. Mais si tu étais restée sobre, et avais fait les choses proprement, tu aurais découvert que j'étais à Denver, enceinte de quatre mois, à me demander quand il rentrerait.

Honteuse, je détourne les yeux et m'assieds sur la chaise avant que mes jambes ne me lâchent.

— C'est à lui qu'il faudrait en parler, Suzy.

— Oh, mais c'est prévu, ajoute-t-elle, la voix toujours aussi glaciale. Compte sur moi. Et, ouais, assieds-toi, je t'en prie. Fais comme chez toi. Car c'était le but recherché, finalement, non ?

J'essaie de caser mes jambes sous la table, en vain. Il m'est presque impossible de bouger, à présent. Je suis prise au piège.

— Tu imagines bien que je ne suis pas restée les bras croisés, reprend Suzy en se dirigeant vers le plan de travail.

J'ai vaguement l'impression qu'elle sort quelque chose d'un tiroir tout en poursuivant :

— J'ai engagé une de mes amies pour fouiner. Et devine un peu où était Jez, l'autre soir, alors que j'attendais son retour de Birmingham ? Et tu sais la meilleure, Cal ? Je m'en suis aperçue plus tard en sentant son odeur sur toi.

Je prends une de mes cuisses à deux mains pour essayer de la soulever. Rien ne se passe. Pas moyen de me lever. Une envie dévorante de retourner auprès de Rae me submerge. Je ne peux pas affronter ça. Qu'ai-je déclenché ? Il faut que je me tire d'ici.

Suzy lâche un profond soupir et je relève la tête. Ses yeux sont braqués sur le sol.

— Suzy, le problème ne vient pas que de moi, dis-je en essayant vainement de m'appuyer sur la table pour me redresser. Tu sais aussi bien que moi que ta relation avec Jez bat de l'aile. Tu as tout fait pour le cacher, mais ça crève les yeux. Je crois savoir où est le problème : à mon avis, il se sent seul.

— Seul ? répète-t-elle avec un sourire. Vraiment ? Tu crois qu'il n'en voit pas d'autres à part toi ? Il faudrait que tu parles à mon amie Vondra. Il y en a au moins deux de plus, des comme toi. Et sûrement plein de petites Rae un peu partout.

Mon expression choquée lui fait secouer la tête.

— Ouais, alors, tes projets d'emménager ici et de me voler mon mari vont devoir attendre. On dirait que tu as de la concurrence, ma belle. Et l'une d'entre elles est beaucoup plus jeune que toi, apparemment.

— Ça n'a jamais été mon intention. Toi et moi sommes devenues amies avant que Jez ne ressurgisse. Je ne savais pas comment te le dire, et puis ensuite, c'était trop tard…

Soudain, on frappe à la porte. Nous nous retournons pour découvrir Debs debout sur le seuil, à regarder nerveusement tout autour d'elle.

— Callie ? hasarde-t-elle. Tout va bien, ma chère ?

— Debs ! Je vous en prie, pas maintenant.

Suzy lève les bras au ciel.

— Génial ! Voilà que la foldingue s'en mêle. Tu es témoin, Callie ? Elle crie sur le pas de ma porte. Tu sais, même après avoir découvert que tu couchais avec Jez – Debs, vous étiez au courant que notre amie ici présente se faisait sauter par mon mari ? –, j'ai essayé de protéger ta fille de cette cinglée. Parce que c'est ça, l'amitié. Et au lieu de me remercier – et Dieu sait que tu n'as pas beaucoup d'autres amies, peut-être parce que tu ne parles que de toi sans arrêt, d'ailleurs –, tu m'accuses de te mentir. On aura tout vu !

Je me tourne et vois l'expression stupéfaite, incrédule, de Debs. Elle cligne des yeux, passant de Suzy à moi. Hésitante, elle avance dans le couloir.

— Vous avez une aventure avec Jez, Callie ?

— Debs, je vous en prie, allez-vous-en. Ça ne vous regarde pas. Nous discuterons plus tard.

Mais elle ne bouge pas.

— Callie, bégaie Debs, il faut que vous m'écoutiez. Suzy ment, à mon sujet comme pour tout le reste…

Suzy émet une sorte de jappement et va se planter devant la nouvelle venue.

— Taisez-vous. Sortez de chez moi.

Mais Debs insiste, les yeux braqués sur moi :

— Croyez-moi, Callie, je vous en prie. Ma voisine, Beattie, vous confirmera ce que je dis. Tous les habitants de la rue ont peur de vous parler à cause d'elle…

— Dehors ! aboie Suzy en essayant de la chasser.

Sans succès. La petite tête de Debs avec ses grosses lunettes surgit à droite puis à gauche de son assaillante.

Mon esprit épuisé a du mal à comprendre ce qu'elle est en train d'insinuer.

— Et elle a fait la même chose à l'école. La fille de Beattie lui a assuré qu'elle racontait des insanités sur les autres parents à qui voulait bien l'entendre.

Suzy persiste à user de tout son poids pour la faire sortir, mais Debs ne renonce pas. Je parviens enfin à trouver la force de me lever pour les suivre dans le couloir, m'appuyant sur le canapé.

— L'administration de l'école voulait lui en parler, poursuit-elle d'une voix désespérée tandis que Suzy la refoule vers la porte et tente de la faire sortir. Et elle a dit pis que pendre à votre sujet, aussi. Tous les parents savaient que Rae était malade, que vous viviez seule, et ils ont cherché à vous accueillir comme il se doit dans l'établissement, mais elle les en a empêchés en leur assurant que vous disiez des horreurs sur leurs enfants et que Tom avait un comportement violent. De cette façon, plus personne n'accepterait de vous confier sa progéniture. Elle a même lancé une rumeur selon laquelle vous auriez couché avec l'un des pères divorcés de l'école – un certain Matt, je crois ? – et l'auriez qualifié de mauvais coup.

Je me transforme en statue devant la porte de la cuisine.

— Quoi ? Suzy, arrête, laisse-la ! Qu'est-ce qu'elle vient de dire ? Je n'ai même jamais adressé la parole à ce type…

Suzy se retourne, le visage cramoisi, les yeux hors de la tête et furieux. Elle essaie de refermer sa porte sur Debs.

— Arrête, Suzy ! Comment pourrait-elle savoir ça ? Tous ces détails ?

Suzy louche en faisant cette horrible moue comique.

— Suzy, dis-moi que ce n'est pas vrai ? Tu n'as pas passé les deux dernières années à monter tout le voisinage contre Rae et moi ?

Un sourire idiot et suffisant s'épanouit sur son visage. On croirait voir une écolière surprise par son institutrice en train de passer un petit mot à sa camarade. Elle lâche la porte et recule, tandis que Debs revient à l'intérieur.

— Qu'est-ce qui t'a pris, Suzy ? Pourquoi m'avoir infligé tout ça ?

Suzy pousse un long soupir théâtral et semble se dégonfler sous mes yeux. Sa rage l'abandonne.

— Elle est jalouse, ma chère, intervient Debs. Je la soupçonne de m'avoir fait accuser par peur de nous voir devenir amies. Elle ne supporte pas que vous vous liiez d'amitié avec quiconque d'autre qu'elle-même. Suzy refusait l'idée de vous voir travailler et rencontrer d'autres personnes, alors elle a essayé de vous effrayer, de vous amener à redouter qu'il arrive malheur à Rae si vous n'étiez pas là. La jalousie fait des ravages, ma chère. Je suis bien placée pour le savoir… ma sœur…

Je reste figée sur place, perplexe, à essayer de mettre de l'ordre dans tout ça. Et mon visage devient blême.

— Admettons que tout cela soit vrai… mais… Rae. Suzy, tu ne… Pas Rae ? Tu ne ferais pas de mal à Rae. Pas volontairement… ?

Debs lève les yeux vers Suzy.

— Allez-vous le lui dire ou préférez-vous que je m'en charge ? demande-t-elle, d'un ton soudain plus assuré.

Suzy, muette, s'affaisse légèrement sur le côté.

— Elle a foncé vers le banc en voiture, Callie, poursuit Debs. Avec Rae à bord. A mon avis, elle l'aurait fait même si je n'étais pas intervenue. Navrée, mais c'est la vérité.

Je ne l'écoute plus. Il y a quelque chose d'étrange par terre. De petites taches rouges le long du couloir, autour de Suzy. Et je comprends soudain ce qu'elle a pris dans le tiroir de la cuisine.

— Debs, dis-je tout bas.

— Quoi ?

Debs suit du regard mon doigt tendu vers le petit couteau à légumes pointu que Suzy tient à la main. Nos yeux descendent en même temps le long de son pantalon, dont la jambe gauche vire rapidement du kaki au bordeaux foncé. Un bruit de gouttes attire mon attention et je réalise que c'est du sang qui coule sur le sol.

— Suzy ! Qu'est-ce que tu as fait ?

Sans hésiter, Debs fonce droit sur elle pour lui attraper la main.

— Donnez-moi ça tout de suite, Suzy. S'il vous plaît, lui dit-elle avec douceur. Tout va bien, ma chère. Tout va s'arranger. Callie, appelez une ambulance.

Horrifiée, je vois une expression de tendresse apparaître sur le visage de Suzy alors qu'elle pivote vers moi et s'effondre lentement le long du mur.

— Je croyais avoir trouvé l'amie idéale en toi, explique-t-elle d'une voix éteinte. Tu sais ? Toi et moi, Cal. Amies pour la vie…

LUNDI

58

Callie

Je m'assieds sur le lit de Rae et l'observe.

Elle ouvre un œil lourd de fatigue et s'efforce de se focaliser sur moi. Un sourire aussi éclatant que le soleil fend mon visage.

— J'ai soif, gémit-elle. Je veux du jus de raisin.

— Il vaut mieux que tu boives de l'eau, pour le moment, dis-je en réprimant mon envie de sauter dans son lit et de serrer son petit corps tout chaud jusqu'à ce qu'il refasse partie de moi.

— Kaye me donne du jus de raisin.

Je souris.

— C'est vrai ? Ravie d'apprendre que tu as pu en avoir. Attends, j'ai quelque chose pour toi.

Je plonge la main dans mon sac et en sors une enveloppe blanche.

— C'est de la part de Hannah.

Le visage de Rae s'illumine. Elle déchire l'enveloppe et en extrait une carte. Au recto, sa copine a fait un dessin qui représente les deux fillettes se tenant par la main : Rae avec des yeux énormes qui lui mangent presque toute la figure, une boule de cheveux frisés, un grand sourire et des dents inégales, et Hannah avec une tignasse orange vif. Rae est debout sur une caisse, de sorte que les deux enfants du dessin ont la même taille. Des cœurs contenant les initiales « MA » sont éparpillés un peu partout.

— Ça veut dire « meilleure amie », traduit Rae, le souffle court.

Heureuse pour elle, je lui caresse la joue et, ensemble, nous ouvrons la carte : POUR RAE. NOUS RESTERONS TOUJOURS ENSEMBLE. GROS BISOUS, HANNAH.

Rae glousse.

— Hannah chante cette chanson de *Grease* tout le temps. Elle m'a invitée à aller voir le film chez elle.

Ses yeux étincelants m'arrachent un sourire, puis mon regard revient sur la phrase : NOUS RESTERONS TOUJOURS ENSEMBLE.

Je me penche pour la serrer contre moi avec l'espoir que pour elle ce sera vrai.

— Rae, ma chérie, il faut que je téléphone à grand-père pour savoir à quelle heure il arrive cet après-midi. Je reviens dans une minute, d'accord ?

Je passe la tête dans le couloir pour héler Tom qui discute avec un des médecins et hoche la tête en me voyant, prêt à prendre la relève. En franchissant la porte, il pose ses mains sur mes épaules et demande :

— Ça va ?

— Hmm, fais-je en penchant légèrement la tête vers lui.

— Où tu vas ?

— Je ne serai pas longue. J'ai un truc à régler.

Nous nous retournons pour découvrir notre Rae assise, radieuse, en train de nous observer. Nous nous regardons en levant les yeux au ciel, puis je quitte la pièce.

De jour, la cafétéria semble bien différente. Le soleil cogne sur les baies vitrées de l'atrium. Le London Eye est visible au loin. D'après le médecin, Rae est sortie d'affaire et ne devrait plus rester ici trop longtemps. Nous serons bientôt libérés de cet endroit, et pour de bon, cette fois. Pour toujours.

On se croirait ailleurs, me dis-je en regardant une foule de gens faire la queue pour déjeuner ; des visiteurs, des jeunes internes en chemise rayée arborant fièrement leur stéthoscope autour du cou, des personnels du bloc à la mine éreintée, en tenue chirurgicale, des patients couverts de tubes, de pansements et munis de cannes. Ça ne m'avait pas frappée samedi soir, mais la cafétéria a été refaite, depuis le dernier séjour de Rae ici. Elle est claire et propre, désormais. L'air est chargé de bavardages. De plans d'avenir. De progrès. D'espoirs de guérison.

Soudain, je le vois dans un coin, au fond, la tête enfouie dans son journal, un grand gobelet de café en plastique à la main. Il est vêtu de son éternel costume, mais cette fois ses cheveux sont gras, luisants et tombent sur une ombre noire autour de son menton.

Il ne me repère pas tout de suite, ce qui me donne l'occasion de l'observer et de réfléchir, de penser à sa manière de toujours effacer ma douleur.

Puis mon regard caresse la ligne anguleuse de sa mâchoire, et pour la première fois je m'autorise à songer que ce n'est pas vrai. Parce que Jez produit d'autres effets sur moi, après l'euphorie. Il s'introduit dans mon système, m'explose les veines, m'étouffe, freine le fonctionnement de mes neurones, m'empoisonne le cœur, et bouche les artères qui me maintiennent en vie.

Non, me dis-je, fixant ses yeux alors que je m'approche de lui. Regardons la vérité en face : Jez ne m'a jamais fait le moindre bien, à part m'avoir donné Rae.

Tirant une chaise près de lui, je lui demande :

— Comment va-t-elle ?

Surpris, il redresse la tête dans un sursaut. Son regard se braque aussitôt derrière moi, en quête de Tom, j'imagine, appréhendant une scène.

— Ils la gardent en observation, répond Jez.

— Quoi… aux urgences ?

Il marque un temps.

— Non, en psychiatrie.

Je hausse les sourcils et il détourne le regard, puis s'enquiert à son tour :

— Comment va Rae ?

— Bien.

— Ah, bonne nouvelle, dit-il en hochant la tête.

Je m'assieds en silence, sans cesser de le dévisager.

— Alors, qu'y a-t-il, Jez ? Pourquoi m'as-tu appelée ?

Il pianote des doigts sur la table et hasarde un sourire.

— J'ai un service à te demander.

— Un service ?

Jez roule les yeux.

— Je sais. Ça tombe plutôt mal, vu les circonstances.

Je m'enfonce dans mon siège.

— Tu veux que je te dise, Jez ? Avant d'accepter de t'aider, j'aimerais que tu répondes à quelques-unes de mes questions. Ensuite, on verra.

Nos regards se croisent et je m'aperçois que pour la première fois j'ai le dessus. Une étrange douceur pare ses traits. Je crois que Jez a peur. Il est perdu, et me fait soudain penser à un gros et grand bébé qui aurait emprunté le costume de son père.

Une vague de mépris inattendue me submerge.

— D'accord.

— Bien. Alors, pour commencer, je voudrais en savoir un peu plus sur Suzy. Où l'as-tu rencontrée ? Au boulot ?

Il baisse les yeux.

— Dans un sens, oui.

— Dans tes bureaux de Denver ?

Mal à l'aise, Jez se tortille sur son siège.

— Non, à son boulot.

— C'est-à-dire ?

Il soupire.

— Dans un cl… je veux dire, un bar, près de mon bureau.

Il a l'air gêné.

— Un bar ou un club ?

— Un club, lâche-t-il avec un nouveau soupir.

— Et dois-je demander de quelle sorte de club il s'agissait ?

— Inutile, murmure-t-il.

D'accord, me dis-je en repensant au dossier que le policier avait devant lui au moment où il m'interrogeait sur elle.

— OK. Bon, et tu l'as épousée parce que… ?

Sa bouche se tord.

— Elle est tombée enceinte la première semaine, elle m'a piégé. Et puis ça m'a semblé une bonne idée, histoire d'emmerder mon vieux.

— Et à quel moment t'es-tu aperçu que la bombe sexy qui est devenue ta femme pour emmerder ton père était complètement cinglée ?

— Cal, je sais ce qu'elle t'a fait. Mais tu parles de la mère de mes enfants, là, proteste Jez.

Je soutiens son coup d'œil furibard avant de répéter :

— A quel moment, Jez ?

Il soupire, se penche en avant puis enlève une peluche de sa manche.

— Ça a commencé très peu de temps après : elle débarquait au bureau à l'improviste, fusillait du regard les femmes qui travaillaient avec moi, me suivait dans les bars, me faisait des scènes devant mes amis. Elle m'a même giflé devant mon patron de Denver, une fois, tout ça parce qu'il m'avait déposé à la maison un peu tard après un truc de boulot.

— Dans ce cas, pourquoi ne pas l'avoir quittée ?

— J'ai mis son comportement sur le compte de sa grossesse, mais il s'est encore dégradé après la naissance de Henry. Elle refusait de laisser quiconque l'approcher. J'ai bien essayé d'embaucher une nourrice pour l'aider à couper le cordon, mais Suzy l'a accusée d'avoir menacé Henry de le mettre au micro-ondes s'il n'arrêtait pas de pleurer. L'assistante maternelle a nié, mais j'ai dû m'en séparer. Puis Suzy est retombée enceinte. C'est là que j'ai décidé de revenir ici et de travailler à domicile. Avec moi dans les parages, elle s'est un peu calmée, et ne peut plus me suivre chaque fois que je sors voir des clients ou des amis. Ça m'a permis d'avoir une vie.

— En effet, tu ne t'en es pas privé, d'après ce qu'on m'a dit.

Jez se mord la lèvre, et je persiste :

— Mais tu étais au courant, tu savais qu'elle était folle ?

— Ça veut dire quoi, folle ? Jalouse, peut-être, perturbée. Je l'ai su grâce à sa sœur. Elle…

— Sa sœur ? Mais de quelle sœur tu parles ?

— De Faye. Elle habite à Denver. Suzy refuse de lui adresser la parole, mais elle est venue me trouver à mon bureau, un jour, et m'a tout raconté. Faye m'a expliqué que leur mère avait envoyé Suzy chez une vieille tante complètement frappée pour ne garder que Faye avec elle. Tout serait parti de là, d'après Faye. La mère, elle, ne ressurgissait que pour sauver les apparences, lorsque l'assistante sociale ou l'école flairaient quelque chose.

Je commence à comprendre.

— C'est pour ça que tu tenais absolument à ce qu'elle mette les jumeaux à la garderie ? Et à inscrire Henry en pensionnat ? Pour les éloigner d'elle le plus possible ? Et ensuite, tu comptais faire quoi ? Les lui arracher définitivement ?

Jez tripote un sachet de sucre. Je secoue la tête.

— Et quel est le service que tu voulais me demander ?

Il se redresse et tente un sourire.

— Suzy va rester ici pendant des semaines, peut-être même des mois. Mes parents sont partis ce matin passer deux semaines en Afrique du Sud. Je préférerais qu'ils ne sachent pas ce qui se passe. Je vais m'arranger pour prolonger les horaires à la crèche de 9 à 18 heures pour les jumeaux, et vais inscrire Henry à la garderie, et je me disais que tu pourrais peut-être me filer un coup de main. Il faut absolument que je boucle mon offre pour le contrat de Vancouver et je n'arriverai jamais à trouver une assistante maternelle si vite.

— Alors, si j'ai bien saisi, tu voudrais que je m'occupe de tes enfants ?

Il sort sa carte maîtresse, celle qu'il m'a servie le soir de l'accident de Rae : sourcils froncés et lèvres retroussées, dans l'espoir manifeste de m'attendrir.

— Enfin, de Rae et des garçons, plutôt, réplique-t-il d'une voix censée infléchir mes sentiments. C'est la même famille, en fin de compte. Enfin, presque.

— Une famille ! Vraiment ? Tu vois donc Rae comme ça ? Comme un membre de ta famille ? Alors que tu ronflais, bien au chaud chez toi, pendant qu'on lui ouvrait la poitrine ?

Je me lève, furieuse, et me fais violence pour esquisser un sourire.

— Le problème, Jez, c'est que tu as laissé ta femme s'approcher de ma fille alors que tu savais de quoi elle était capable. Je te tiens donc pour entièrement responsable de tout ce qui s'est passé. Parce que ça t'arrangeait de ne pas avoir Suzy sur le dos, que Rae et moi nous occupions d'elle. Malgré ce qu'on risquait.

Son visage s'assombrit.

— Alors voilà ce que je vais faire : décliner ton aimable proposition. Parce qu'à mon avis, Jez, tu devrais oublier ton contrat de Vancouver et t'occuper toi-même de tes enfants pendant quelque temps. Tu seras peut-être un peu juste si tu veux t'acheter un nouveau joli costume, mais tu survivras. Après ce qu'ont vécu les garçons, ça leur fera du bien de profiter de leur père. Et nous le savons bien tous les deux : on ne peut faire confiance à personne quand il s'agit de ses enfants.

Jez réfléchit une minute puis tend la main vers moi et la met sur la mienne.

— Je comprends ta position, Callie, mais je suis dans le pétrin, là. Si tu ne nous considères pas comme une famille, je m'adresse alors à toi en tant qu'amie.

Je récupère ma main et me retiens d'éclater de rire.

— Jez, tu sais aussi bien que moi que notre relation a été tout sauf amicale ! Mais en cas de coup dur, je suis persuadée que Hardie Sasha se fera un plaisir de t'aider.

Sur ces mots, je me lève et traverse la cafétéria. Le bruit des poêles et des casseroles qui s'entrechoquent dans les cuisines sonne comme des acclamations à mes oreilles.

En rentrant dans la chambre de Rae, je retrouve Tom en train de ronfler sur le lit réservé aux parents. La petite s'est recroquevillée sur elle-même et leurs deux visages, séparés par quelques dizaines de centimètres, se font face. Leurs nez, front et menton n'ont pas les mêmes gènes mais arborent la même expression paisible.

Je ferme la porte derrière moi, vais m'asseoir au pied du lit de ma fille pour ne pas la réveiller, puis regarde Tom, Rae et mon reflet dans la vitre éclairée par le soleil. Ensuite, je m'allonge entre eux deux, une main posée près de chacun d'eux.

Remerciements

Comme c'est mon premier roman, j'ai beaucoup de gens à remercier.

Mon mari, d'abord, pour m'avoir soutenue pendant cette année sabbatique consacrée à l'écriture de mon roman et ne pas s'être plaint lorsqu'elle est passée de douze à vingt-quatre mois… Puis mes enfants pour ne jamais avoir rouspété quand je leur préparais le dîner en retard, ou que je monopolisais l'ordinateur portable.

Je n'en serais sûrement pas arrivée là sans les encouragements inestimables et les conseils experts de mon agent Lizzy Kremer, de chez David Higham Associates. Alors, pour la énième fois, merci encore, Lizzy, et merci à Laura West de DH également. Un grand merci à Katy Regan pour sa générosité et ses idées enthousiasmantes ainsi qu'à mes bonnes fées de *Marie Claire* – Marie O'Riordan, Vanessa Thompson et Charlotte Moore – pour m'avoir mise sur le chemin de la fiction.

J'ai la grande chance d'avoir été entourée par une équipe éditoriale formidable chez Pan Macmillan. Je suis particulièrement redevable à Maria Rejt de s'être intéressée dès le début à mon roman et à Trisha Jackson mon éditrice d'avoir rendu si agréable sa parution. Toute ma gratitude à Harriet Sanders, Liz Johnson et Jon Mitchell pour leur travail remarquable qui a permis de vendre mon livre à l'étranger et à Thalia Suzuma pour son dynamisme très apprécié.

Concernant le contenu de mon roman, je suis très reconnaissante au Dr Iain A. Simpson de m'avoir aidée à comprendre la coarctation aortique infantile ainsi qu'aux Drs Beth Macmillan et Neil Mantan d'avoir pris le temps de diagnostiquer mes problèmes d'intrigue dès le début. S'il y a des erreurs dans l'usage de ces informations, j'en prends l'entière responsabilité.

Je voudrais également remercier Ingrid Holmquist et Simon Natas de m'avoir fait bénéficier de leurs connaissances professionnelles en matière de droit et de psychologie. Et Dan Weinberg d'avoir aidé une technophobe comme moi à comprendre l'ingénierie musicale.

J'aimerais aussi témoigner ma reconnaissance à David Holmes, de Rocket Music Australie, pour m'avoir pardonné d'avoir repris le nom de sa société par étourderie. Les deux Rocket et leurs employés n'ont évidemment aucun rapport.

Je remercie les amis – Astrid, Flic, Gary, Sonja, Kat, Pete, Wes et Anita – qui ont partagé leur savoir ou leur expérience avec moi (de la culture des pommes de terre aux expressions turques), ainsi que mes proches, écrivains de profession – Sita Brahmachari, Wendy Jones,

Wendy Hatton, Jonny Zucker et Karen McCombie –, pour m'avoir guidée et encouragée.

Enfin, ce livre n'aurait jamais vu le jour sans l'héroïsme de ma famille qui, à l'approche de l'échéance, a accouru en avion du Nord et de l'Est, ou sans la gentillesse de mes « Beattie » : Lara et Fran. J'espère que Callie a la chance d'avoir des voisines comme elles aujourd'hui.

Composé par Nord Compo
à Villeneuve-d'Ascq (Nord)

POCKET – 12, avenue d'Italie – 75627 Paris cedex 13

Imprimé en France par

MAURY IMPRIMEUR
à Malesherbes (Loiret)
en février 2015

N° d'impression : 196299
Dépôt légal : mars 2015
S24349/01